KB035506

테크놀로지
지정학

Silicon Valley vs China

기술패권을 놓고 벌이는 왕좌의 게임

테크놀로지 지정학

시바타 나오키×요시카와 요시나리 지음 류두진 옮김

매일경제신문사

시작하며

"요새는 중국에서 무슨 일 하세요?"

이 책을 함께 준비한 요시카와 요시나리 씨에게 나는 이런 질문을 한 적이 있다. 실리콘밸리에서 20년. 하루가 멀다고 변화하는 IT 업계에서 그는 연쇄 창업가(Serial Entrepreneur, 스타트업을 설립하고 육성한 뒤 매각하는 식으로 계속 다른 스타트업에 도전하는 창업자–옮긴이)로 활약하고 있다. 실리콘밸리로 건너와 창업한 내가 존경하고 따르는 선배이기도 하다. 언젠가 꼭 한번 같이 일하고 싶지만 각자 회사 경영에 바빠 정신없이 지내고 있다. 중국에서 SNS를 자주 올리는 선배가 무엇을 하는지 궁금해 근황을 물었던 것이다. 그러자 선배는 "10년 전 중국과 지금 중국은 완전히 딴판이야. 중국의 현재를 제대로 보지 못하면 변화의 파도를 올라타지 못할 거야"라고 말했다. 본인이 설립한

4번째 회사 골든웨일즈와 투자펀드 GW벤처스를 통해 실리콘밸리의 첨단 테크놀로지 스타트업을 지원해온 선배는 지난 이삼 년 동안 중국의 유망 스타트업에 투자하면서 시찰을 겸해 중국 주요 도시에 몇 번이나 출장을 다녀왔다.

원래 선배는 2000년부터 실리콘밸리와 중국의 ICT 기업 화웨이와 레노보, ZTE 등을 오가며 영업을 했다. 2010년대에 접어들어 제조업을 할까 하고 매달 중국 선전과 둥관에 위치한 공장을 방문하기도 했다. 그런 선배가 놀랄 정도로 현재 중국은 급변하고 있다. 확실히 최근에는 실리콘밸리 내에서도 '테크놀로지 분야에서 중국의 시장 규모가 세계 1위다', '중국의 스타트업이 시가 총액에서 실리콘밸리의 내로라하는 기업을 제쳤다'라는 이야기가 자주 들린다.

그러나 중국의 기술 수준과 동향은 아직 공개된 정보가 많지 않아 무엇이 얼마나 대단한지 상세히 파악하기 어렵다. 선배는 이런 중국의 양상을 자신의 눈으로 직접 확인함으로써 앞서 말한 변화의 파도를 체감하고 있다. 그래서 선배에게 중국의 최신 동향을 배우고 싶었던 나는 온라인 강좌 '테크놀로지의 지정학'을 개설해, 선배와 다른 전문가들을 초대했다. 이 책은 당시 온라인 강좌 내용을 정리한 것이다.

소프트웨어가 세상을 집어삼키다

온라인 강좌는 주로 두 가지를 염두에 두고 진행했다. 하나는 미국의 전설적인 투자자인 마크 안드레센Marc Andreessen이 2011년 8월 미국의 경제지 〈월스트리트 저널〉에 기고해 화제가 되었던 칼럼 "왜 소프트웨어가 세상을 집어삼키고 있나Why Software Is Eating The World"에 관한 내용이다. 소프트웨어가 세상을 집어삼킨다고 한 마크 안드레센의 예견은 현재 다양한 산업에서 현실이 되고 있다.

자동차산업과 제조업, 금융, 유통 등 많은 기존 산업을 소프트웨어가 잠식해 들어가 비즈니스 모델을 크게 바꿔놓았다. 몇 가지 예를 들어보자. 예전 자동차업체들은 3~5년 주기로 신차를 개발하는 것이 일반적이었다. 더 좋은 성능의 자동차를 갖고 싶다면, 개발 주기가 끝나기를 기다렸다가 차를 구매해야 했다. 그러나 실리콘밸리의 전기자동차 제조사 테슬라는 업데이트로 자동차의 성능을 향상하는 방식을 도입했다. 테슬라 고객들은 자동차를 산 뒤에도 소프트웨어만 업데이트하면 개선된 성능의 자동차를 탈 수 있게 된 것이다. '일단 팔고 나면 끝'이라는 사고방식을 지녔던 기존 자동차 제조사들과 비교하면, 판매 후에도 소프트웨어를 통해 향상된 서비스를 사용자에게 제공하는 테슬라의 비즈니스 모델은 파괴적인 변화를 이끌어내고 있다.

또 2018년 구글이 발매한 스마트폰 픽셀3 시리즈는 인공지능을 탑재해서 각종 기능들이 놀라울 정도로 진화했다. 대표적인 예가 탑샷이다. 카메라 셔터를 누른 전후의 이미지를 자동으로 촬영·분석함으로써 눈 감은 인물 사진을 찍지 않게끔 돕는다. 이 역시 인공지능 기술이 카메라를 진화시킨 사례로 캐논이나 니콘 같은 카메라 전문 제조사가 만든 디지털카메라의 기능보다 앞서 있다고 할 수 있다.

테슬라와 구글의 사례는 소프트웨어가 IT산업 이외의 산업 지도까지 새로 쓴다는 점에서 주목할 만하다. 얼마 전까지 'IT산업의 선구자'로 일컬어지던 실리콘밸리가 이제는 모든 산업에 영향을 미치고 있다.

분기마다 진화하는 중국의 소프트웨어 산업

또 한 가지 역점을 둔 것은 중국 기업들의 동향을 꼼꼼하게 해설하려 했다는 점이다. 중국의 소프트웨어 산업은 앞서 설명했듯이 최근 3~4년 사이에 급속도로 발전했다. 선배의 말을 빌리면, 분기마다 눈에 띄게 진화할 정도로 대단한 기세다. 이 정도 속도로 산업이 발전하는 양상은 실리콘밸리에서 인터넷 산업이 처음 시작되었던 1990년대의 닷컴버블기의 열기 이상이라고 한다. 도널드 트럼프가 미국 대통령에 취임하고 나서 무역전쟁의 상대로 중국을 강하게 의식하는 발언을 거듭하는 이유도 중국의 성장에 위협을 느끼고 있기 때문이다.

행여 독자 중에 '중국 제품은 죄다 싸구려 비지떡'이라고 생각하는 사람이 있을지도 모르겠다. 이미 한참 지난 이야기다. 예를 들어 아이폰은 부품 대부분을 중국에서 제조하고 있다. 이 사실만 보더라도 중국의 기술력이 이미 세계의 기준이 되었음을 부정할 수 없다. 그리고 최근에는 인공지능 개발과 모바일 결제 보급률 등 많은 부분에서 이미 실리콘밸리를 능가하기까지 했다. 전 세계 산업 지도는 실리콘밸리와 중국이 만들어낸 ICT 경제권에 의해 완전히 새로 쓰이고 있다. 그래서 자동차산업과 제조업, 금융, 유통 등 관련 기업에서 일하는 사람들은 모두 실리콘밸리뿐만 아니라 중국의 동향에도 촉각을 곤두세워야 한다.

이 책의 구성

여섯 분야로 장을 나눠 구체적으로 실리콘밸리와 중국의 ICT 산업 동향을 소개한다. 여기에서 선정한 여섯 분야는 앞으로 ICT에 의한 침식(기존 산업의 파괴)이 상당히 높은 확률로 일어날 것으로 예상되는 분야다. 인공지능과 차세대 모빌리티, 핀테크·가상화폐, 유통, 로보틱스, 마지막으로 농업·식테크가 그것이다.

한편 이 책의 기반이 된 온라인 강좌에서는 아직 각종 언론에서 언급되지 않은, 현실적인 속사정도 전하기 위해 실리콘밸리와 중국 현지 동향에 정통한 전문가를 초빙했다. 이 책에 실린 정보 대부분은 선배 요시카와 요시나리와 전문가들이 현지에서 직접 보고 들은 내용이다. 각 장마다 실리콘밸리와 중국을 대표하는 기업들이 어떤 경쟁을 펼치고 있는지를 비교하면서 읽을 수 있도록 구성했다.

마켓 트렌드 부분에서 산업 전체의 시장 규모와 최신 동향을, 주요 참여자 부분에서 변혁의 중심을 담당하는 기업의 대응 방식을 소개했다. 그리고 앞으로 게임 체인저로 대두할 법한 스타트업을 뽑아 소개했다. 또 마지막에는 각 분야의 미래 전망을 이야기하고 기존 기업들이 어떻게 대응해야 할지 이야기했다.

변화는 늘 현재 상황을 정확히 아는 데서 시작한다. 이 책을 읽으면서 실리콘밸리와 중국의 오늘을 이해하고, 확대일로에 있는 ICT 경제권에서 뒤처지지 않도록 저마다의 전략을 꼭 한번 점검해 보기 바란다. 실리콘밸리는 점점 더 빠르게 진화하고 있다. 또 중국이 미국과 유럽, 일본의 꽁무니를 쫓던 시절은 한참 전에 끝났다는 사실을 받아들여야 한다. 이런 위기감을 가지고 세계 테크놀로지의 최첨단을 경험하고 미래를 생각하는 기회가 되었으면 한다.

CONTENTS

시작하며 — 4

01 인공지능

인공지능 마켓 트렌드 — 16

마켓 트렌드 상세 해설

- Silicon Valley 난무하는 스네이크 오일 중에서 짚어내야 할 포인트 18
- China 국가 전략을 뒷받침하는 중국계 인재 24

인공지능의 주요 참여자 — 30

주요 참여자 상세 해설

- Silicon Valley AI 활용의 성패를 가르는 데이터와 기술 획득 경쟁 32
- China 3대 IT 기업 BAT는 AI로 인류를 진화시킬 것인가 36

인공지능 분야의 주목 스타트업 — 40

미래전망

- Silicon Valley 결국 지금의 AI는 무엇을 어디까지 할 수 있는가 48
- China 일본 기업, 역전의 관건은 '데이터 없는 학습'에 있다? 56

02 차세대 모빌리티

차세대 모빌리티 마켓 트렌드 — 62

마켓 트렌드 상세 해설

- Silicon Valley '탈것의 서비스화'를 지원하는 소프트웨어 기업 64
- China 전기자동차 보급과 발전의 진원지가 된 중국 72

차세대 모빌리티의 주요 참여자 — 78

주요 참여자 상세 해설

- Silicon Valley 거대 IT기업들이 기존 산업에 뛰어들면서 게임의 룰이 바뀌었다 80
- China 자율주행차와 전기자동차 개발에서 세계를 뒤흔드는 기업이 등장 88

차세대 모빌리티 분야의 주목 스타트업 — 96

미래전망

- Silicon Valley IT 기업이 자동차 제조사를 인수하는 날이 올 것인가 106
- China 베이징의 새파란 하늘을 되찾은 중국의 저력 110

03 핀테크·가상화폐

핀테크·가상화폐 마켓 트렌드 — 118

마켓 트렌드 상세 해설

- Silicon Valley 열기는 잦아들었지만, 여전히 북미는 핀테크 대국 120
- China 급성장하는 모바일 결제와 규제가 강화되는 가상화폐 124

핀테크·가상화폐의 주요 참여자 — 136

주요 참여자 상세 해설

- Silicon Valley 기술을 통해 문제해결에 도전하는 기업들 138
- China 모바일 결제 양대산맥의 추세 148

핀테크·가상화폐 분야의 주목 스타트업 — 152

미래전망

- China 중국 핀테크의 급성장과 문제점이 우리에게 시사하는 바 160

04 유통·소매

유통·소매 마켓 트렌드 166

마켓 트렌드 상세 해설

- Silicon Valley 새로운 업태의 확산과 대기업의 고전, 관건은 ICT 활용 168
- China 시장 확대의 이면에 있는, 새로운 구매 경험을 추구하는 기업의 노력 174

유통·소매의 주요 참여자 180

주요 참여자 상세 해설

- Silicon Valley 온라인과 오프라인의 융합 전략을 추진하는 주목 기업 182
- China 자동차도 자판기로 파는 중국 기업의 판로 확대 전략 194

유통·소매 분야의 주목 스타트업 202

미래전망

- China 유통의 미래는 어디로 갈 것인가 214

05 로보틱스

로보틱스 마켓 트렌드 220

마켓 트렌드 상세 해설

- Silicon Valley 언젠가 도래할 인간과의 공생을 위해 연구가 진행되다 222
- China 로봇대국으로 가는 길, '중국제조 2025' 232

로보틱스의 주요 참여자 238

주요 참여자 상세 해설

- Silicon Valley 대기업에 의한 인수·출자가로봇의 미래를 바꾸다 240
- China 로봇 산업에까지 미친 알리바바와 텐센트의 영향력 246

로보틱스 분야의 주목 스타트업 254

미래전망

- Silicon Valley 경험을 파는 시대에 제조사가 이루어야 할 4가지 변화 264

06 농업·식테크

농업·식테크 마켓 트렌드 270

마켓 트렌드 상세 해설

- **Silicon Valley** 식량 부족과 가치관의 변화, 세계적인 문제 해결에 도전하는 테크놀로지 기업 272
- **China** 식량 문제를 안고 있는 중국 테크놀로지가 구원하다 282

농업·식테크의 주요 참여자 288

주요 참여자 상세 해설

- **Silicon Valley** AI, 로봇, 바이오 관련 스타트업의 약진 290
- **China** 기업과 투자 측 모두 안전·고품질·편리를 추구하다 298

농업·식테크 분야의 주목 스타트업 306

미래전망

- **China** 알래스카 라이프의 대응을 통해 배우는 애그테크의 가능성 316

마치며 320

01

인공지능

Artificial Intelligence

AI 본격 활용을 위해 6대 과제 해결에 나서다
IT·인터넷 기업을 중심으로 AI 인재 유치 경쟁이 활발

Silicon Valley

마에다 히로노부
드레이퍼 넥서스 상무이사

1999년에 스미토모 상사에 입사해 2004년부터 스미토모 상사가 미국 실리콘밸리에 설립한 벤처캐피털 프레시디오 벤처파트너스에서 근무했다. 2006년에 미국 글로브스팬 캐피털 파트너스로 이직했다가 2014년에 벤처 캐피털드레이퍼 넥서스를 설립해 상무이사를 맡고 있다. 현재 약 2,500억 원 규모의 벤처 투자펀드를 운용하고 있다. 이 과정에서 수많은 스타트업을 살펴보았으며 인공지능 관련 동향에도 정통하다.

인공지능은 업무를 효율화해 새로운 산업혁명을 가져다줄 것으로 기대되어 자주 화젯거리로 오르내리고 있다. 다양한 기업들이 연구와 서비스 개발에 나서고 있는데, 실리콘밸리와 중국 기업들은 엄청난 자본을 투자해 AI 분야에서 세계 1위의 자리를 선점하기 위해 분주히 움직이고 있다. 특히 중국은 짧은 시간 만에 AI대국이 되었다. 그 배경에는 무엇이 있는지 살펴보자.

국책 차세대 AI 발전 계획에 따라 투자액이 세계 1위
해외 기업도 참여하는 AI 기술 플랫폼을 구축

이시구로 구니히로

주식회사 디지털 하츠 CTO
골든 웨일즈 공동 창업주

홋카이도대학 농학부 졸업 후, 주식회사 SRA를 거쳐 디지털매직랩에서 인터넷 경로 제어 및 운용을 담당했다. 오픈소스 소프트웨어로 경로 제어를 구현한 GNU 지브라를 개발했다. 지브라를 기반으로 하는 상업 소프트웨어를 개발·판매하기 위해 1999년 실리콘밸리에서 아이피인퓨전을 공동 설립해 CTO에 취임했다. 이후 주식회사 액세스 CTO, 주식회사 애플릭스 CTO를 거쳐 2017년부터 주식회사 디지털 하츠의 CTO를 맡고 있다. 투자회사 골든 웨일즈의 공동 창업주이기도 하다.

Silicon Valley

현재 AI 활용은 '제3차 열풍'으로 불리며, 2012년 이후 딥러닝 연구개발이 본격화했다. 먼저 불씨를 지핀 쪽은 역시 실리콘밸리다.

투자액

10조 원

2017년 전 세계 AI 총 투자액은 연간 약 10조 원 이상

미국 CB인사이트 조사(2018년)에 따르면, 일본의 스타트업의 전체 투자액이 3조 원에 약간 못 미치는 것으로 알려져 있는데 그보다 많은 금액이 AI 분야에 집중되어 있다. 2016년까지는 미국이 1위였다.

전체 경향

6대 과제

AI 본격 활용을 위해서는 6대 과제 해결이 필수

세간의 기대와 달리 AI 개발은 아직 발전 단계에 있다. 그래서 대기업부터 스타트업까지 많은 기업이 뒤에 설명할 6가지 과제 해결에 나서고 있다.

인재 유치

6,500억 원

상위 20개 IT 업체의 AI 연구 인력 인건비는 연간 6,500억

<포브스>에 따르면, 개중에 어떤 회사는 1,000가지가 넘는 AI 관련 직무에서 인재를 모집하고 있다. 인재 유치에 연간 2억 2,780만 달러(약 2,270억 원)나 되는 예산을 책정한 회사도 있다.

인재 유치

시리 인수
siri

애플의 시리 인수로 흐름 전환

최근에는 AI 관련 인재를 유치하기 위해 유망 스타트업 인수가 활발하다. 전환점은 2010년 애플의 시리 인수 때부터다.

China

2017년 중국은 AI 연구의 산실이던 캐나다와 실리콘밸리를 앞질렀다. AI 대국으로 변모한 배경에는 국가 차원의 전략이 숨어 있다.

투자액

세계 1위

2017년 AI 관련 투자에서 세계 1위(약 6조 원)

CB인사이트 조사(2018년)에 따르면, 전 세계 AI 스타트업의 투자 금액이 중국 48%, 미국 38%로 집계되면서 1위가 역전되었다. 중국이 세계 1위가 된 배경에는 국가전략이 있다.

전체 경향

차세대 AI

정부 주도로 차세대 AI 발전 계획을 발동

2017년 7월 중국 정부는 3단계에 걸쳐 AI 산업을 발전시키겠다는 국가 전략을 발표했다. 정부의 지시가 중국의 AI 연구를 단번에 세계 수준으로 끌어올렸다.

인재 유치

연봉 10억 원

미국에서 스카우트되어 연봉 10억 원을 받는 연구자

실리콘밸리에서 성과를 올린 최상급 AI 연구 인력을 스카우트하는 움직임이 가속화하고 있다. 그들은 연봉으로 10억 원 수준을 제시받는 것으로 보인다.

시장 규모

1,700조 원

2030년 1,700조 원 규모의 산업으로 성장할 것

차세대 AI 발전 계획과 인재 유치를 통해 중장기적으로 중국을 세계 AI 혁신의 중심지로 만들 예정이며, 관련 산업을 1,700조 원 규모로 성장시키겠다는 목표를 가지고 있다.

난무하는 스네이크 오일 중에서 짚어내야 할 포인트

인공지능AI, Artificial Intelligence의 진화가 비즈니스에 주는 영향력은 차세대 모빌리티, 로봇, 핀테크, 통신, 에너지, 사물인터넷IoT 등 여러 방면으로 뻗어 나가고 있다. 가까운 미래에 많은 산업에 분명 파괴적 혁신을 가져다줄 것이다. 다만 AI를 향한 넘치는 기대감에도 불구하고 2018년 시점에서 보면 아직 그 정도 수준의 진화를 이루지는 못했다. 그래서 먼저 AI 비즈니스의 현재 위치와 해결해야 할 과제가 무엇인지를, 벤처캐피털 드레이퍼 넥서스에서 많은 스타트업을 지켜봐온 마에다 히로노부 씨에게 물었다.

AI 분야에 대한 총 투자액 연간 10조 원을 넘어서

먼저 숫자로 AI 산업의 기세를 살펴보자. 스타트업 업계 동향을 조사하는 CB인사이트의 조사에 따르면, AI 분야에 대한 전 세계 투자액은 2013년부터 해마다 증가하고 있으며, 2017년에는 연간 총액 161억 달러(약 16조 1,000억 원)를 기록했다(그림 1-1). 일본 스타트업에 대한 전체 투자액이 3조 원에 약간 못 미치는 정도라고 알려져 있으니 말 그대로 자릿수가 다른 거액이 AI 관련 기업에 투자되는 셈이다.

그림 1-1 **AI 분야에 대한 전 세계 투자액 추이**(2013년~2018년 / 2018년은 추산)

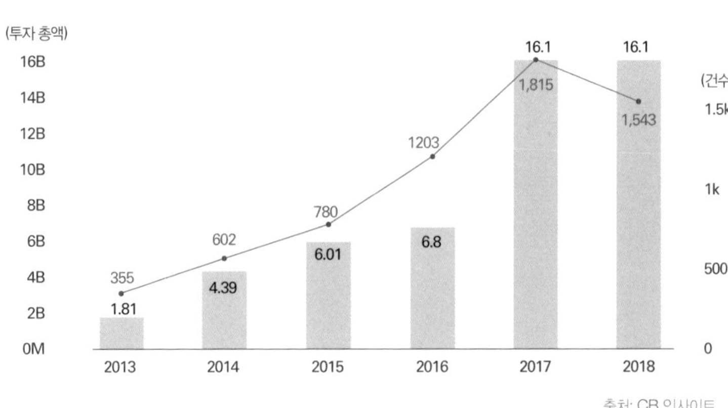

출처: CB 인사이트

다만 연간 1,000건 이상의 투자가 발생하는 가운데 벤처캐피털 사이에서는 '대부분이 스네이크 오일Snake-oil'이라고 말한다. 우리말로 옮기면 '두꺼비 기름'인데, 어디에나 잘 듣는 만병통치약으로 알려져 있지만 실제로는 아무런 효능이 없다는 의미다. 지금은 수많은 기업들이 AI를 활용한 서비스 개발하고 있는데 어디가 알짜배기인지 가려내는 분별력이 필요한 시점이다.

AI 산업이 안고 있는 6가지 과제

드레이퍼 넥서스가 지금까지 투자한 AI 관련 스타트업 중 잘되는 회사가 있는가 하면 그렇지 않은 회사도 있다. 이런 성공과 실패를 통해 우리가 살펴야 할 과제는 다음 6가지다. 이 중 몇 가지를 일정 수준으로 해결해야 비로소 비즈니스가 성립한다고 볼 수 있다.

- 데이터 수집
- 프라이버시 보호
- 법적 책임
- AI 활용의 윤리
- 인재 유치
- 비즈니스 통합

먼저 AI 비즈니스는 제대로 된 데이터 피드가 있어야 비로소 성립한다. 업체에 따라서는 AI를 학습시키는 데 필요한 데이터가 아직 정밀화되어 있지 않은 경우가 많다. 게다가 AI의 진화에 필요한 데이터를 정말로 세심한 수준까지 정밀화하려면 사용자의 프라이버시 보호와 상충하는 문제도 도사리고 있다. 각 업체들이 어떤 종류의 데이터를 보유하고 있으며, 보유한 데이터가 다양한 법적 제약과 어떻게 관련되어 있는지를 정확히 이해한 후에 데이터 사이언스(Data Science, 다양한 데이터로부터 현상을 이해하고 분석하기 위해 통계학, 분석학, 기계학습 등의 방법론이 융합된 분야 – 옮긴이)를 추진하는, 이른바 데이터 관리 정책Data Governance이 중요하다.

덧붙이자면 AI를 사용한 서비스를 제공할 때의 윤리 문제도 아직 책임 소재를 가리기가 모호한 실정이다. 예컨대 '자율주행차가 어떤 문제 상황에 직면했는데 이미 멈출 수 없는 상황이라면, AI는 어떻게 움직여야 하는가?'와 같은 논의다. 오른쪽으로 꺾자니 나무와 충돌해 운전자가 사망할 것이고 왼쪽으로 꺾자니 보행자가 사망할 것이다. 이럴 때는 어떻게 해야 하는가? 이런 문제에 관해서는 아직 시행착오 속에서 해결책을 찾아야 하는데, 언젠가는 꼭 정리되어야 할 문제다.

마지막 항목으로 꼽은 비즈니스 통합도 매우 중요한 부분이다. AI 엔진이 단독으로 잘 기능하더라도 그것이 서비스 내용이나 기업의 업무 흐름에 충분히 연동되어 있지 않으면 전체적으로 좋은 성과를 낼 수 없다. 통합의 어려움은 흔히 거론되는 과제다.

총액 6,500억 원, 제대로 불붙은 인재 유치 경쟁

과제 중 인재 유치는 실리콘밸리에서 가장 뜨거운 화젯거리다. 모든 대기업들이 모두 데이터 사이언스와 AI 관련 기술자를 유치하기 위해 발 벗고 나서고 있으며, 이들을 채용하는 데 들이는 비용도 엄청나게 치솟았다. 2017년 4월 18일 〈포브스〉의 기사 "AI 분야의 채용 전쟁The Great AI Recruitment War"에 따르면, IT 산업의 세계 상위 20개 업체가 AI 관련 기술자를 고용하는 데 들이는 비용은 연간 6억

구글이 인수한 영국 딥마인드

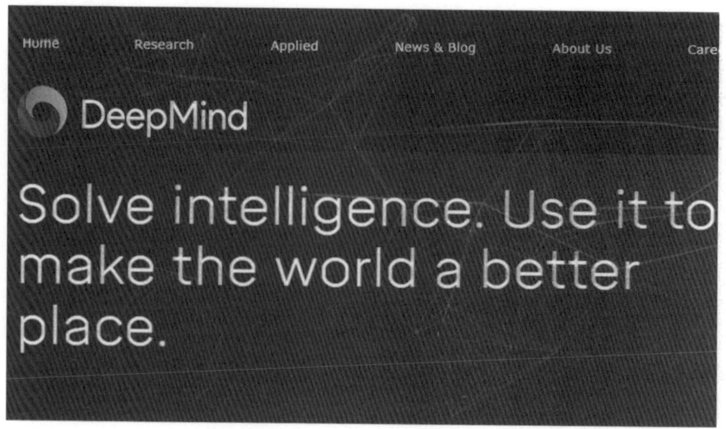

알파고로 유명한 딥마인드의 AI는 바둑뿐만 아니라 모든 분야로 활동 범위를 넓히려고 한다.

5,000만 달러(약 6,500억 원)에 달한다고 한다. 그중에서도 아마존은 1,000가지가 넘는 AI 관련 직무에서 인재를 모집하고 있으며, 여기에 2억 2,780만 달러나 되는 예산이 편성되었다고 보도했다.

그럼에도 불구하고 채용을 통한 인재 공급이 수요를 따라가지 못하자 최근에는 재능 있는 인재를 유치할 목적으로 유망한 스타트업을 인수하는 경우도 늘고 있다. 이런 흐름이 뚜렷해진 시기는 2010년 애플이 음성비서 기능을 연구하던 시리를 인수한 무렵부터다. 당시 실리콘밸리에서는 '애플이 왜 시리를 사들였지?' 하는 의문의 목소리가 적지 않았다. 그런데 불과 3~4년 만에 AI 기술을 보유한 기업이 단번에 주목받기 시작하면서 대기업이 AI 스타트업을 인수하는 흐름에 속도가 붙었다. 바둑으로 이세돌 기사를 이긴 알파고를 개발한 영국의 딥마인드가 구글에 인수된 시기도 2014년이다.

이렇게 유치한 인재들이 결실을 맺기 시작할 시기는 2019년 무렵으로 보고 있다. AI를 활용한 애플리케이션이 진짜 성과로 이어져 일반인에게 인지되기 시작할 시기도 이때부터 본격화될 것으로 예상된다.

국가 전략을 뒷받침하는 중국계 인재

CB인사이트의 조사에 따르면 중국은 2017년 AI 관련 스타트업의 투자액에서 미국을 제치고 세계 1위에 올라섰다. 중국 기업이 총 투자액의 48%를 차지했고, 미국 기업은 38%에 그쳤다. 2016년의 같은 조사에서 중국 기업의 비중은 11.6%에 불과했는데, 불과 1년 만에 역전한 것이다.

이런 지각변동의 배경에는 중국의 국가 전략이 있었다. 상세한 내용을 중국의 AI 테크놀로지 스타트업 동향에 정통한 이시구로 구니히로 씨에게 물었다.

중국 정부의 차세대 AI 발전 계획

일찍이 중국 기업들은 주로 제조업에서 미국과 일본 업체의 좋은 점을 복제하는 방식으로 성장해왔다. 즉 뒤쫓는 것이 기본 전략이었던 셈이다. 그러다가 최근 들어 AI 분야에서 자신들이 선두로 나서 전 세계 시장을 노리겠다는 쪽으로 방향을 전환했다. 이런 변화는 2017년에 중국 정부가 발표한 차세대 AI 발전 계획에 큰 영향을 받았기 때문이다.

이 계획은 AI를 국제 경쟁의 새로운 초점이자 미래 전략 기술로 규정하고 3단계에 걸쳐 국내 AI 산업을 발전시키겠다는 내용이다.

계획의 첫 단계로 2020년까지 중국의 AI 연구를 세계적인 수준으로 끌어올리고 관련 산업을 170조 원 규모로 키우겠다고 발표했다. 다시 2025년까지 AI 산업을 세계 1위 수준으로 향상시키고, 2030년까지 마지막 3단계에서 관련 산업을 1,700조 원 규모로 육성하겠다고 발표했다.

국가적으로 추진하겠다는 비전을 제시했다는 의미에서 AI 개발 역사에서 중요한 전환점이 되는 계획이라고 할 수 있다. 다만 지금까지의 과정을 돌아봤을 때 AI 분야 연구개발에서 중국이 그렇게까지 뛰어났던 것은 아니다. 최근의 AI 관련 연구, 특히 딥러닝에 관한 새로운 논문 발표에서는 확실히 중국계 연구자의 존재가 눈에 띈다. 그렇지만 이는 어디까지나 중국계 연구자이며 실제로는 구글과 마이크로소프트 등 미국 서부 IT 대기업의 지원을 받아 연구한 내용이 매우 많다. 자세한 내용은 뒤에서 설명할 텐데, 지금은 이처럼 우수한 중국계 연구자들을 중국 기업이 역수입하는 상황이다. 차세대 AI 발전 계획을 실행하기 위한 파종이 이루어지는 상황이라고 할 수 있다.

AI 연구에서 대두하기 시작한 중국계 연구 인력

중국 기업이 실리콘밸리에서 AI를 연구 개발해온 중국계 연구자들을 역수입하는 현상은 어째서 일어나는 것일까? 이유를 바르게 이해하려면 현재까지 AI 연구의 역사를 거슬러 올라갈 필요가 있다. 그래서 '제3차 열풍'이라고 불리는 현재의 AI 연구가 어떤 변천 과정으로 진행되었는지를 상징적인 사건과 인물들을 통해 해설한다.

캐나다 마피아의 탄생

AI의 연구에는 1950년대 후반부터 1960년대의 제1차 열풍, 1980년대부터 1990년대 중반까지의 제2차 열풍, 그리고 2012년 무렵부터 시작된 현재의 제3차 열풍 시대가 있다. 제1차, 제2차 열풍 때는 세간의 기대에 못 미쳤고 AI 연구도 암흑기를 맞이하는 상황이 반복되었다.

그런데 제2차 열풍이 사그라질 즈음 캐나다 토론토대학과 몬트리올대학 연구자들이 꾸준하게 딥러닝 연구개발을 진행한 결과, 1989년 '합성곱신경망Convolutional Neural Network'이라는 혁신적인 이미지 인식 기술을 발표한다. AI 기술자들 사이에서 이 인식 기술이 CNN이라고 불리는데, CNN 창시자 중 한 사람인 얀 르쿤 교수가 만든 '르넷LeNet'이라는 이미지 인식 알고리즘이 오늘날 딥러닝의 토대가 되었다. 그 후 2006년 토론토대학에서 AI를 연구하던 제프리 힌턴 교수가 〈계층별 예비학습Layer-wise Pretraining〉이라는 논문을 통해 딥러닝의 방법론을 발표해 많은 주목을 받았다. AI 분야에서 두 번의 전환점을 만든 르쿤 교수, 힌턴 교수와 함께 몬트리올대학 AI 연구의 권위자 요슈아 벤지오 교수까지 3명은 현재 AI 발전의 토대를 만든 '캐나다 마피아'로 불린다.

하지만 이들이 모두 캐나다에서 태어나 자란 것은 아니다. 그렇다고 미국 출신도 아니다. 르쿤 교수와 벤지오 교수는 프랑스 출신이고, 힌턴 교수는 영국 출신이다. 세계 최정상의 AI 연구자가 우연히 이 시기 캐나다에 모여 있었던 것뿐이다.

중국계 AI 연구자가 대두하기까지

시간을 조금 앞당겨 2012년에는 이미지인식경진대회ILSVRC에서 '알렉스넷'이라는 CNN이 경이적으로 낮은 에러율을 기록했다. 100미터 달리기로 비유하자면, 이제까지는 0.1초 수준에서 세계기록을 다투고 있었는데 단번에 1초 단위로 기록을 경신하는 것과 같은 충격이었다. 이 알렉스넷의 개발에 참여한 사람은 제프리 힌턴 교수가 이끄는 토론토대학 연구팀이었다. 이들은 이후 구글로 스카우트되었고 미국 스탠퍼드대학과 함께 구글넷이라는 새로운 CNN 개발에 참여한다. 그리고 이 CNN을 개발한 2014년 당시의 주요 멤버가 다음 페이지의 그림 1-2의 개발자들이다.

그림 1-2 구글넷의 주요 연구개발 멤버

보다시피 중국계 AI 연구자가 2명 포함되어 있다. 즉 이 즈음부터 캐나다 마피아의 중국계 제자들이 성과를 내기 시작한 것이다.

이 리스트에서 속해 있는 리우 웨이나 양징 지아 외에도 2015년 ILSVRC에서 역시 놀랍도록 낮은 에러율을 기록한 레스넷 개발 멤버 중에도 중국계 연구자가 4명이나 포함되어 있었다. 당시에는 모두 마이크로소프트 연구팀 소속이었는데, 그중 한 명만 페이스북의 AI 연구기관으로 자리를 옮겼고 나머지 3명은 모두 중국의 AI 스타트업으로 이직했다. 이 같은 인력 이동이 이후로도 몇 차례 이어지면서 중국에 우수한 AI 인재가 늘어났다.

AI 인재 유치 자금과 대의

중국뿐만 아니라 실리콘밸리에서도 연구개발 분야의 주요 인재를 경쟁사로부터 스카우트하는 사례가 빈번하다. 그런데 일본이라면, 예컨대 도요타에서 엔진 개발에 참여했던 엔지니어를 혼다가 스카우트하는 건 도리에 어긋난다고 느끼는 사람이 많을 것이다. 실제로 중국 기업이 AI 연구자를 스카우트하는 것도 일본인의 눈에는 이해하기 힘든 부분이 존재할 수 있다. 다만 AI 연구 세계는 예전부터 인재 네트워크와 그들이 만들어낸 알고리즘이 상당 부분 공개된 상태이며, AI를 진화시키는 데 필요한 데이터만이 각 회사들의 고유한 차별 요소였다. 따라서 중국 기업이 실리콘밸리에서 최고 수준의 AI 인재를 스카우트할 때도 기업 측과 인재 측 모두 망설일 이유가 별로 없다. 정확한 액수까지는 알 수 없지만 연봉도 10억 원 정도를 보장한 것으로 짐작된다.

이런 업계의 상황을 전하면, 뭐든 돈으로 밀어붙인다며 좋지 않게 생각하는 독자가 있을지도 모르겠다. 그러나 실리콘밸리에서 중국 기업으로 자리를 옮기는 중국계 연구자들은 돈 때문에 움직인다기보다 AI 국가로서 새로운 지평을 열고자 하는 중국의 대의에 이끌려 가는 경우가 많았다.

인공지능의 주요 참여자

Silicon Valley

인터넷 서비스뿐만 아니라 자율주행과 유통, 자동화 등 여러 방면에 혁신을 가져다줄 AI 개발에 주요 기업들이 앞다퉈 뛰어들고 있다.

GAFA & Microsoft

GAFA와 마이크로소프트 등 대기업이 AI 투자를 강화

GAFA(구글, 애플, 페이스북, 아마존)를 비롯해 IT 대기업이 모두 AI 분야에 투자하고 있다. 개중에는 AI 특화형 펀드를 내놓은 기업도 있다.

All Turtles

올터틀즈 등 특화형 스타트업 지원 기업도 탄생

필 리빈 에버노트 전 CEO가 설립한 올터틀즈처럼 AI 스타트업의 성장을 지원하는 전문기업까지 생겨나고 있다.

Google

구글은 인간과의 음성 대화까지 AI로 자동화

스마트 스피커와 스마트폰에 탑재된 구글 어시스턴트는 본격적으로 사람들의 생활을 바꿀 수 있는 기술 사례 중 하나다.

AI용 반도체 개발, 엔비디아의 약진

엔비디아의 GPU가 딥러닝의 필수 부품으로 자리매김하면서 엔비디아는 반도체 업계의 관심주로 떠올랐다. 2013년부터 2015년 사이에 엔비디아의 협력업체 수는 35배나 늘어났다.

China

AI 대국이 되기 위해 국가적인 연구개발에 나서고 있는 중국에서는 IT기업이 자동차나 의료 분야 같은 비 IT산업에도 영향을 미치고 있다.

연구개발에 수천억 원에서 10조 원 규모를 투자하는 BAT

중국의 3대 IT기업으로 불리는 BAT(바이두, 알리바바, 텐센트)는 중국 정부의 지원에 힘 입어 AI 연구개발에 거액을 투자하고 있다.

테슬라에 약 1조 8,000억 원이나 투자한 텐센트

SNS 기업이 자동차 제조사인 테슬라에 출자한다는 의외성은 물론 이거니와 중국 기업이 미국의 선진적인 AI 관련 기업에도 폭넓게 출자하고 있다는 점을 읽어낼 수 있는 사례다.

바이두가 보급을 추진하는 AI기술 플랫폼

대화형 AI와 자율주행 기술의 글로벌 플랫폼을 구축하기 위해 타사보다 비교적 이른 시기에 AI 분야에 본격 진입했다.

전자상거래 대기업 알리바바는 반도체 개발

2017년 알리바바는 '앞으로 3년 동안 AI와 반도체 관련 연구에 약 17조 원을 투입하겠다'고 발표했다. 반도체 업계에서도 인터넷 기업의 영향력이 강해지고 있음을 상징적으로 보여주는 사례다.

AI 활용의 성패를 가르는 데이터와 기술 획득 경쟁

AI의 진화는 앞으로 다양한 산업에 변혁을 가져올 것이다. 실제로 그렇게 됐을 때 이 분야를 선점하기 위해 실리콘밸리에서는 대기업들이 데이터와 기술을 발 빠르게 입수하고자 각축을 벌이고 있다.

AI 특화형 펀드의 탄생

대기업의 AI 전환은 해당 기업의 연구개발 강화 차원을 넘어 실리콘밸리의 AI 에코시스템(산업을 육성하는 환경, 생태계를 의미함-역자주) 전체에 영향을 미친다. 그 상징적인 움직임 중 하나가 AI 특화형 펀드의 개설이다.

마켓 트렌드 해설에서 GAFA(구글, 애플, 페이스북, 아마존)와 마이크로소프트 같은 거대 IT기업이 인재 유치 목적으로 기업 인수전을 벌이고 있다고 설명했다. 구글은 여기서 한 발자국 더 나아가 2017년 그래디언트 벤처스라는 AI 특화형 투자펀드를 만들었다. AI의 세계적인 권위자인 레이 커즈와일 박사를 고문으로 위촉하고 유망한 투자처를 찾아 지원하고 있다. 마이크로소프트는 2016년에 M12라는 스타트업 지원 조직을 만들어 AI 분야에 투자할 것이라고 발표했다.

실리콘밸리 기업들은 새로운 에코시스템이 형성되는 시점에 특화된 펀드를 만드는 경우가 흔하다. 구글과 마이크로소프트의 움직임도 AI 연구개발에 폭넓게 관여하겠다는 생각이 반영되어 있다.

그밖에도 2017년에는 정보관리 클라우드 서비스로 잘 알려진 에버노트의 전 CEO 필 리빈이 AI를 탑재한 제품·서비스를 연속적으로 만들어내는 스타트업 스튜디오 올터틀즈를 설립했다. 이렇게 에코시스템 자체를 확대해가는 움직임은 앞으로 더욱 활발해질 것이다.

그래디언트 벤처스의 고문진

아스트로 텔러 박사
X, 문샷 구글 산하의 비밀 연구 조직 수장

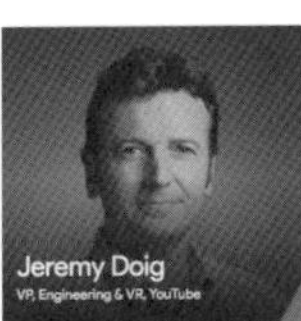

제레미 도이그
유튜브, 엔지니어링 &VR 부문 부사장

존 맥아티어
구글, 미국 지역 판매 부문 부사장

마빈 차우
구글, 마케팅 부문 부사장

마티아스 두아르테
구글, 디자인 부문 부사장

파바니 디완지
구글, 엔지니어링 부문 부사장

피터 노빅 박사
구글, AI 부문 연구 디렉터

레이 커즈와일 박사
구글, 기계 지능 부문 엔지니어링 디렉터

일반인 대상 AI 분야에서 선두를 달리는 구글

미국 실리콘밸리의 IT 기업군 중에서 일반인을 대상으로 하는 AI 서비스를 가장 적극적으로 (또 많이) 선보이고 있는 기업은 구글이다. 2018년 5월에 열린 구글 개발자 콘퍼런스 구글 아이오 2018에서 발표된 데모에서 AI를 활용한 기능이 여럿 소개되었다. 특히 인상적인 기능은 스마트 스피커와 스마트폰에 탑재된 AI 비서 구글 어시스턴트가 사람과 음성으로 대화하면서 미용실을 예약하는 데모 영상이다. 새로 탑재된 구글의 듀플은 사람과 대화하는 장면에서 상대가 컴퓨터라고 생각할 수 없을 정도로 자연스러웠다. 심지어 대화하는 중에 일정이 비어 있는 시간을 검색해 사용자 대신 예약까지 잡아준다. 벌써 이런 세상이 눈앞에 와 있구나 하고 미래를 실감했다.

청출어람, 엔비디아의 발자취

다음은 실리콘밸리라는 이름의 어원이 된 반도체 제조사의 동향이다. 최근에는 구글이 딥러닝 전용 프로세서를 개발하고 인텔이 자율주행 기술로 널리 알려진 이스라엘 회사 모빌아이를 인수하는 등 여러 가지 변화가 일어나고 있다. 그런데 기세라는 측면에서 보면 엔비디아가 더 도드라진다. 이제 엔비디아의 그래픽처리장치GPU 없이는 딥러닝이 불가능한 상황이 되었기 때문이다.

1990년대에서 2000년대까지 엔비디아는 실리콘밸리에서 컴퓨

AI 시대의 반도체 산업을 견인하는 엔비디아

엔비디아의 웹사이트에서

터와 휴대전화에 들어가는 GPU를 제조하는 회사 중 하나에 불과했다. 그런 엔비디아가 AI 분야에 진출하리라고는 아무도 상상하지 못했다. 점차 약진하기 시작한 이유도 엔비디아의 GPU가 마이크로소프트의 게임기와 소니의 플레이스테이션 시리즈, 닌텐도 게임기에 탑재되면서부터다. 지금도 엔비디아 매출의 약 50%는 게임 업계에서 나온다. 그러나 엔비디아의 4대 주주가 소프트뱅크 손정의 회장이기에 대규모 자금을 투입할 가능성도 있다. 그랬을 경우 진정한 의미에서 AI 분야의 1위 반도체 제조사가 될 수도 있다. 앞으로의 행보가 주목된다.

3대 IT 기업 BAT는 AI로 인류를 진화시킬 것인가

AI 대국이 되기 위해 국가적으로 기반 다지기에 나선 중국에서는 구체적으로 어떤 대응이 이루어지고 있을까? 여기서는 중국의 3대 IT기업으로 꼽히는 BAT의 움직임을 중심으로 살펴본다.

기업 한 곳에서 수천억 원에서 10조 원 규모를 투자

바이두는 2016년 AI 투자를 목적으로 하는 2억 달러 규모의 펀드 바이두벤처스를 설립했으며, 성숙기의 스타트업에 투자하는 31억 달러(약 3조 1,000억 원) 규모의 펀드 바이두캐피털도 조성했다. 또 2018년 4월에는 5억 달러(약 5,000억 원) 규모의 AI 특화펀드 창쳉인베스트먼트 파트너스를 설립했다. 또 알리바바는 2017년 10월에 '앞으로 3년 동안 AI와 반도체 관련 연구개발비로 1,000억 위안(약 17조 원)을 투입하겠다'고 발표했다. 모두 실리콘밸리의 투자 규모를 훨씬 웃도는 거액이다.

텐센트는 바이두나 알리바바 같은 움직임을 보이지는 않지만, AI 관련 기업에 대한 투자를 적극적으로 추진하고 있다. 중국 내 로보틱스 기업 유비테크 로보틱스에 4,000만 달러(약 400억 원)를 투자한 것을 비롯해 인도의 콜택시 서비스 오라가 실시한 11억 달러 규모의 펀딩에 견인차 역할을 톡톡히 했다. 특히 2017년 실리콘밸리에서도 화제가 되었던 것은 자율주행 기술을 선점할 목적으로 미국 테슬라에 약 1조 8,000억 원이나 되는 거액을 출자했다는 사실이다.

미국 기업도 출자와 제휴의 대상

이런 텐센트의 움직임과 관련해 매우 흥미로운 데이터가 있다. CB인사이트의 조사에 따르면, BAT 3사는 중국 기업에 46%, 미국 기업에 44% 투자하는 것으로 나타났다.

이런 수치가 나타난 이유는 현재 BAT에서 투자 업무를 진행하는 실무자들이 원래 미국에서 일했기 때문이다. AI 연구자뿐만 아니라 투자 분야에서도 인재들을 끌어들이고 있다는 뜻이다. 모두 그렇다고 할 수는 없지만, 미국에도 네트워크를 가진 사람들이 국적을 가리지 않고 유망한 스타트업이라면 어디든 주시하고 있는 것으로 보인다.

그런데 한 가지 주목할 만한 사실은 중국에서 의료 분야의 AI 기술을 개발하는 스타트업이 아직 별로 없다는 것이다. 정부 주도의 차세대 AI 발전 계획에는 의료 분야도 음성인식과 자율주행, 스마트시티와 함께 주력 분야에 포함되어 있음에도 말이다. 이에 텐센트 등은 시선을 중국에 한정하지 않고 헬스케어 관련 AI 스타트업에 많은 투자와 제휴를 하고 있다. 자신들이 할 수 있는 분야와 할 수 없는 분야를 가려내, 후발 주자라 경쟁력이 떨어지는 영역에서는 유망한 기업을 사들이는 것 같다.

AI 플랫폼 전략으로 기사회생을 꾀하는 바이두

바이두는 검색 서비스로 덩치를 키워온 회사인데, 현재의 회사 이미지는 마치 안드로이드 OS가 빠진 구글 같다. 변화하는 스마트폰 환경에 적절히 대응하지 못해 실적이 지지부진하다는 의미다. 이를 AI 연구개발에 주력함으로써 부활을 노리고 있는 듯한 인상을 받는다.

사실 바이두는 BAT 중에서 발 빠르게 AI 전환을 진행해왔다. 2017년에 발표된 차세대 AI 발전 계획에 앞서 2014년에 저명한 AI 연구자인 앤드류 응을 채용했다. 앤드류 응은 미국 스탠퍼드대학에서 근무하다가 구글에 입사해 AI 연구기관 구글 브레인을 설립한 것으로 알려진 중국계 AI 연구자다. 그는 바이두로 자리를 옮긴 후 대화형 AI 플랫폼인 두어OS와 자율주행 기술 플랫폼 아폴로 개발 프로젝트 등을 이끌었다. 현재 앤드류 응은 창업해서 바이두를 떠났다. 하지만 바이두는 앤드류 응 덕분에 지금 중국에서 가장 많은 AI 연구자와 엔지니어를 거느린 기업이 되었다.

앤드류 응이 론칭한 자율주행 기술 플랫폼 아폴로에서는 바이두의 기개 같은 것이 느껴진다. '아폴로'라는 이름은 미국 항공우주국 NASA가 주도한 달 탐사를 위한 유인우주비행 프로젝트 '아폴로 계획'에서 따왔다. 또 소프트웨어 개발 플랫폼 깃허브에 공개된 소스코드 README.md(개발에 참여하는 엔지니어가 꼭 읽어야 할 항목을 정리한 페이지 – 옮긴이)에는 당시 존 F. 케네디 미국 대통령이 말했던 아폴로 계

바이두 아폴로 프로젝트의 GitHub 페이지

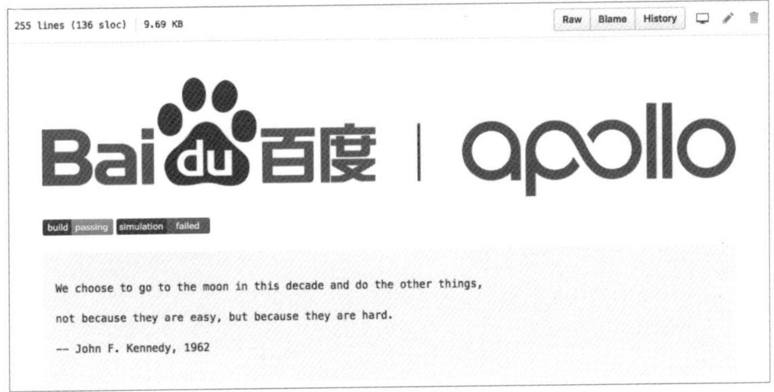

도입부에 존 F. 케네디의 말을 인용한 이유는?

획에 대한 포부가 그대로 인용되어 있다.

"우리는 10년 안에 달에 갈 것입니다. 이 일이 쉬워서가 아니라, 어려운 일이라는 점을 알기 때문입니다."

케네디 대통령의 명연설을 인용한 것만 보더라도 매우 숭고한 뜻을 엿볼 수 있다. 물론 자율주행 분야에서 사업적으로 성공하고 싶고 AI 분야에서 부활하고 싶다는 노림수도 있지만, '아폴로 계획은 전 인류의 도전'이라는 생각이 전해진다.

인공지능 분야의
주목 스타트업

인공지능 분야는 음성 인식과 이미지 인식 등을 제공하는 인식 AI, 웹과 앱 서비스를 진화시키는 인터넷 AI, 업무용으로 B2B가 대상인 비즈니스 AI의 3가지로 분류할 수 있다. 3가지 분야 중에서 우리가 주목하는 기업 몇 곳을 선정해보았다.

Silicon Valley		China
스마트 스피커 사운드하운드	인식 AI	센스타임 메그비 테크놀로지
프리놈	인터넷 AI	리우리슈어 바이트댄스
나우토 사일런스 리프AI	비즈니스 AI	

스마트 스피커

미국에서는 일반 가정에도 널리 보급되어 있다. 2016년에는 아마존의 스마트 스피커인 아마존 에코가 90% 이상의 압도적인 점유율을 차지하고 있다. 그런데 후발주자인 구글 홈과 애플의 홈팟 등이 출시되고 크기와 가격 면에서 선택의 폭이 넓어짐에 따라 아마존 에코의 점유율은 갈수록 떨어지고 있다. 스마트 스피커 제작업체들의 경쟁과 더불어, 보급률 자체가 다른 국가에서는 이런 변화가 어떤 영향을 줄지에 관해서도 주목하고 있다.

앞서 소개한 제품 외에도 일본에서 라인 클로버와 같은 스마트 스피커 제품이 판매 중이다.

사운드하운드

허밍으로 음악을 검색하는 서비스에서 출발해 최근에는 음성인식 AI 플랫폼 하운디파이 서비스를 출시하면서 단번에 관심주로 떠오른 회사다. 이미 미국의 맛집 검색 및 리뷰업체 옐프와 승차공유 서비스 우버, 여행 서비스 익스피디아 등의 기업과 제휴하고 있어 다양한 정보가 모이는 플랫폼이 되었다.
그 밖에도 자동차 제조사와 로봇개발 기업 등으로부터 주목받고 있으며 국내외 대기업도 여러 곳이 투자하고 있는 상황이다. 아직 구글이나 아마존, 페이스북, 마이크로소프트와 같은 공룡 기업들에 물들지 않은 신선한 AI 서비스를 사용하고 싶다는 수요에 대응하는 기업으로서 앞으로 더욱 주목받을 것이다.

프리놈

인터넷 AI 카테고리에서는 이제까지 구글과 페이스북 등의 유명 서비스를 많이 소개했으니 여기서는 앞으로 성장이 예상되는 헬스케어×AI 분야의 주목 기업을 소개한다. 프리놈은 2015년에 설립된 스타트업으로 AI로 혈액 샘플 DNA를 분석해 암의 조기 발견을 목적으로 한다. 2017년부터 2018년까지 자사 및 제휴 연구기관에서 최대 1만 건의 혈액 검사를 실시했으며 지금까지 총 7,800만 달러의 투자금을 유치했다. 저명한 벤처캐피털 안드레센 호로위츠가 투자하고 있는 것으로도 널리 알려져 있다.

나우토

일본의 유수 자동차 제조사도 주목하고 있는 자율주행 분야의 스타트업으로 운전 중인 운전자의 모습과 주변 상황을 카메라로 추적하고 클라우드상의 AI로 위험도를 실시간으로 분석하는 시스템을 제공한다. 나우토는 앞으로 자율주행의 두뇌로 진화할 수 있는 시스템을 개발하고 있다. 소프트뱅크 비전펀드를 설립한 손정의 회장이 나우토의 담당자를 소프트뱅크 본사가 위치한 도쿄 시오도메로 직접 불러다 이야기를 듣고 그 자리에서 냅킨에 투자액을 적어 건넸다는 일화가 전해진다.

카메라와 센서가 부착된 나우토의 차량 탑재 장치(나우토의 웹사이트에서)

사일런스

비즈니스 AI 분야에서는 AI가 마케팅과 판매, 고객 서비스, 채용, 인사, 운영까지 다양한 업무를 대체하고 있다. 여기서는 보안 분야에서 주목할 만한 기업을 소개한다. 사일런스는 보안 소프트웨어를 제공하는 매카피McAfee의 전 CTO가 2012년에 설립한 회사다. AI가 작성한 데이터 모델을 토대로, 사이버 공격을 예측해 기존의 블랙리스트 모델이 아닌 형태로 압도적인 감지율을 실현하는 제품, 엔드포인트를 제공한다. 사일런스는 AI를 활용한 사이버 공격에 대응하는 기업으로는 처음으로 유니콘(기업 평가액이 1조 원 이상인 비상장 벤처기업을 가리키는 말)이 되었는데, 압도적인 양의 계속적인 분석이 인간에게는 불가능하다는 점에서 AI가 인간을 뛰어넘었음을 입증한 사례이기도 하다.

리프AI

구글 출신의 엔지니어가 설립한 회사로 AI 기술을 활용해 우수한 테크놀로지 인재와 미국과 중국의 테크놀로지 기업을 매칭시켜주는 서비스를 하고 있다. AI를 활용한 인재 매칭 서비스는 앞으로 더 성장해갈 것으로 보이는데, 리프AI가 흥미로운 점은 앞서 설명한 대기업들의 AI 관련 인재 영입전이 확산되는 가운데 중국에까지 구인의 폭을 넓혔다는 데 있다. 스타트업 가운데 몇몇 곳에서 실제로 리프AI에 좋은 평가를 내림으로써 이제는 유력한 차기 유니콘 후보로 떠오르고 있다.

센스타임

2014년 창업해 2018년 4월에 알리바바 그룹이 6억 달러를 투자한 AI 이미지 인식 플랫폼 기업이다. 사용자가 전 세계로 확산되고 있으며, 일본의 자동차 제조사 혼다와도 공동개발 계약을 맺고 있다.

주로 얼굴 인식 분야에 사용되는 센스타임의 이미지 인식 기술(센스타임의 웹사이트에서).

세계 최고 수준의 기술력을 갖추었다는 평가를 받고 있으며, 센스타임의 연구 개발팀은 앞서 설명한 AI를 활용해 지난 2015년 ILSVRC에서 동영상 부문 우승을 차지했다. 그런 의미에서도 정통파 이노베이션을 구동하는 스타트업 중 하나다.

메그비 테크놀로지

2011년 창업해 얼굴 인식 기술 오픈 플랫폼 Face++를 운영하는 스타트업이다. Face++를 사용해 어떤 식으로든 얼굴이 인식된 사람 수는 전 세계적으로 1억 명을 넘어서 이 분야에서 세계적인 기업으로 평가받고 있다. 앞서 설명한 르넷의 주요 개발 엔지니어 가운데 2명의 중국계 AI 연구자가 이직한 회사이기도 하다. 2015년 알리바바 그룹과 제휴를 계기로 급성장했다.

Facett의 기술은 106개에 달하는 얼굴 포인트를 분석해 신원을 파악한다.

리우리슈어

구글 출신의 중국인이 설립한 AI 활용 영어학습 사이트다. 음성 인식 엔진을 사용해 발음을 판정하는 프로그램을 갖추어 발음 데이터베이스로는 세계적으로 손꼽힌다고 알려져 있다. 현재는 4,500만 명이 사용자로 등록되어 있고 2017년에는 1억 달러의 투자를 유치했다.

China

바이트댄스

중국판 뉴스앱 토티아오를 운영하는 곳이 바로 바이트댄스다. 중국 1위 뉴스앱인 만큼 규모에서 경쟁업체와 현격한 차이를 보인다. 토티아오는 사용자 데이터와 열람 습관을 기반으로 기사와 동영상을 추천하고 있으며, 월간 사용자가 2억 명이 넘는다. 여기에 2017년 기준으로 광고 수입이 25억 달러에 달한다. 바이트댄스는 그 밖에도 젊은이들 사이에서 유행하고 있는 동영상 소셜앱 틱톡 등을 운영하고 있다.

딥러닝 알고리즘을 탑재한 중국 최대의 AI 콘텐츠 연결 플랫폼 토티아오.

결국 지금의 AI는 무엇을 어디까지 할 수 있는가

여기서는 세 명의 전문가에게 2018년을 기준으로 AI가 할 수 있는 일과 할 수 없는 일에 관해 개인 의견을 섞어서 소개한다. 그림 다음 표에 있는 내용을 논의했는데, 각각의 견해를 '◎ 지금 바로 가능', '○ 2~3년 이내에 가능할 듯', '▲ 5년이 지나도 어려울 듯'으로 나타냈다.

인공지능이 할 수 있는 일과 할 수 없는 일

	마에다	요시카와	시바타
이미지 속 사물을 정확하게 인식하기(이미지 인식)	◎	○	◎
대화를 문장으로 변환해서 쓰기(음성 인식)	○	○	◎
일상어의 의미를 이해하기	○	○	○
일상어로 대화하기	▲	▲	▲
넘어지지 않고 걷기와 뛰기	○	○	◎
사고가 일어나지 않게 자전거나 자동차 운전하기	▲	▲	▲

◎ 지금 바로 가능　○ 2~3년 이내에 가능할 듯　▲ 5년이 지나도 어려울 듯

이미지 속 사물을 정확하게 인식하기(이미지 인식)

시바타 최근의 딥러닝은 상당히 정교해져서 사람과 같거나 그 이상으로 정확하게 파악할 수 있게 된 것 같습니다. 여러분의 생각은 어떻습니까?

마에다 이미지 인식은 정적인 사물을 대상으로 하는 경우가 많으니 저도 거의 문제없이 가능하다고 봅니다.

요시카와 저는 2~3년 정도 지나야 가능할 듯 보입니다. 일본의 세븐드리머스연구소라는 회사에서 AI를 활용한 전자동 의류 정리 로봇 런드로이드를 개발해 화제가 되었습니다. 이 로봇을 보고 '지금의 AI가 마구 널브러진 옷도 제대로 인식할 수 있을까?' 라는 생각이 들었습니다.

예를 들어, 바닥에 아무렇게나 떨어져 있는 옷의 이미지 인식은 구글도 아직 하지 못한다고 봅니다. 애초에 그런 이미지 데이터가 인터넷에 업로드된 것이 적으니 그 패턴 또한 인식할 수가 없습니다. 그래서 런드로이드는 먼저 옷의 한쪽을 집어올린 다음, 다른 한쪽 어딘가를 집고 펼치는 방식으로 이미지 인식 AI가 기능하게 했다고 합니다. 이 사례를 통해 추측해보면 AI는 아직 같은 티셔츠라도 '마구 널브러진 상태'와 '제대로 펼쳐진 상태'를 인식하지 못한다고 봐야 합니다. 그런 의미에서 지금은 아직 '○' 수준인 것 같습니다.

대화를 문장으로 변환해서 쓰기(음성 인식)

시바타 저는 평소 업무를 볼 때나 노트(일본의 온라인 콘텐츠 생산 플랫폼 – 옮긴이)에 연재 중인 칼럼을 쓰는 데 음성인식 기능을 자주 사용합니다. 그러다 보니 의미와 상관없이 문장을 다듬거나 음성을 정확히 글자로 옮긴다는 점에서는 상당한 수준으로 정확도가 높아졌다고 보고 있습니다.

마에다 저는 아직 회의적입니다. 예를 들어 여러 가지 소리가 뒤섞인 길거리나 자연 속에서는 여러 가지 잡음들이 많이 들어오겠지요? 이런 환경에서는 아직 완벽하게 음성을 인식하기 어렵다고 봅니다. 벤처캐피털의 업무 특성상 이 분야 스타트업도 많이 봐왔습니다만 아직은 정확도 높은 결과물을 본 적이 없습니다.

요시카와 지난번 구글 아이오2018에서는 그런 잡음을 제거하는 기술도 발표되었습니다. 이 기술이 일반적으로 사용할 수 있는 수준이 된다면 금방 '◎'이 될 것 같습니다.

일상어의 의미를 이해하기

시바타 사람이 평소 쓰는 말을 AI가 이해하기란 아직 불가능하다고 봅니다. 앞으로 이삼 년 정도면 가능해질 것 같기는 한데, 두 분의 의견은 어떻습니까?

마에다 바로 앞 주제와 비슷한 답변인데, 사람이 쓰는 말의 모호한 맥락을 이해하려면 조금 더 지나야 하지 않을까요? 주요 참여자 해설에서 설명했던 구글 아이오2018의 데모에서는 말하는 사람이 AI가 어느 정도 의미를 예측할 수 있는 대화를 하고 있다고 느껴진다고 해야 할지, 단순함을 의식한 대화였습니다. 이렇게 단순화된 대화 상황과 여러 사람이 동시에 말하는 혼란스러운 상황은 AI에게 요구되는 수준이 완전히 달라집니다.

요시카와 그런 문제를 해결하는 한 가지 방법은 말하는 사람의 개인 데이터를 클라우드에 저장해두는 것입니다. 예를 들면 '나는 마이클 씨와 전에 몇 번인가 술자리를 함께한 적이 있다' 같은 데이터가 클라우드에 계속 축적되고 그 데이터와 AI가 연계한다면 대화의 모호한 맥락을 풀어낼 수 있을지도 모릅니다.

마에다 인간관계처럼 대화의 맥락을 보충해주는 정보가 AI의 이면에서 작용한다는 전제라면 확실히 인식률은 높아지겠네요.

요시카와 다만 이런 방법을 모색할 경우, 마에다 씨가 말했던 데이터 관리 정책에 대해 다시 한 번 깊이 생각해봐야 합니다. 그래서 클라우드에 과거의 대화 데이터나 인간관계와 관련된 정보를 축적해도 되는지, 그리고 그것을 AI와 연결해도 되는지 같은 논란이 앞으로 분명 제기될 것입니다. 지금은 구글이 클라우드와 연결된다는 전제하에 다양한 AI 서비스를 발표하고 있는데, 그런 방식을 쓸 수 없게 되었을 때 새로운 스타트업이 나설 수도 있겠네요.

일상어로 대화하기

시바타 여기에 관해서는 모두 '5년이 지나도 어려울 듯'을 꼽아 주셨습니다.

요시카와 앞서 이야기했던 구글 아이오2018의 데모와 같은 형태로, AI에게 부탁하는 식의 분명한 대화라면 이제 곧 가능할지도 모르겠습니다. 그 밖에도 역 개찰구에서 "○○역까지 가는 표를 발권해줘"라든지요. "시나가와에서 도쿄까지 가고 싶어", "시나가와에서 나리타 익스프레스를 타고 나리타까지 가고 싶어" 식의 대화 정도는 머지않아 가능할 것 같습니다.

마에다 그렇군요.

요시카와 이런 기능이 영어나 중국어 같은 여러 언어로 가능할 정도로 AI가 진화한다면, 올림픽 같은 대규모 행사에서도 훌륭한 안내 서비스가 될 것 같습니다. 그리고 좀 더 지나서 AI가 사람처럼 농담까지 할 수 있다면 완벽하겠지요. 사람끼리 대화할 때와 마찬가지로 관건은 아마 위트일 겁니다.

마에다 일종의 명령을 입력해가는 식의 대화라면 저도 그렇게 생각하는데, AI가 정말로 대화 상대가 될 수 있는지 묻는다면 저는 회의적입니다.

요시카와 꼭 그렇지만도 않을 것 같은데요. 아무 생각 없이 던진 혼잣말이라도 가족이 호응해주면 기분이 좋잖아요? 여기서 더 깊이 들어간다면 대화 상대가 사람이 아닌 편이 나을 때도 있을 것 같습니다. 앞으로 스마트 스피커의 보급이 확산된다면 혹시나 사람보다 더 이야기하기 편한 상황이 생길지도 모르지요.

마에다 과연 그렇군요. 확실히 성희롱이나 질병처럼 남들에게 털어놓기 힘든 문제에 관한 상담이라면 그럴 수도 있겠습니다. '상황에 따라서'라는 전제가 달린다면 같은 생각입니다.

넘어지지 않고 걷기와 뛰기 / 사고가 일어나지 않게 자전거나 자동차 운전하기

시바타 2족 보행로봇 개발로 잘 알려진 미국의 보스턴다이나믹스가 공개한 동영상을 보면 적어도 걷기와 뛰기는 이제 가능해진 것으로 보이는데, 어떻습니까?

요시카와 저는 그 로봇이 걷고 있는 모습을 아주 가까이에서 본 적이 있습니다. 솔직히 대단하다고 느꼈는데, 센서와 모터가 빙글빙글 움직이면서 엄청나게 큰 기계음이 들렸습니다. 마치 미래 병기 같은 인상이었습니다. 보스턴 다이나믹스가 공개한 비디오에는 나오지 않지만, 움직이는 로봇 옆에는 비상정지 버튼 같은 걸 든 사람이 항시 대기하고 있어서 더 그렇게 느꼈는지도 모르겠습니다.

시바타 그럼 아직 완벽하지 않다는 말씀이군요?

요시카와 네. 역시 금속기계 뭉치니 위험하지요. 걷고 있는 모습을 울타리 바깥에서 바라보고 있는 정도라면 문제없겠지만, 아직 소프트웨어 버그도 있을 테고 자유롭게 걷거나 뛰게 놓아두는 것은 위험하다는 생각입니다.

마에다 그래도 바퀴를 달면 쇼핑몰이나 야외에서 활용할 수 있을 것 같습니다. 2족 보행로봇에 비하면, 넘어질 위험이 적고 센서로 충돌 위험을 줄일 수도 있으니까요.

요시카와 2족 보행 형태의 로봇이 아니라면 괜찮을 수도 있겠네요. 꼭 사람과 똑같은 형태로 만들 필요는 없으니까요. 그런 의미에서 많은 사람에게 감정적으로 받아들여질 수 있는 디자인을 추구하는 것이 중요합니다.

마에다 그렇군요. 제가 이번 논의를 통해 느낀 점도 비슷합니다. AI에 의해 현실 세계와 디지털 세계가 극적으로 교체되는 시기가 이제 곧 도래할 텐데, 그전에 우리 일상생활에서부터 기술의 침투가 진행되고 있는 듯합니다.

지금은 인터넷을 통해 다양한 데이터가 모이고 있으며, 이를 AI가 엄청난 위력으로 한창 분석하는 중입니다. 앞으로 몇 년은 그 분석을 통해 인간에게 불가능했던 발견과 결과물들이 도출되는 단계가 아닐까 생각합니다. 그중에서 성과를 내는 스타트업이 나타나 구글이나 바이두 같은 대기업에 인수되거나 기업공개IPO를 하고 거기서 활약한 사람들이 다시 다른 분야로 AI를 확장해갈 것입니다. 그런 흐름으로 사회가 바뀔 것으로 보이는데, 지금은 바로 그 직전 단계입니다. 데이터의 정비·분석과 같은 단순하고 재미없는 분야의 AI를 개발하는 단계라고 느낍니다.

요시카와 그런 의미에서 AI의 발전·보급도 휴대전화나 인터넷의 역사와 비슷한 면이 있습니다. 처음 휴대전화가 등장했던 1990년대 초에는 '휴대전화라니 어디에 쓰는 거지?', '집에서 걸면 되잖아?'라는 반응이 적지 않았습니다. 그때는 휴대전화가 지금처럼 확산되는 것은 물론, 카메라가 달릴 것이라고는 아무도 상상하지 못했습니다. 인터넷도 마찬가지였습니다.

시바타 그렇게 생각해보면, 인터넷이 등장한 지 이제 20년 가까이 지났습니다. 한편 딥러닝을 전제로 한 현재의 AI 기술이 등장한 시기는 2012년 무렵입니다. 아직 6년밖에 지나지 않았네요.

요시카와 1990년대 인터넷 초창기에는 동영상을 보고 싶어도 통신회선 문제로 볼 수가 없었습니다. 예를 들어 1994년 세계 최초로 인터넷 생중계된 롤링스톤즈의 라이브를 일반 가정에서는 느려서 볼 엄두도 내지 못했습니다. 반면 AI는 상당히 발전해서 이미 자리를 잡았지요. 그러므로 AI가 다양한 산업에 영향을 주는 것이 인터넷 역사보다 짧은 기간에 완료될 가능성이 있습니다. 앞으로 다가올 진화를 앞당기려면 만드는 사람의 상상력이 중요합니다. 지금은 앞으로의 혁신을 주시하면서 AI 활용을 위한 다음 한 수를 생각하는 자세가 필요합니다. AI가 본격적으로 보급되었을 때 이런 혁신에 적응한 사람과 기업만이 세상을 바꾸는 주체가 될 것입니다.

일본 기업, 역전의 관건은 '데이터 없는 학습'에 있다?

이번 장의 마지막으로 왕년의 기술 대국이었던 일본은 AI 분야에서 미국·중국의 약진을 어떤 관점으로 바라보아야 할지 이시구로 씨와 논의했다.

시바타 AI 분야에서 중국은 이미 미국·유럽의 뒤를 쫓아가는 것이 아닌 세계의 리더가 되려고 하고, 이를 위해 미국에서 일하는 우수한 중국계 연구자를 데려다가 대량으로 AI 인재를 육성하고 있습니다.

이시구로 사실 일본에서도 똑같은 일이 벌어질 수 있습니다. 확실히 현재 중국은 풍부한 자금을 보유하고 있지만, 일본은 투자로 돌릴 수 있는 돈이 적습니다. 인력에서도 현재 중국계 연구자의 기세를 당해낼 수가 없습니다.

국책 사업의 일환으로 AI에 투자하는 것이라면 투자금의 규모는 둘째 치더라도 따라갈 수는 있습니다. 하지만 그것이 전부가 아닙니다.

요시카와 또 일본의 대기업은 AI와 같은 최신 기술을 도입하자는 결정이 나면, 일단 PoC(Proof of Concept, 개념 검증)부터 하려고 들지요? 반면에 지금의 중국 기업은 PoC 같은 것은 거의 하지 않고 단번에 수백만 명, 수천만 명의 사용자에게 서비스를 확산시키려고 달려듭니다. 이런 속도감을 배워야 합니다.

이시구로 AI가 일으키는 혁신에는 명확한 순서가 있습니다. 가장 먼저 기술적 혁신이 일어나고, 새로운 알고리즘이 만들어진 뒤, '이 시장에 활용할 만하다'는 사업 면에서의 혁신이 일어납니다. 사업 면에서의 혁신에도 순번이 있는데, 처음에 스타트업이 도전하고, 다음에는 자금력이 있는 대기업이 진출하고, 그 과정에서 다양한 시도가 이루어지고 나서 실제로 사용할 수 있는 서비스가 나오기 시작하는 것입니다. 이런 혁신의 주기를 얼마나 빠르게 돌리느냐가 승부의 갈림길인데 일본은 미국이나 중국에 비해 한참 뒤처져 있습니다.

시바타 현재 상황이 그렇다면 일본의 스타트업과 대기업은 어떻게 대결에 임해야 할까요?

이시구로 일본이 한참 뒤처진 상태라고 조금 과격한 표현을 썼는데, 어떻게 보면 정말로 좋은 시기이기도 합니다. 왜냐하면, AI에 관한 연구나 새로운 알고리즘은 대부분이 오픈소스로 공개되어 있어서 그것을 사용하는 측에 아무런 제약이 없으니까요. 그러니 남은 것은 이 분야에 걸어볼 것인지 아닌지를 결정하기만 하면 된다고 할까요.

요시카와 개인적으로는 이제 이 레이스에 걸어보는 수밖에 없다고 생각합니다. 편도 티켓같은 느낌 아닌가요?

이시구로 그렇게 되면 역시 중국처럼 국가적 지원이 필요한 것이 아니냐는 논의가 나올 수 있는데 저는 꼭 그렇지만도 않다고 봅니다. 왜냐하면 AI 연구의 역사를 보면 큰 진전이 있었을 당시에 꼭 국가의 지원이 있었던 것은 아니거든요.

또 이제까지 AI 비즈니스에서 후발 주자 기업들의 약점이었던 학습용 데이터의 양과 질도 학술적인 영역에서 데이터가 필요 없는 딥러닝의 연구가 진행된다면 핸디캡이 사라질 수도 있습니다.

시바타 그 이야기를 좀 깊이 있게 해볼게요. 지금까지 AI 비즈니스에서는 개인 정보를 포함한 사용자 정보와 행동 이력을 데이터로 많이 가지고 있으면 있을수록 강자가 될 수 있던 셈이지요? 그러니 구글이 강하고, 페이스북이 강하고, 중국은 인구 자체가 많으니 말할 것도 없습니다. 그랬는데 꼭 데이터를 갖고 있지 않더라도 제로부터 AI가 배우는 상태가 된다면 후발 주자도 충분히 AI 관련 스타트업이 약진할 가능성이 있다고 생각합니다. 그럼 이런 데이터 없는 학습의 연구는 지금 진척 상황이 어떤가요?

이시구로 학술적인 세계에서는 지난 2~3년 동안 빅데이터가 필요하지 않은, 혹은 적은 데이터 세트로도 제대로 학습할 수 있는 AI 연구가 활발해지고 있습니다. 좀 더 말하자면, 바둑 AI로 유명해진 딥마인드가 개발한 알파제로처럼 데이터가 제로이더라도 스스로 강화 학습해가는 식의 AI 연구가 진행되고 있습니다.

궁극의 AI 연구란 결국 '인간의 뇌가 어떻게 동작하는가?'를 규명하는 것을 의미합니다. 인간은 태어나면서부터 어느 정도 철이 들고 외부 세계를 인식하기 시작하기까지는 그리 많은 양의 데이터를 축적하고 있지는 않으니까요.

이런 연구의 성과가 비즈니스 상황에도 응용되려면 아직 시간이 걸릴 겁니다. 그러나 앞으로 AI의 진화를 계속해서 주시해간다면 우리 기업들도 이 분야에 승산이 생길지도 모릅니다.

02

차세대 모빌리티

Mobility

'자동차의 서비스화MaaS'에 관한 기술개발 진행 상황
구글과 테슬라는 이미 자율주행의 실증 실험을 실시

Silicon Valley

기무라 마사유키
딜로이트토마쓰 벤처 서포트
Deloitte Tohmatsu Venture Support Co., Ltd.
상무이사

대학원 수료 후 유한 책임 감사법인 토마쓰에 입사해 스타트업 IPO와 M&A 컨설팅에 종사한다. 2010년부터 딜로이트토마쓰 벤처 서포트에 참여했다. 스타트업과 대기업의 오픈 이노베이션을 통한 신규 사업을 론칭해 20개국에서 스타트업 지원 체제를 구축했다. 2015년부터 실리콘밸리에서 근무하면서 모빌리티, 금융, 제조업 관련 기업의 오픈 이노베이션 프로젝트를 다수 담당했다. 더불어 실리콘밸리의 동향을 리포트하는 프로젝트 실리콘밸리 D-Lab의 멤버이기도 하다.

실리콘밸리와 중국의 기업은 전기자동차와 자율주행차의 보급을 위해 노력하고 있다. 그리고 그 주역으로 부상한 것이 바로 각종 ICT기업들이다. 이제까지 IT·인터넷 산업을 격전지로 삼아 성장해온 기업들이 어떻게 모빌리티의 미래를 바꾸어갈 것인지 변화의 양상을 소개한다.

자율주행 기술의 선구자로 변신한 인터넷 검색 업체 바이두
신흥 전기자동차 제조사와 거대한 승차 공유서비스가 대두

China

다나카 도시카즈
장신 창업주 CEO

도쿄대학교 항공우주공학과를 졸업하고 휴렛팩커드에서 엔터프라이즈 시스템 개발과 판매를 담당하다가 딜로이트토마쓰로 이직했다. 12년 동안 M&A자문과 투자 컨설팅, IPO 지원, 벤처 지원, 기업 감사 등의 업무를 담당했다. 2005년부터 4년 동안 딜로이트의 상하이 지사에 중국 기업의 일본 IPO 프로젝트와 일본계 현지 기업의 감사, 투자 컨설팅 업무를 진행했다. 2013년 상하이에서 중국과 일본의 스타트업과 대기업 오픈 이노베이션을 지원하는 장신을 창업했다.

Silicon Valley

모빌리티 산업의 중요한 테마는 '탈것의 서비스화'를 지원하는 것이다. 이는 각종 소프트웨어의 진화를 의미한다. 그런 점에서 실리콘밸리는 선구자적인 위치에 있다.

MaaS

1경 원

2030년대 초에는 약 1경 원 규모의 시장으로 성장

아크인베스트의 전망에 따르면, 자동차의 서비스화를 촉진하는 MaaS Mobility as a Service를 융성해 실리콘밸리에서도 자동차 관련 스타트업이 급증하고 있다.

자율주행

4조 4천억 원

2017년의 관련 투자는 연간 약 4조 4,000억 원

CB인사이트 조사에 의하면, 2016년까지 연간 투자액이 1조 5,000억 원 규모였다는 점만 보더라도 이 분야에 대한 투자가 지난 1~2년 사이에 급격하게 늘어났음을 알 수 있다.

인수 제휴

2010년대

2010년대 중반부터 진행된 대기업의 MaaS 전환

2018년 10월 도요타자동차와 소프트뱅크가 MaaS사업에서 제휴했는데, 미국에서는 이미 몇 년 전부터 자동차 제조사와 소프트웨어 기업과의 제휴가 진행되었다.

승차 공유

280조 원

골드만삭스는 2030년 약 280조 원 시장이 될 것으로 예상.

자율주행과 승차공유, 로보택시 등이 시장 확대를 견인하게 될 것이다. 샌프란시스코에서는 이미 실증 단계에 접어들었다.

China

실리콘밸리와 마찬가지로 관련 기술 개발이 활발한 상황이다. 그중에서도 전기자동차의 개발·보급과 차량 공유는 대기오염을 해결할 수 있다는 점에서도 주목을 받고 있다.

신차 판매 대수

10년 연속 **1위**

10년 연속 세계 1위(2017년 2,888만 대)

중국자동차공업협회조사에 의하면, 2017년 일본의 신차 판매가 500만 대 수준이라는 점을 보더라도 중국의 경제성장을 말해주는 숫자라고 할 수 있다.

전기자동차

100%

중국 선전에서는 버스가 100% 전기자동차

2017년 기준으로 전기자동차의 신차 등록비율은 약 2%에 머물러 있는데, 중국 정부가 2025년까지 전기자동차 등록비율을 20%대로 끌어올리겠다고 발표하면서 보급이 급속도로 늘어나고 있다.

인수 제휴

디디추싱

전기자동차와 자율주행 기술을 지닌 엔지니어들의 이동

중국의 3대 IT기업 BAT와 최대 콜택시 기업 디디추싱이 중국뿐만 아니라 전 세계 자동차 제조사 및 관련 스타트업과 폭넓게 제휴하고 있다.

승차 공유

1억 명

디디추싱의 월간 사용자 수는 1억 명 초과

독일 스타티스타 조사에 의하면, 같은 서비스를 제공하는 미국 우버의 월간 이용자 수는 약 4,000만 명이다. 그런데 디디추싱의 이용자가 2배 이상이라는 점만 보더라도 보급도를 엿볼 수 있다.

'탈것의 서비스화'를 지원하는 소프트웨어 기업

도요타나 혼다, 닛산 같은 글로벌 제조사 덕분에 일본에서는 자동차 관련 뉴스를 접할 기회가 많다. 그러나 지금 모빌리티 관련 분야에서 최첨단 뉴스를 생산하는 곳을 꼽으라면 실리콘밸리를 빼놓을 수 없다. 이곳에서 연구개발이 진행되는 통신·소프트웨어 기술이 모빌리티와 융합해 새로운 트렌드를 만들어내고 있기 때문이다.

딜로이트토마쓰 벤처서포트 상무이사이자 업계 동향을 리포팅하는 프로젝트, 실리콘밸리 D-Lab의 멤버 기무라 마사유키 씨에게 모빌리티 분야의 최신 동향을 물었다.

차세대 모빌리티의 정의

운전이라는 행위를 자동화하고 지점 간 이동을 최적화하도록 지원하는 것을 '차세대 모빌리티'라고 부른다. 구체적으로는 다음 목적들을 실현하는 것이 목표다.

- 초인적인 부조종사로서 운전자를 돕는다.
- 인간으로서는 불가능한 운전이 가능해진다.
- 사람들의 이동을 혁신한다.
- 도심에 무분별하게 늘어나는 주차 공간을 줄인다.

• 노동력 부족으로 고민하는 지방의 모빌리티를 해결한다.

도요타가 2018년 1월에 발표한 모빌리티 서비스 전용 전기차 이팔레트 콘셉트는 위 사항들을 만족시키면서 이동과 물류, 상품 판매 등 다양한 서비스를 제공하려 한다. 차세대 모빌리티를 실현하는 데 빼놓을 수 없는 기술을 두 가지만 꼽아본다면, 하나는 제1장에서 언급한 AI의 활용이다. 예를 들어 주목할 만한 스타트업에 이름을 올렸던 중국의 센스타임이 운영하는 AI 이미지 인식 플랫폼은 자동차 업계로부터 도입에 관한 문의가 쇄도하고 있다. 유니콘이 된 센스타임의 성장을 자동차 업계가 지탱하고 있다고 알려져 있다.

그리고 또 한 가지 중요한 주제가 바로 MaaS다.

MaaS는 2030년대에 10조 달러 시장으로

MaaS를 한마디로 설명하면, 자동차를 포함한 모빌리티 자체를 서비스화하는 시도다. 선행 사례는 승차공유 서비스로 널리 알려진 우버 테크놀로지(이하 우버)다. 우버는 여러 대의 컴퓨터가 자율적으로 통신하는 개인 간 통신기술P2P을 기반으로 사람과 사물이 A지점에서 B지점으로 이동하는 과정을 최적화한다.

최근에는 실시간 교통 정보를 반영한 내비게이션과 우버 서비스를 합친 듯한 복합형도 등장했다. 핀란드의 스타트업 마스글로벌은 출발 지점과 목적지를 입력하면, 해당 경로상에 있는 공유 자전거와 대중교통을 전부 최적화해 추천하고 이용할 교통수단의 결제까지 처리해주는 애플리케이션 윔Whim을 출시해 업계의 주목을 받고 있다.

앞으로 MaaS는 자율주행 기술이 더해져 더욱 발전할 것으로 예상된다. 혁신적인 기술 분야에 특화된 투자·운용회사 아크 인베스트는 2017년에 펴낸 《MaaS: 자율주행차가 모든 것을 바꿀 수 있는 이유MOBILITY-AS-A-SERVICE: WHY SELF-DRIVING CARS COULD CHANGE EVERYTHING》라는 모빌리티에 관한 백서에서 다음과 같이 예측했다. "2020년대 말에는 자율주행차가 거점 간 이동의 주요 교통수단이 될 것이며, 2030년대 초가 되면 전 세계 MaaS 시장은 10조 달러를

마스글로벌의 애플리케이션 윔

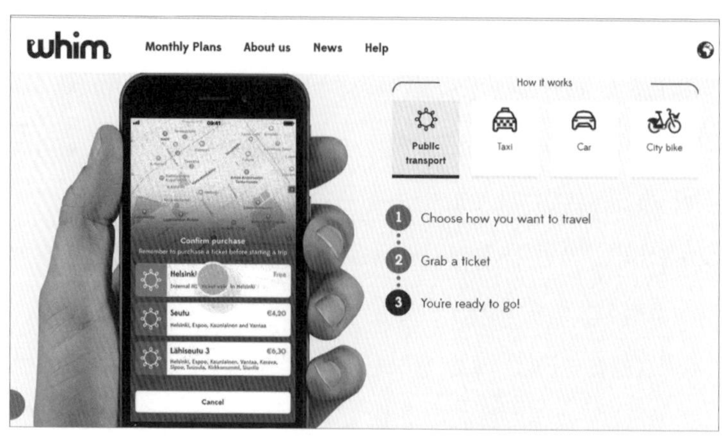

목적지까지 가는 교통수단을 통합 검색할 수 있으며 예약부터 요금 결제까지 모두 끝낼 수 있다.

넘어설 것이다."

이처럼 거대한 시장에서 대결하기 위해 여러 업체에서 연구개발을 진행하고 있다.

자율주행 기술에 대한 투자는 최근 1~2년 사이에 급증

이런 배경 때문에 실리콘밸리에서는 2015년까지 비교적 잠잠한 듯했던 자동차 관련 스타트업이 최근 빠르게 활성화되고 있다. 특히 자율주행 관련 소프트웨어와 AI 개발에 나선 기업이 주목받고 있다. CB인사이트가 2018년 9월에 펴낸 보고서 〈자동차 기술 부문 투자의 급증을 이끄는 자율주행Autonomy Is Driving A Surge Of Auto Tech Investment〉에

그림 2-1 자율주행 관련 기업에 대한 전 세계 투자액 추이(2014년~2018년 / 2018년은 추산)

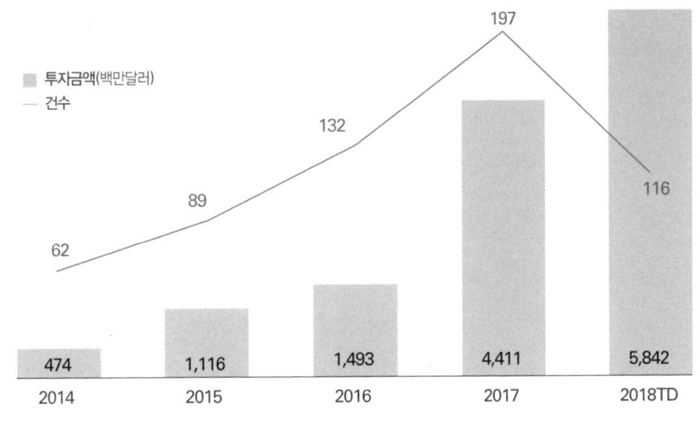

출처: CB인사이트.

따르면, 2017년 전 세계 자율주행 관련 기업에 대한 총 투자액이 약 44억 달러에 달한다고 전했다. 2016년까지는 많아야 연간 15억 달러 규모였던 것을 감안한다면, 투자액이 급증했다고 할 수 있다(그림 2-1 참조).

앞선 장에서 소개한 실리콘밸리의 AI 기업 나우토도 방대한 양의 자동차 주행 데이터를 분석하는 자율주행 기술 시스템을 개발하고 있다. 여기에 BMW와 도요타 같은 대형 자동차 제조업체들이 꾸준히 투자하고 있다.

앞서가는 전 세계 제조사

나우토의 사례가 보여주듯 최근 전 세계 자동차 제조사들은 소프트웨어 기업과의 제휴 강화에 분주하다. MaaS가 지금보다 더 확산세를 보인다면, 이제껏 아무도 보유하지 못한(혹은 보유했으나 잘 활용하지 못했던) 소프트웨어나 AI 알고리즘의 개발이 매우 중요해지기 때문이다.

일본에서는 2018년 10월, 도요타와 소프트뱅크가 공동으로 MaaS사업을 시작한다고 발표해 큰 뉴스가 되었는데, 실리콘밸리에서는 이와 비슷한 협업이 몇 년 전부터 수면 아래서 진행되고 있었다. 예를 들어 미국 자동차 업계의 빅3 중 하나인 포드는 2015년 CES(Consumer Electronics Show, 매년 1월에 미국 라스베이거스에서 열리는 세계 가전전시회, 첨단 기술의 경연장이기도 하다)에서 CEO가 직접 자동차 제조사에서 탈피해 MaaS 회사로 다시 태어나겠다고 선언했고, 2016년에는 3D지도를 개발하는 스타트업 등 여러 IT기업들과 연이어 제휴했다. 또 BMW가 현재 미국에서 서비스하고 있는 승차공유 사업, 리치나우는 2014년 BMW가 출자한 미국의 스타트업 라이드셀이 개발한 MaaS 플랫폼을 사용하고 있다. 또 2015년에는 스웨덴의 볼보 그룹이 화물트럭의 차량 간 통신기술을 개발하는 미국 펠로톤 테크놀로지에 투자해 '트럭 2대를 줄지어 달리게 할 경우, 공기저항 감소가 연료 절감에 어떤 영향을 미칠 것인가?'와 같은 연구를 진행하고 있다.

이처럼 V2X(Vehicle-to-X, 자동차가 통신 기술에 의해 모든 사물과 연결되기 위한 기술) 관련 스타트업에 대한 투자가 늘어나는 이유는 MaaS의 보급이 본격화되면 '자동차를 보유하는 사람'보다 '자동차를 보유하지 않고 이용하려는 사람' 쪽이 훨씬 많아질 것이기 때문이다. 이때 '이용'의 진입점이 바로 스마트폰 앱과 인터넷이다. 따라서 수입원이 '자동차 판매'에서 '서비스 제공'으로 전환되는 시대에서 살아남기 위해서는 한시라도 빨리 관련 기술을 흡수하는 것이 중요하다. 대기업 제조사가 MaaS 관련기술을 보유한 스타트업을 인수·제휴하는 흐름은 앞으로 더욱 강화될 것이다.

일본에서 이런 변화에 가장 위기감을 느끼고 있는 기업은 역시 도요타다. 도요타는 2016년부터 실리콘밸리에 도요타연구소를 설립해 미국의 자동차 관련 스타트업과 전방위로 제휴를 추진하고 있다.

다음 격전지는 자율주행×승차공유

지금까지 소개한 MaaS 전환 가운데 서비스로서 가장 빠른 형태화가 예상되는 분야는 자율주행×승차공유다. 필자가 참여하고 있는 실리콘밸리 D-Lab에서도 자동차 업계에서 가까운 미래의 격전지가 될 곳은 바로 이 영역이라고 분석하고 있다(그림 2-2). 현재로서는 자동차를 보유한 사람 대다수가 차를 주차장에 세워두는데, 이런 낭비를 줄이고 승차공유를 촉진하려는 움직임과 자율주행 기술은 궁합이 아주 잘 맞기 때문이다.

다만 기존 자동차 제조사가 자율주행×승차공유 영역에 진출할

그림 2-2 앞으로 활발해질 자율주행×승차공유 영역

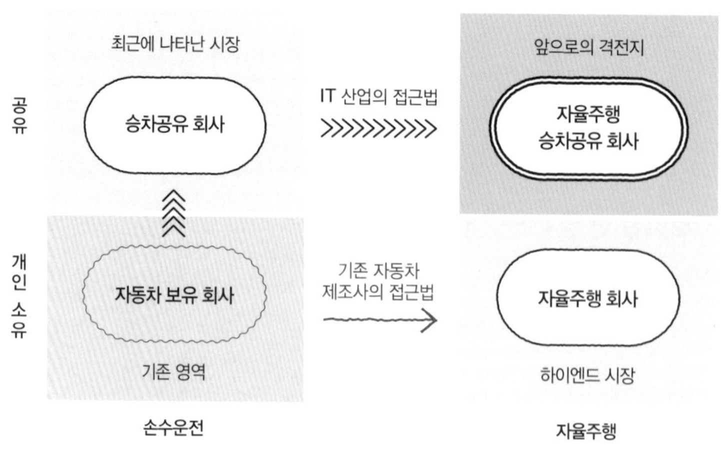

실리콘밸리 D-Lab의 분석

때는 주의해야 할 점이 하나 있다. 그림 2-2에서 알 수 있듯 '개인 소유'의 연장선상이 아닌 '승차공유'의 연장선상에서 서비스를 만들어야 한다는 점이다.

2018년 기준으로 수익 규모가 약 5조 원으로 성장한 승차공유 업계는 자동차 제조사보다 우버와 리프트처럼 소프트웨어 개발에 강점을 보이는 기업이 큰 성공을 거두고 있다. 그래서 자동차 제조사 쪽에서 보면, 앞으로 독자적인 공유 서비스를 론칭하기보다 소프트웨어 산업 참여자와 협력해 시장에 진입하는 것이 가장 좋은 방책이라고 할 수 있다. 구체적인 사례는 뒤에서 다시 다루겠지만, 세계적인 투자 기업 골드만삭스는 자율주행차를 활용한 승차공유 서비스 로보택시가 향후 승차공유 시장의 규모를 확대할 것이라고 발표했다. 그리고 2030년에는 시장 규모가 2,850억 달러(약 280조 원)에 이를 것이라는 예측도 함께 내놓았다.

전기자동차 보급과 발전의 진원지가 된 중국

모빌리티의 미래를 읽어내는 데 MaaS만큼이나 중요한 것이 바로 전기자동차의 트렌드다. 일본 제조사와 미국 테슬라의 개발 동향이 전기자동차라는 화제의 중심인 것처럼 보이지만, 지금은 중국 시장을 제외하고는 이야기가 되지 않는다. 상하이를 거점으로 중국과 일본에서 스타트업 지원 및 대기업의 오픈 이노베이션 지원 액셀러레이터(초기 단계의 스타트업에 창업지원금 등을 지원하고 경영 컨설팅, 멘토링 등을 제공함으로써 스타트업의 성장을 가속하는 역할을 하는 기업 – 옮긴이) 사업을 진행하는 쟝신의 CEO 다나카 도시카즈 씨에게 그 이유를 물었다.

전기자동차의 글로벌 시장 점유율 절반가량을 차지

중국자동차공업협회의 2018년 1월 발표에 따르면, 2017년 중국의 신차등록 대수는 약 2,888만 대로 9년 연속 세계 1위를 기록했다. 그중 전기자동차를 중심으로 한 신에너지 차량의 판매량은 전년 대비 53.3% 증가한 78만 대였다. 중국에서 판매된 전체 차량에서 신에너지 차량이 차지하는 비율은 2% 미만이지만, 글로벌 전기자동차 시장 점유율과 비교하면 굉장히 높은 비율이다.

전 세계 지역별 전기자동차 판매량을 시기순으로 살펴보면(그림 2-3), 2014년까지는 환경 규제가 진행되던 지역, 즉 미국과 유럽

그림 2-3 전 세계 전기자동차 판매 대수의 국가·지역별 시장 점유율 추이

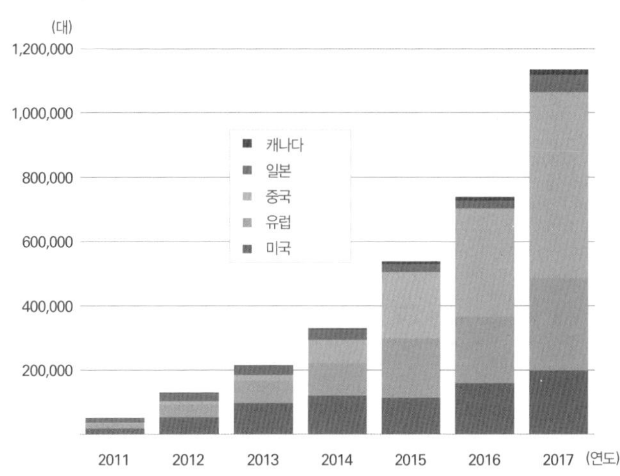

출처: 위키미디어 공용 〈2011년 이후 글로벌 플러그인 전기자동차 판매량〉

이 앞서다가 2015년에서 2016년 무렵에는 중국이 전체 판매량의 30~40%까지 차지하게 된다. 그리고 2017년에는 세계 전기자동차 판매량의 절반가량을 차지하는 수준이 된 것이다.

정부가 나서서 전기자동차 보급을 촉진

중국이 전기자동차 대국으로 변모한 배경에는 심각한 대기오염이 있다. 정부는 대기오염 문제에 대한 대책 가운데 하나로 중국 내 전기자동차 판매율을 2025년까지 20%대로 끌어올리겠다는 계획을 발표했다. 이에 따라 주요 도시에서는 전기자동차를 구입할 때 관에

서 보조금을 주거나 다양한 우대 조치를 진행하고 있다.

2017년 상반기, 중국에서 신에너지 차량의 판매 상위 6위 안에 들어간 도시는 베이징과 상하이, 선전, 항저우, 광저우, 톈진이었다. 이들 도시에서는 '한정판매'식으로 자동차의 월별 판매 대수 자체가 제한되었다. 도시마다 '자동차 번호판은 월 2만 대까지만 발행한다', '경매에서 낙찰되어야 번호판을 구할 수 있다'와 같은 규제도 있었다. 상하이에서는 번호판 경매에 참여하는 데 보통 8만 위안(약 1,300만 원) 정도가 든다. 이런 정책은 휘발유차의 판매에 제동을 거는 것이 목적인데, 전기자동차를 구입하는 경우에는 이 같은 규제 대상에서 제외된다. 이렇게 해서 전기자동차의 판매율을 끌어올림과 동시에, 주차장에 전기자동차 충전기를 확충하는 등 인프라 강화를 추진함으로써 전기자동차라는 새로운 산업을 키우고 있다.

좋은 예가 선전에서 추진하고 있는 전기자동차 버스 도입이다. 선전교통운수위원회는 2017년까지 시내버스를 100% 전기자동차로 교체하겠다고 발표했다. 이를 후방에서 지원한 기업은 선전에 본거지를 둔 대형 자동차제조사 BYD다. BYD는 전기자동차 개발로 잘 알려져 있는데, 선전이 다음으로 추진할 정책인 택시의 전기자동차화에서도 BYD가 차량을 제공할 것이라는 말이 나오고 있다.

참고로 일본에서도 교토와 오키나와 같은 도시에서 이미 BYD의 전기자동차 버스를 구입해서 활용하고 있다. 향후 다른 지역에도 확산될 가능성이 있다.

거대 IT 기업이 전기자동차 제조사에 투자하는 이유

1장에서 중국은 3대 IT 기업으로 불리는 바이두, 알리바바, 텐센트의 영향력이 매우 크다고 설명했다. 이런 구도는 차세대 모빌리티의 연구개발에서도 마찬가지다. 중국 내에 대두하는 신흥 전기자동차 제조사에 투자함으로써 산업 전체의 수준을 끌어올리는 데 기여하고 있다. 여기에 중국의 최대 자동차 공유 서비스 기업 디디추싱도 전기자동차 분야에 대한 투자를 강화하고 있어, 중국의 차세대 모빌리티 개발에는 이 4개 회사가 어떤 형태로든 얽혀 있는 상태다.

BAT와 디디추싱이 전기자동차 분야에도 적극적으로 관여하고 있는 이유는 자율주행 기술의 개발과도 밀접한 관련이 있다. 특히 AI 개발이 가능한 엔지니어를 채용하는 등 자동차 제조사와 IT 기업이 부쩍 깊은 관계를 맺어가고 있음이 느껴진다.

월간 사용자 1억 명, 확산되는 승차공유 서비스

실리콘밸리에서는 MaaS에 관한 연구개발이 활발하다. 그중에서도 우버 같은 기업은 승차공유 서비스의 선행 사례로 여겨지고 있는데, 중국에서는 실리콘밸리 이상의 보급도를 보여주고 있다. 승차공유 서비스 확산의 중심에 있는 기업이 바로 앞서 설명한 디디추싱이다. 그림 2-4는 독일의 시장 조사기관인 스타티스타에 실린 것으로, 2017년 7월을 기준으로 디디추싱과 우버의 실적을 비교한 내

그림 2-4 디디추싱과 우버의 실적 비교

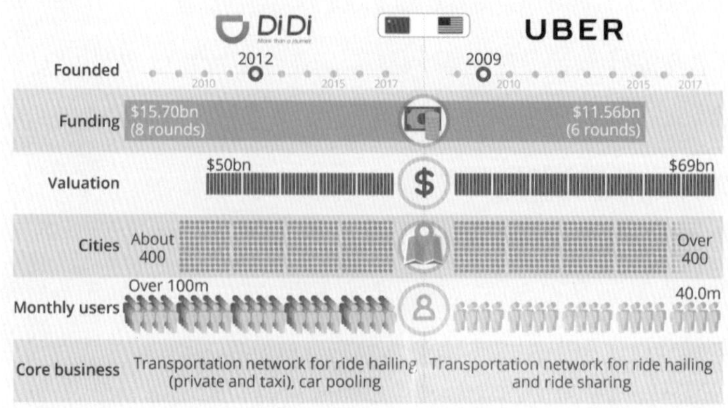

출처: 독일 스타티스타 〈디디추싱과의 만남: 우버에 대한 중국의 답변〉

용이다. 그림을 살펴보면 기업평가액은 우버가 앞서지만, 총 투자액에서는 후발주자인 디디추싱이 이미 우버를 넘어섰으며, 서비스 도시도 비슷한 수준으로 따라잡은 상태다. 게다가 월간 이용자수는 우버가 약 4,000만 명인데 반해, 디디추싱은 1억 명을 넘어섰다. 이용자수가 2배 이상 차이 나는 셈이다.

중국 인구가 많아서 그런 것 아니냐고 한다면 할 말은 없다. 하지만 중국 내 승차공유 서비스 시장은 경쟁이 매우 격렬해서 예전부터 여러 업체들이 점유율을 놓고 다투던 상태였다. 디디추싱은 그렇게 치열한 경쟁을 이겨내고 월간 1억 명 이상의 사용자들이 이용하는 거대한 승차공유 서비스가 된 것이다. 어떻게 이런 성장이 가능했는지, 주요 전략에 관해서는 다음의 주요 참여자 해설에서 다룬다.

Silicon Valley

왕년의 자동차 대국 미국의 자동차산업은 2000년대 이후 침체가 뚜렷했지만, 실리콘밸리 첨단기업들의 손을 빌려 반격을 꾀하고 있다.

GM Cruise

GM 자율주행차 개발 부문, GM크루즈를 설립

2016년 GM은 샌프란시스코에 위치한 스타트업을 추정 1조 원에 인수해 GM크루즈를 탄생시켰다. 미국 자동차 빅3의 MaaS 전환을 상징하는 사건이다.

Waymo

구글은 웨이모를 설립해 자율주행에 진출

자율주행에 인공지능의 진화를 빼놓을 수 없다. 구글 같은 거대 인터넷기업이 이 분야에서도 중요한 지위를 차지하게 되었다. 그 대표적인 사례가 웨이모다.

Uber & Chariot

승차공유의 최적화를 진행하는 우버와 채리엇

우버와 미국의 완성차 업체 포드 산하의 공유형 셔틀버스 운영회사 채리엇은 빅데이터를 활용한 수급 예측을 통해 주행 경로를 실시간으로 최적화한다.

Tesla

전기자동차 제조사 테슬라는 완전 자율주행의 실현에 박차

테슬라의 전기자동차는 현재 반자율주행 기능인 오토파일럿을 탑재하고 있다. 보도에 따르면 이를 완전 자율주행으로 진화시키기 위한 사내 테스트에 들어갔다고 한다.

China

모빌리티 분야에서도 3대 IT 기업 바이두, 알리바바, 텐센트의 영향력이 강하게 나타나고 있으며 그중에서도 바이두의 약진은 괄목할 만하다.

Apollo

바이두의 아폴로 프로젝트 전 세계 석권

2018년을 기준으로 자율주행 기술개발 플랫폼에는 중국 안팎의 자동차·반도체 제조사 등 100여 곳 이상의 업체들이 참여해 일대 에코시스템을 형성하고 있다.

DiDi

난립하던 콜택시 서비스를 천하통일한 디디추싱

원래 중국의 콜택시 서비스는 알리바바와 텐센트 등의 업체들에서 모두 진출했고 나중에 우버도 중국 시장에 뛰어들었는데, 2018년 기준으로 디디추싱이 경쟁사를 모두 제압한 모양새다.

Ofo VS Mobike

공유 자전거는 오포 대 모바이크

콜택시와 마찬가지로 경쟁자들이 난립했던 '또 다른 모빌리티' 공유 자전거 업계에서는 이용자 수가 수백만 명에 달하는 두 회사가 각축을 벌이고 있다.

NIO & BYTON

테슬라의 대항마? 중국 전기자동차 제조사 니오와 바이톤

전기자동차 대국을 목표로 하는 중국에서는 신흥 자동차 제조사가 잇달아 탄생하고 있다. 그중에서도 니오와 바이톤은 전기자동차 개발의 선두 주자 테슬라를 맹추격하고 있다.

거대 IT기업들이 기존 산업에 뛰어들면서 게임의 룰이 바뀌었다

전 세계 자동차 제조사가 모두 나서고 있는 MaaS 전환을 소프트웨어 관련 기업들이 지원하고 있다. 실리콘밸리의 마켓 트렌드 해설에서 이와 같은 현재 상황에 관해 설명했는데, 여기서부터는 각사가 구체적으로 어떤 움직임을 보이는지 자세히 소개한다.

소프트웨어 기업으로 변모한 GM

이제까지 일어났던 대형 자동차 제조사의 소프트웨어 기업 인수와 제휴 가운데 개인적으로 가장 충격이었던 소식은 2016년 미국의 GM이자율주행 관련 기술을 지닌 스타트업 크루즈 오토메이션을 인수한 것이었다. 인수금액은 비공개였으나 10억 달러(약 1조 원) 규모로 추정된다고 알려졌다.

GM은 크루즈 오토메이션 인수한 후, 자율주행차 개발 부문으로 GM크루즈를 신설해 점차 서비스의 중심축을 옮기고 있다. 자동차 제조사에서 서비스 회사로 바뀌어가는 전환점이 되었다는 의미에서 매우 중요한 인수라고 할 수 있다. 그리고 성과는 이미 눈에 보이는 형태로 나타나고 있다. GM크루즈는 현재 자율주행차의 일반도로 실험을 겸해 샌프란시스코에서 직원용 택시를 제공하고 있으며, 이르면 2019년에 여러 도시에서 자율주행차로 일반인 대상 승차 공

GM 크루즈의 자율주행차

GM의 웹 갤러리에서

유 서비스를 시작한다고 발표했다.

운전자가 필요 없는 자율주행승차공유 서비스는 영업 이익률이 매우 높아서 가까운 미래에 신차 판매의 이익률을 크게 넘어설 것으로 예상된다. GM은 자율주행승차공유 서비스를 통해 부활의 길을 모색하고 있다.

구글 진출로 바뀌는 자율주행의 미래

실리콘밸리의 일반 도로에서는 실험용 자율주행차를 발견할 기회가 나날이 늘어나고 있다. GM크루즈와 함께 최대 규모의 일반도

웨이모의 자율주행차에 시승한 가족

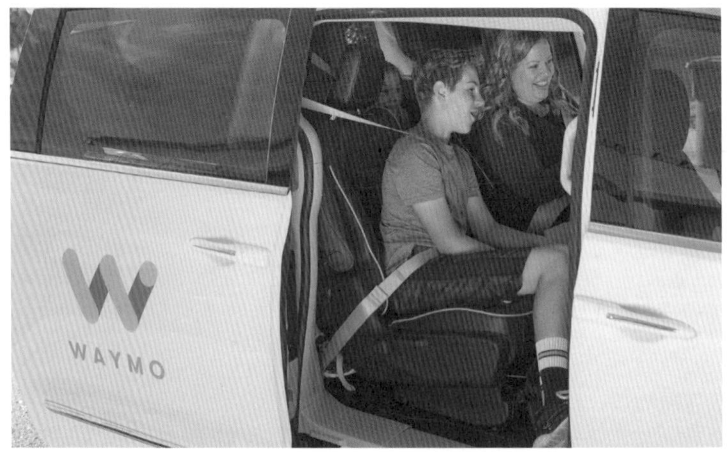

웨이모의 웹 갤러리에서

로 실험을 하는 회사가 한 곳 더 있다. 바로 인터넷 대기업 구글이다. 구글의 모회사 알파벳은 2016년 12월 자율주행 회사로 웨이모를 설립했다. 2018년 웨이모는 제휴를 맺고 있는 크라이슬러에서 6만 대 이상의 자율주행차를 주문했다. 조만간 자율주행차를 사용한 일반인 대상의 승차 공유 서비스를 시작하기 위한 것으로 보인다. 이렇게 IT 업계의 큰손이 자동차산업에 진출하면 게임의 룰이 한순간에 변화할 가능성이 있다. 다음은 요시카와 씨의 발언이다. "구글이 자율주행차 연구개발을 시작한다고 발표했을 때의 기억이 아직도 생생합니다."

요시카와 씨가 이렇게 말한 이유는 구글 공동 창업주인 세르게이 브린과 래리 페이지가 다음과 같이 말했기 때문이다. "우리 어머니들은 운전이 서툴러 그저 보고만 있을 수 없습니다. 이 문제를 해결하려면 무엇부터 해야 할까요? 먼저 정밀한 3D 지도를 만들어야 합니다. 지도만 있다면 장난감이나 다름없는 자동차를 (자동으로) 달리게 할 수 있기 때문이지요."

즉 자율주행 기술은 '운전을 잘하는 사람'을 위해서가 아닌 '우리 어머니들을 위해서' 존재하며, 그러니 먼저 자율주행에 필요한 지도부터 만들어야 한다는 것이었다. 기존 자동차 제조사들은 이 같은 생각을 하지 못했다. 브린과 페이지의 말은 '지금 존재하는 것에만 초점을 맞추다 보면 혁신은 일어나지 않는다'라는 사실을 잘 보여준, 시사하는 바가 큰 발표였다.

수요를 파악해 교통의 최적화를 꾀하는 우버

이어서 소개할 내용은 마켓 트렌드 해설에서 MaaS의 선행 사례로 소개한 우버의 움직임이다. 2018년부터 우버가 새로 서비스를 시작한 익스프레스 풀은 승차공유의 진화 방향을 제시했다고 볼 수 있다.

우버는 예전부터 각 지역의 수급 변동에 따라 운임을 변경하는 탄력요금제를 채용하고 있는데, 최신 운전자용 앱은 각지의 요금 상황을 통지해 지금 어디로 가면 어느 정도 벌 수 있는지를 실시간으로 알려주게끔 되어 있다. 한편 승객 측은 우버 앱에 지정된 장소로 이동해 5분 정도 기다리면 통상 운임의 약 30% 정도 저렴한 요금에 승차할 수 있다.

운전자로서는 승객을 고정된 위치의 '점'에서 계속 픽업하는 방식이 비효율적이다. 그래서 승객을 이동하게 해 픽업 포인트를 '선'으로 만들고, 동시에 실시간 요금을 알려줌으로써 택시의 배차 대수도 최적화한다. 바꿔 말하자면 우버는 익스프레스 풀에 의해 운전자와 승객을 의도한 대로 움직이게 만들기 시작한 것이다.

익스프레스 풀 서비스 개시 직후 실제로 서비스를 사용하는 운전자에게 이야기를 들어봤더니, 특히 도심에서는 승객이 지정된 장소에 오지 않는 경우도 많았으며 엇갈리는 일이 빈번하게 발생하고 있다고 했다. 아직 매칭의 정확도 개선이라는 과제가 남아 있지만, 정확도가 개선된다면 간판 없는 버스 정류장 같은 형태가 될지도 모른다. 그러면 사실상 대중교통과 같은 형태로 운행할 수 있는 셈이다.

지역 특성을 살린 합승 서비스도 등장

그 밖에도 수요 예측에 따른 교통경로 최적화라는 의미에서는 미국의 승차 공유 스타트업 채리엇이 흥미로운 사업을 진행하고 있다. 채리엇은 이른바 합승버스를 운영하는 회사로 샌프란시스코와 시애틀, 오스틴 등의 도시에서 자율주행을 이용한 버스노선을 운행

사용자 투표로 운행 노선이 바뀌는 버스 채리엇

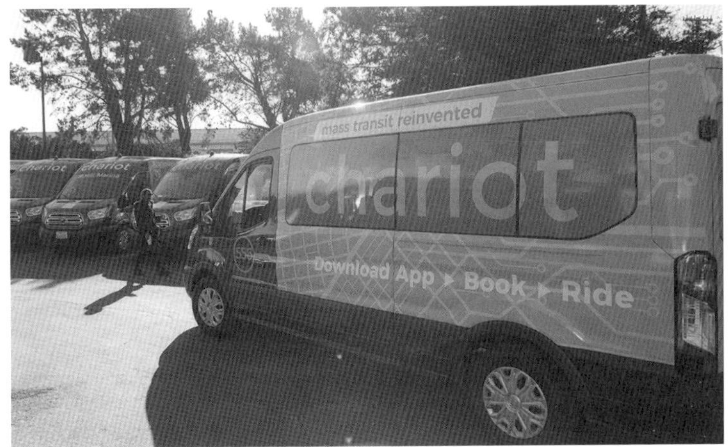

채리엇의 웹사이트에서.

하고 있다. 일반적인 버스와의 결정적인 차이는 운행노선이다. 채리엇은 앱을 통해 사용자로부터 운행 노선을 투표에 부치고 투표 결과에 따라 주문형으로 운행 노선을 변경한다. 버스의 시각표와 경로가 사용자에 맞춰 매일 바뀐다.

최근에는 우버의 경쟁사인 리프트도 유사한 서비스를 시작했다. 콜택시 서비스를 통해 총망라해 도로의 교통 데이터를 활용해 노선을 유연하게 운용한다. 채리엇과 리프트 모두 공통점은 지역별 교통 사정을 충분히 파악한다는 데 있다. 자율주행 차량이 노선을 안전하게 운행하려면 혼잡한 시간대는 물론, 교통사고가 빈번하게 일어나는 길도 데이터로 파악해 둘 필요가 있다. 이런 데이터를 높은 정확도로 보유하고 있다면, 나머지는 기술의 힘으로 안전하고 원활하게 운행할 수 있다. 그런 의미에서 자율주행×승차공유의 보급에는 지역 특성을 감안한 전략이 필요하다고 할 수 있다.

테슬라는 완전 자율주행의 선구자가 될 수 있을까

지금까지 소개한 기업들의 자율주행은 아직 완전한 수준에는 도달해 있지 않다. 자율주행에는 다섯 단계가 있다.

- 0단계: 운전자가 모든 것을 조작
- 1~2단계: 운전 지원(시스템이 운전자의 운전을 지원)
- 3~4단계: 반자율주행(특정 장소에서만 시스템이 자율주행)
- 5단계: 완전 자율주행(장소 제한 없이 시스템이 자율주행)

현재 시점에 대다수의 기업들은 반자율주행 수준에 머물러 있다. 이런 가운데 경쟁업체들을 앞질러 완전 자율주행을 실현하고자 움직이는 곳이 바로 전기자동차의 선도 기업으로 알려진 테슬라다. 현재 테슬라가 판매하고 있는 전기자동차에는 이미 반자율주행 기능인 오토파일럿이 탑재되어 있는데, 테슬라의 CEO 일론 머스크는 세계 최초로 완전 자율주행을 가능케 하는 신규 소프트웨어를 2018년 8월에 출시한다고 발표했다. 일론의 공언은 물 건너갔지만, 사내에서 완전 자율주행 기능을 테스트 할 직원을 모집하기 시작했다고 여러 언론이 보도했다. 일론 머스크의 호언장담을 어디까지 구현할 수 있을지 주목된다.

자율주행차와 전기자동차 개발에서 세계를 뒤흔드는 기업이 등장

앞서 바이두가 주도한 자율주행 기술 플랫폼 아폴로 개발 프로젝트에 관해 이야기했는데, 이 플랫폼은 중국 안팎의 자동차산업에 커다란 영향을 끼쳤다. 여기서는 그 밖에 승차공유와 전기자동차 제조업체 가운데 주목할 만한 기업들을 소개한다.

자율주행 기술의 일대 에코시스템을 만드는 바이두

중국에서 자율주행 기술을 개발하는 회사들의 정보를 접하다 보면 대기업이든, 스타트업이든 바이두의 플랫폼인 아폴로 소프트웨어를 사용한다는 곳이 굉장히 많아졌음을 알 수 있다. 이제는 자율주행과 관련된 소프트웨어를 개발하면서 아폴로를 전혀 사용하지 않는 기업이 드물 정도다.

자동차 제조사에 대한 OEM(타사 브랜드 이름으로 제품이나 솔루션을 제공하는 것) 공급에서도 바이두의 존재감은 날로 높아지고 있다. 둥펑자동차와 디이자동차, 창안자동차, 베이징자동차 같은 대기업과 중견기업들이 바이두로부터 기술을 제공받고 있다. 종합하면 중국 내 자동차 관련 제조사의 80~90% 정도가 어떤 형태로든 바이두와 손을 잡은 상황이다. 바이두의 영향력은 해외에도 미치고 있는데, 2018년 기준으로 전 세계 자동차 제조사와 소프트웨어 기업 약 100

사가 아폴로 프로젝트에 참여하고 있다고 보도되었다. 미국의 포드와 크라이슬러, 독일의 다임러, 독일의 글로벌 공급사인 보쉬 등 세계적인 기업들이 포함되어 있다. 그 밖에도 한국의 현대자동차, 반도체 제조사인 미국의 인텔과 엔비디아, 클라우드 벤더로 마이크로소프트도 참여하고 있어 자율주행 기술의 일대 산업 생태계를 형성하고 있다. 바이두는 자체적으로도 자율주행차 테스트 주행을 위한 허가를 받아 '자율주행 기술을 새로운 주축 사업으로 삼겠다'라는 의지를 강하게 보이고 있다.

치열한 승차 공유 경쟁의 역사

이어서 현재 파죽지세로 성장하고 있는 중국의 승차공유 서비스 디디추싱의 동향을 소개한다. 중국 도심에서 생활하는 사람들에게 디디추싱은 말 그대로 필수 앱이 되었다. 지금은 월간 사용자 수가 1억 명을 넘어설 정도로 널리 보급되었지만, 지금까지의 여정이 그리 순탄했던 것은 아니다. 중국은 아직 저작권에 대한 보호가 뿌리내리지 못해 유행하는 서비스가 있으면 금세 비슷한 복제품이 만들어진다. 디디추싱의 역사는 이런 경쟁사들과 펼쳤던 대결의 역사 그 자체다.

중국의 승차공유 서비스에서 가장 먼저 주목받은 업체는 2010년 등장한 이다오易道다. 디디추싱의 전신인 디디다처는 2012년 텐센트가 지원하는 승차공유 서비스로서 등장했다. 같은 해에는 알리바바가 지원하는 콰이디다처가 서비스를 시작하면서 세 업체가 치열한 경쟁을 펼쳤다. 그리고 마침내 2015년 디디다처와 콰이디다처가 합병하면서 디디추싱으로 이름을 바꾼다. 이것이 지금의 디디추싱이다. 2016년에는 바이두의 지원을 받은 우버가 우버 차이나를 설립해 중국에 진출한다. 당시에는 강력한 라이벌이 될 것으로 보였으나 곧 디디추싱에 흡수되어 현재에 이른다.

디디추싱이 최종 승자가 될 수 있었던 이유

그렇다면 경쟁에서 승리한 디디추싱은 어떤 점이 뛰어났을까? 몇 가지 포인트를 살펴보자.

처음으로 꼽을 수 있는 점은 앱의 다양한 기능이다. 디디추싱 앱에는 일반 승용차와 일반 택시를 호출하는 기능뿐만 아니라 대중교통 환승 안내, 대리운전을 부르는 기능, 다른 사람과 합승해 운임을 저렴하게 하는 기능, 공유 자전거와 렌터카를 빌리는 기능 등 다양한 서비스가 포함되어 있다. 경쟁사였던 우버 등은 기본적으로 일반 승용차와 매칭해주는 기능만 있고 콜택시 기능은 빠져 있다. 하지만 중국에서는 택시 기본요금이 1,500~2,000원 정도로 저렴한 편이라 애초부터 택시를 이용하는 사람이 많았다. 그래서 디디추싱은 양쪽을 모두 호출할 수 있도록 만들고 다른 공유 서비스까지 총망라함으로써 단거리를 이동해야 하는 상황이라면 최적의 이동 수단을 디디추싱이 가르쳐주게끔 만들었다.

디디추싱의 경품 교환소

촬영: 요시카와 요시나리.

마케팅 방식도 탁월했다. 디디추싱에는 사용한 만큼 포인트가 적립되는 마일리지 시스템이 있는데, 쇼핑몰 같은 제휴 시설에서 포인트를 사용해 모자나 열쇠고리, 스마트폰 소품 등의 경품을 받을 수 있다. 캐시백이 아니라 굳이 포인트를 상품과 교환할 수 있게 한 마케팅 전략이 제대로 먹혀들어 충성 사용자를 늘리는 데 한몫했다.

다만 앞서 설명했듯이 중국에서는 활성화될수록 금세 유사 서비스가 생겨난다. 현재 디디추싱도 카풀 서비스를 제공하던 디다滴塔라는 회사가 2018년에 출시한 승차공유 앱 디다추싱에 맹추격을 당하고 있다. 이 역시 중국 시장의 특징인데, 경쟁이 극심할수록 살아남기 위해 서비스의 질이 점차 좋아지는 경향이 있다. 디디추싱과 디다추싱의 경쟁으로 인해 승차공유 서비스가 더욱 진화할지도 모른다.

자전거 공유, 모바이크 대 오포의 대결

중국에서는 승차공유뿐만 아니라 자전거 공유 서비스도 매우 빠르게 확산되고 있다. 특히 베이징이나 상하이 같은 대도시에서는 극심한 교통 정체가 일상이라서 자전거 공유에 대한 수요가 높다. 자전거 공유의 양대 산맥은 텐센트 계열의 모바이크와 알리바바 계열의 오포다. 현재는 두 회사의 점유율 경쟁이 치열해 어느 쪽이 승리할지 알 수 없는 상황이다.

〈2018년 중국 공유 자전거의 업종별 발전 분석보고〉라는 보고서에 따르면, 2017년 1월 평균 일일 사용자수는 모바이크가 97만 8,000명이고 오포가 48만 6,000명이었다. 그런데 2018년 5월 평균 사용자수는 모바이크가 305만 명, 오포가 417만 명으로 오포가 역전했다. 개인적으로 모바이크는 기술력이 뛰어나고 승차감은 오포가 좋은 것 같아 우열을 가리기 힘든 면이 있다.

승차공유 서비스와 마찬가지로 자전거 공유 서비스에서도 한때 여러 경쟁사들이 난립했다. 이후 흡수 합병을 거듭해 현재는 모바이크와 오포, 그리고 신흥주자 헬로바이크가 승자로 남은 상황이다. 지방 도시에서 아직 고군분투하는 기업도 있지만, 2017년 후반부터

길거리에 늘어선 모바이크의 공유 자전거

촬영: 요시카와 요시나리.

소규모 기업들의 합병과 경영 파탄 소식이 잇따랐다. 앞으로도 통폐합이 가속화할 것으로 보인다. 중국 기업들은 활기를 띠고 있는 시장에 일단 진출하고 본다. 그리고 안 될 것 같으면 빠르게 사업을 접는다. 이런 일이 2~3년 사이에 빠르게 벌어지는 것이 바로 중국 시장의 특징이다.

차기 테슬라는 중국에서? 신흥 전기자동차 제조사들

다음으로 소개할 곳은 전기자동차 대국으로 등극한 중국에서 기대를 모으는 중국산 전기자동차 제조사다. 전기자동차 개발의 선구자 테슬라가 세단과 SUV를 판매해 세계적인 주목을 받게 된 시기는 2010년 전후다. 전기자동차 업계의 선배에게 배워 뒤를 쫓는 형태로 중국에서는 2014년 이후에 본격적으로 전기자동차를 개발하는 스타트업이 잇달아 등장했다. 그중에서 기대를 모으는 업체는 2014년 창업한 니오와 2016년 창업한 바이톤이다. 니오는 스마트폰 같은 전기자동차를 만드는 것을 목표로 만들어진 회사로, 2016년 출시한 고성능 전기자동차 EP9가 당시 시판차 중 최고속도 기록을 세운 일도 있어 중국판 테슬라로서 기대를 모았다. 그 뒤로 순조롭게 전기자동차 개발을 진행해 2018년 6월에는 AI 디지털 컴패니언(Digital Companion, 주행하는 동안 운전자와 소통하고 상호작용하면서 운전을 돕는 '디지털 동반자'라는 의미 – 옮긴이)을 표준 탑재한 7인승 SUV ES8을 출시했다. 이어서 같은 해 9월에는 뉴욕 증권거래소에서 IPO를 달성했다. 뉴욕증시 상장으로 10억 달러(약 1조 원)를 확보했다고 알려져 한층 더 성장할 것으로 예상된다. 참고로 니오는 텐센트가 투자하고 있다. 니오는 상하이에서 자율주행 테스트 허가를 받았으므로, 텐센트는 니오를 통해 자율주행 기술 연구개발을 진행하고 있는 셈이다.

한편 바이톤은 창업 당초부터 자율주행×전기자동차에서 승부를 보기 위해 연구개발을 진행하고 있었고, 2018년 6월에는 5억 달러(약 5,000억 원)의 투자유치에 성공했다. 2019년부터 3단계 반자율주행 전기자동차 양산을 위해 글로벌 거점을 개설해 개발 체제를 강화하고 있다. 바이톤 역시 BAT와 긴밀하게 연결되어 있다. 음성

니오의 SUV 타입 EV ES8

니오의 웹 갤러리에서.

명령 기능과 얼굴 인식 기술은 바이두로부터 지원을 받고 있고, 공동 창업주 중에 알리바바 그룹 출신이 있어서 알리바바와의 관계도 돈독하다. 게다가 텐센트로부터도 투자를 받고 있다. 니오와 바이톤의 예만 보더라도 성장 가능성이 높은 모든 산업 뒤에는 BAT가 있음을 실감하게 된다.

차세대 모빌리티 분야의 주목 스타트업

차세대 모빌리티 분야는 자율주행, 커넥티드, 공유&서비스, 새로운 탈것의 4가지로 분류할 수 있으며, 각 분야에서 주목해야 할 신흥 기업들을 골라보았다. 그중에서도 새로운 모빌리티는 지금까지 언급하지 않았던 내용으로 가까운 미래에 솔루션 개발을 진행하고 있는 기업이 등장할 것이니 눈여겨볼 필요가 있다.

Silicon Valley		China
개틱 AI 쿼너지 시스템즈	자율주행	샤오펑 모터스 포니 AI 투심플
킵트러킨	커넥티드	
버드 라임	공유&서비스	
키티 호크 우버 더 보링 컴퍼니	새로운 탈것	이항

개틱 AI

2017년에 설립된 스타트업으로 자율주행 상품 운반 시스템을 개발한다. 콘셉트는 '움직이는 보관함'이다. 예를 들어 '햄버거 매장 주차장까지 상품을 배달한다'와 같은 B2B 자동배송을 시험주행하는 단계에 와 있다.

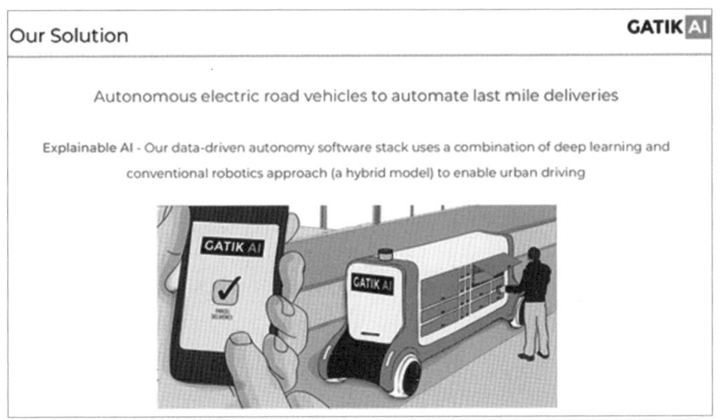

개틱 AI의 프레젠테이션 자료에서.

과제는 물품 배송 시 '라스트 원 마일(Last One Mile, 배송업자와 소비자 사이에 남은 마지막 구간을 뜻하는 물류업계 용어 - 옮긴이)'을 어떻게 해결할 것인가다. 하드웨어와 소프트웨어 모두 각 가정의 현관까지 배달할 수 있는 정밀도에는 아직 도달하지 못했기 때문이다. 이것을 어떻게 해결할 것인가. 사람에게 특정장소까지 가지러 와달라고 해야 할 것인지, 기술 개발과 아이디어의 측면에서 새로운 해결책이 필요한 지점이다.

참고로 자율주행 기술을 근거리 화물 수송에 활용하는 사업은 웨이모 출신 엔지니어가 뉴로라는 스타트업을 창업하는 등 최근 들어 부쩍 활발한 양상을 보이고 있다.

쿼너지 시스템즈

2012년 설립한 센서 및 소프트웨어 제조사로 자율주행용 라이더(LiDAR, Light Detection and Ranging의 약자로 단파장 레이저를 쏘아 물체까지의 거리를 측정하는 기기)를 개발하고 있다. 불과 몇 년 전까지만 해도 라이더는 가격이 약 4,000~5,000만 원이나 하는 고가의 부품이었다. 그런데 라이더를 2개 이상 설치하지 않으면, 자율주행에 필요한 3D 지도를 생성하지 못한다고 알려져 있었다. 그런데 쿼너지 시스템즈는 독자적인 기술 개발로 라이더의 가격을 약 15만 원까지 낮추는 데 성공했다. 곧 10만 원 아래로 떨어질 것이라고 공언하고 있는데, 자율주행차 양산에 빼놓을 수 없는 부품 제조사로서 세계적으로 이름을 떨칠 가능성이 높다.

자율주행용 라이더와 센서(쿼너지 시스템즈의 웹사이트에서).

킵트러킨

운송회사에 서비스를 제공하는 스타트업으로 킵트러킨은 여러 정보원으로부터 데이터를 수집해 보기 쉽게 웹상에 실시간으로 트럭의 위치와 공차 정보, 운행 기록 등을 확인할 수 있도록 표시해준다. 2018년 3월에는 5,000만 달러의 투자 유치에 성공했다. 물류를 책임지는 운송용 트럭의 효율적인 운용과 관리는 어느 나라에서나 중요한 문제이므로 다른 나라에서도 유사 서비스가 보급될 가능성이 높다.

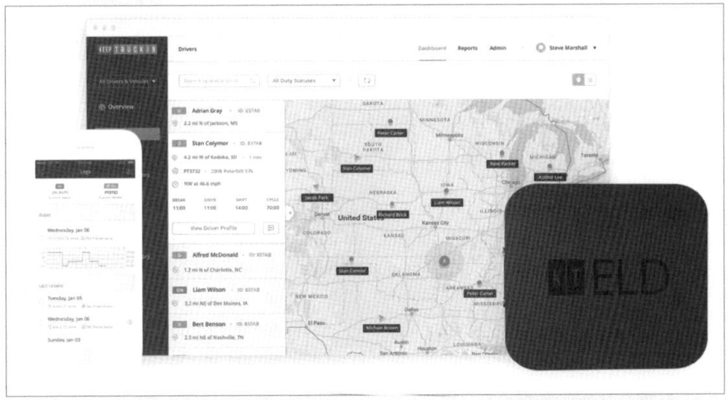

운송용 트럭을 관리하는 대시보드와 스마트폰 앱 화면(킵트러킨의 웹 갤러리에서).

버드, 라임

버드와 라임은 샌프란시스코 시내를 중심으로 전동 스쿠터 공유 서비스를 전개하는 스타트업으로 단기간에 2억 달러 넘는 투자 유치에 성공했다.

샌프란시스코에서는 2018년 들어 전동 스쿠터 모습을 볼 기회가 갑자기 많아졌다. 공유 서비스였기 때문에 전용 주차장도 많이 만들어졌다. 그런데 스쿠터가 망가지거나 타다가 넘어지는 사람이 속출하는 등 안전성에 문제가 생겨나자, 2018년 6월 허가제로 전환함과 동시에 무허가 스쿠터가 일제히 철거했다. 이어서 샌프란시스코 교통국은 2018년 8월 30일 스쿠트와 스킵이라는 스타트업 두 곳에 한해 일 년간 시험서비스를 허가해겠다고 발표했다. 앞서 사업을 시작했던 버드와 라임뿐만 아니라 우버와 리프트 같은 대기업도 선정되지 못했기에 지역의 커다란 뉴스가 되었다.

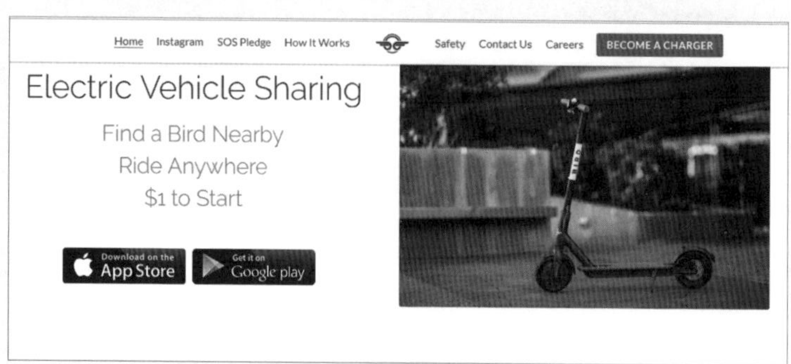

버드의 웹사이트에는 1달러부터 전동 스쿠터를 이용할 수 있다고 나와 있다.

키티 호크, 우버

구글의 공동 창업주 래리 페이지가 지원하는 것으로 알려진 경비행기 제조사다. 1인승 드론 플라이어와 드론 택시인 코라를 개발하고 있으며, 플라이어는 아직 20분 정도밖에 날지 못함에도 불구하고 벌써 엄청난 인기를 끌고 있으며 성황리에 예약 판매를 시작했다.

드론 택시 코라
(키티 호크의 웹사이트에서).

우버는 2020년 개시를 목표로 빌딩 옥상을 발착대로 하는 드론 택시 사업을 계획하고 있다. 옥상 주차장 우버 스카이타워 건설 계획을 발표하는 등 점차 흥미로운 탈것들이 속속 등장하고 있다.

우버 스카이 타워 구상의 사진
(건설회사 피카드 칠턴의 웹사이트
에서).

더 보링 컴퍼니

더 보링 컴퍼니는 테슬라의 일론 머스크가 설립한 회사로 지하에 터널을 뚫어 지하 교통망을 구축하고 여기에 최고시속 150마일(약 240㎞)로 달릴 수 있는 전기 썰매를 개발하는 프로젝트를 진행하고 있다.

SF소설 같은 시도처럼 들리는데, 머지않아 시카고 공항에서 시내까지 구간에서 시험운행을 시작한다는 보도도 있었다. 실용화까지는 아직 멀었지만, 드론과 마찬가지로 이쪽도 미래를 실감케 하는 새로운 탈것이다.

▲ 터널 내를 달리는 탈것의 구상도.
▼ 지하를 굴삭하는 전용 머신(모두 더 보링 컴퍼니의 웹 갤러리에서).

샤오펑 모터스

앞서 소개한 니오와 바이톤에 이어 중국에서 새롭게 대두되기 시작한 차기 테슬라 후보다. 2018년 6월 상하이에서 개최된 CES아시아(매년 1월에 미국 라스베이거스에서 열리는 국제적인 첨단기술 박람회의 아시아판)에서 샤오펑 모터스의 전기자동차가 화제가 모았다. 샤오펑 모터스에는 전자상거래 대기업 알리바바와 대만의 전자기기 제조사 폭스콘 등이 투자하고 있다. 샤오펑 모터스의 창업주는 자신이 전에 창업했던 인터넷 사업 회사를 알리바바에 매각함으로써 알리바바와 깊은 관계를 구축했다.

또 2018년 여름, 실리콘밸리의 산타클라라에 사무실을 개설하고 테슬라에서 일했던 기계학습 전문가를 스카우트해 자율주행 부문 수장에 앉혔다. 이러한 과정이 외부에 알려지면서 단번에 주목받게 되었다.

샤오펑 모터스 최초의 시판 전기자동차 샤오펑 G3(샤오펑 모터스의 웹 갤러리에서).

포니 AI

중국 광저우와 미국 프리몬트에 본사가 있고 베이징에 연구개발 거점을 둔 자율주행 승차공유 서비스 스타트업이다. 2018년 1월 시리즈 A라운드(아이디어가 실제 돈을 벌 수 있는지를 확인받기 위한 투자유치 단계 – 옮긴이)에서 1억 1,200만 달러를 투자 받으면서 눈길을 끌었다. 독특한 점은 실리콘밸리와 중국에 거점을 두고 있다는 것이다. 광저우에 본사를 두고 자동차 제조사인 광저우 자동차와 제휴해 사업 전개가 가능한 한편, 베이징과 실리콘벨리에서 자율주행용 AI를 연구개발하는 방식을 취하고 있다. 포니 AI의 CEO와 CTO는 구글과 바이두에서 자율주행 기술의 연구개발을 주도했던 경험이 있다. 그래서 창업한 지 약 일 년 반 만에 4단계 반자율주행 기술을 구축하는 데 성공했다. 이미 공도 테스트도 시작하는 등 폭발적인 성장세를 보이는 기업이다.

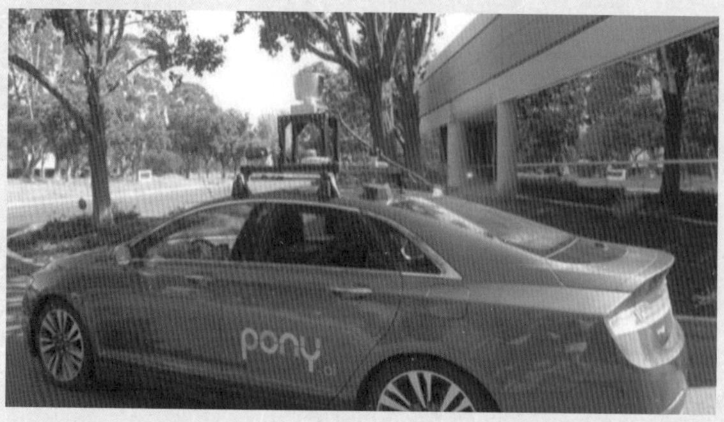

처음으로 자율주행차 공공 도로 테스트를 했을 때의 사진(포니 AI의 웹사이트에서).

투심플

2015년에 설립된 회사로 상용 차량의 자율주행 기술을 개발하고 있다. 반도체 제조사 엔비디아와 제휴한 것으로 알려져 있으며 2018년 1월에 개최된 CES2018에서 가장 크기가 큰 자율주행 트럭으로 행사에 참가해 주목을 받았다. 중국에서는 알리바바 같은 전자상거래 기업의 영향력이 커서 많은 기업들이 배송 최적화를 목표로 상용차의 장거리 이동을 자동화하는 연구개발을 진행하고 있다. 최근까지 상용차용 자율주행 기업 중 가장 많은 투자액을 확보한 곳이 바로 투심플이다.

이항

선전에 있는 드론 회사로 현재 사람이 탈 수 있는 형태의 자율주행 드론 이항184 개발을 진행하고 있다. 실용화될 경우 드론 택시로도 활용할 수 있다고 소개되었다. 이항의 드론에는 터치패널로 조작할 수 있는 화면이 있는데, 자신이 지금 있는 장소와 목적지를 설정하면 자동으로 데려다주는 구상을 그리고 있다.

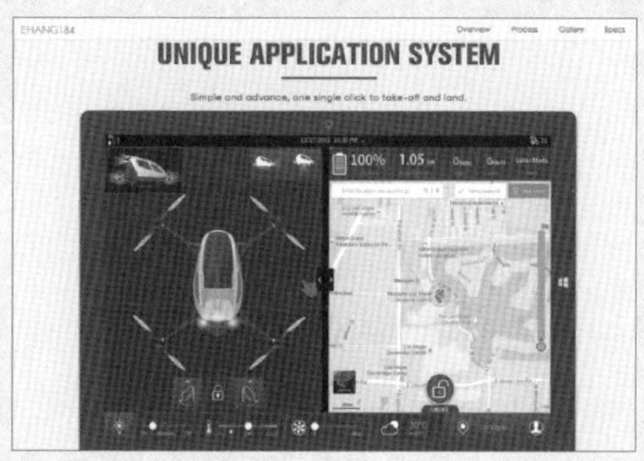

이항184의 조작 화면
(이항의 웹사이트에서).

IT 기업이 자동차 제조사를 인수하는 날이 올 것인가

MaaS시대를 살아남기 위해 자동차 관련 제조사는 AI와 소프트웨어 개발에 강점이 있는 IT기업과 협력해 차세대 모빌리티 개발에 나서고 있다. 이런 흐름이 더욱 진전되었을 때 IT기업이 제조사를 집어삼키는 날이 올 것인가? 이 주제에 관해 요시카와와 시바타, 기무라 3명이 각자의 의견을 이야기했다.

시바타 실리콘밸리에서 진행되는 차세대 모빌리티 개발은 기존 자동차 제조사에 큰 위협이 될 것 같습니다. 이런 상황에서 만약 기무라 씨와 요시카와 씨가 자동차 제조사의 사장이라면 어떻게 하겠습니까?

기무라 정말 어려운 질문이네요. 직접적인 대답은 아닐 수도 있는데 앞서 말한 자율주행×승차공유 영역은 조만간 반드시 활발해질 것 같으니 먼저 이 시장에 전력으로 대응해가고 싶습니다. 전기자동차 보급은 환경 문제에 대한 의식이 높아지고 있는 유럽과 정책적으로 전기자동차 전환을 강화하는 중국과 인도 등에서 본격적으로 시작되고 있습니다. 그렇지만 이들 지역에서도 전기자동차가 주류가 되기까지는 상당한 시간이 걸릴 겁니다. 휘발유차에서 전기자동차로 옮겨가는 과정에서는 줄곧 하이브리드차 판매가 주류가 될 테니, 그동안에 자율주행×승차공유 영역에서 입지를 확보해두었으면 합니다. 당장 필요한 이익은 하이브리드차 판매를 통해 확보하고, 전기자동차와 완전 자율주행차 연구개발에 투자하기 위해서라도 자율주행×승차공유 사업으로 새로운 수익원을 만들어가자는 것이지요. 앞서 설명했지만, 이 영역의 영업이익률이 신차 판매보다 높다 보니 자율주행×승차공유 영역에서 뒤처지게 된다면, 자동차 제조 업체의 국제경쟁력은 순식간에 떨어지고 말 겁니다. 따라서 먼저 승차공유 서비스화에 주력한 다음, 장기적으로 전기자동차에도 대응하는 순서가 더 바람직하다고 생각합니다.

요시카와 저라면 지금 공격적으로 뛰어들어서 자율주행 기술개발에 주력할 것 같습니다. 욕심 같아서는 공유 서비스와 자율주행차 개발에 주력하고 전기자동차 개발은 뒤로 미루고 싶습니다. 왜냐하면, 아직 어느 제조사도 자율주행과 공유 서비스를 전제로 한 자동차를 개발하고 있지 않으니까요. 휘발유차나 하이브리드차나 현존하는 자동차는 24시간 운행하는 것이 불가능합니다. 하지만 자동차의 서비스화가 진행된다면 극단적인 경우, 24시간 365일 에너지 충전에 필요한 시간 외에는 계속 움직이는 자동차가 필요해질 겁니다. 그것도 4인승이나 5인승뿐만 아니라 10인승 정도가 아니면 안 될지도 모르지요. 이런 관점에서 기술 개발이 앞으로 다가올 시대의 성패를 가르지 않을까 싶습니다.

시바타 미래상을 떠올려 역으로 개발을 진행하는 편이 좋다는 말씀이군요?

<u>요시카와</u> 네. 장기적인 관점에서 그렇게 진행해야 합니다. 아마 부품 개발의 개념이 바뀐다면, 엔진과 타이어를 만드는 방식도 달라질 겁니다. 자율주행 기술이 발달한다면 핸들이 없어질지도 모릅니다. 그렇게 되면 거꾸로 거기서부터 생각을 발전시켜야 합니다. 예를 들면 우버가 그리는 미래의 모빌리티를 먼저 그린 다음에 그 모델에 적합하게 개발해야 생산적이지 않을까요?

물론 자동차는 연비를 1% 개선하는 데도 상당한 기간과 기술혁신이 필요한 분야라는 걸 감안하면, 제가 방금 말한 구상도 자동차 업계 관계자들이 보면 잠꼬대 같은 소리로 들릴 수도 있습니다. 심정은 충분히 이해하지만 과감하게 발상을 전환하지 않는다면, MaaS와 자율주행이 미래 자동차 시장의 표준이 될 경우 이런 대비를 하지 않은 업체는 경쟁력을 잃어버리고 말 겁니다.

<u>시바타</u> 조금 전 말씀에서 이어지는 질문인데요. 우버나 구글이 자동차 제조사를 인수하는 날이 올까요? 현재는 자동차 제조사가 소프트웨어 회사를 인수하거나 제휴하는 단계입니다. 그런데 우버와 구글은 모두 지금 이미 어떤 형태로든 자동차 개발에 관여하고 있습니다. 그 연장선상에 있는 모빌리티의 미래가 가령 IT기업이 우위인 세상을 상정한다면, 역학 관계가 역전되는 상황도 가능할까요? 두 분은 어떻게 보십니까?

<u>요시카와</u> 저는 충분히 가능하다고 봅니다. 자율주행을 전제로 하

는 자동차와 사람의 운전을 전제로 하는 자동차는 전혀 다른 방향으로 진화해갈 테니까요. 그러면 이제까지의 자동차 제조와는 다른 자동차 제조사가 생겨난다 해도 전혀 이상한 일이 아닙니다. 특히 자율주행을 전제로 한 자동자의 경우, 기존 자동차 제조사가 아닌 기업이 주도권을 쥐는 것도 전혀 이상하지 않습니다. 그렇기 때문에 소프트웨어 기업이 자동차 제조사를 인수하는 일도 생길 겁니다.

기무라 저는 시간문제로 보고 있습니다만 가까운 미래에 메이저 자동차 제조사가 갑자기 인수되는 식은 아닐 것으로 봅니다. 소프트웨어 기업과 자동차 제조사는 각자가 자신의 분야에 집중해야 발빠르게 혁신을 일으킬 수 있고, 다양한 파트너사와 유연하게 제휴할 수 있습니다. 승차공유라면 승차공유에서, 자율주행이라면 자율주행에서 주도권을 가진 다음, 서로 파트너십을 체결하는 편이 서로에게 더 좋은 방향이라고 생각합니다.

하지만 중장기적인 관점에서 생각하면 MaaS 체제를 단단히 다진 후에야 비로소 차량 개발에 나설 테니, 그때쯤 되야 자동차 제조사를 인수에 관한 선택지가 나오지 않을까 싶습니다.

베이징의 새파란 하늘을 되찾은 중국의 저력

다나카 씨가 중국 시장을 소개하는 과정에서 엿볼 수 있었던, 우리도 보고 배웠으면 하는 중국 기업의 저력이 무엇일까?

시바타 중국은 승차공유 서비스가 자리 잡는 속도가 굉장히 빠릅니다. 이유가 무엇일까요?

다나카 활기를 띠고 있는 서비스 영역에는 일단 진출하고 보는 것이 중국 기업 스타일이라고 앞서 설명했는데, 이것이 첫 번째 이유입니다. 그리고 또 하나는 새로운 서비스를 거부감 없이 받아들이는 개방성이 두 번째 이유입니다. 누구나 효율적으로 사용할 수 있는 디디추싱 같은 서비스가 나오면 단번에 보급되는 것이지요. 게다가 업체 간 서비스 경쟁이 심해지면 사용자를 끌어당기기 위해 다양한 프로모션을 진행합니다. 디디추싱의 포인트 제도가 대표적인 예인데, 서비스 초반에는 거의 무료로 택시를 탈 수 있는 프로모션을 펼치기도 했습니다.

요시카와 그런 프로모션을 이면에서 지원해주는 자금력이 있다는 점도 보급 속도를 높이는 한 가지 요인이군요.

다나카 말씀하신 대로입니다.

요시카와 승차공유 서비스를 처음 시작한 우버를 탄생시킨 실리콘밸리의 트렌드를 주시하고 있다가 사업성이 있어 보이면 바로 복제하는 것이 중국 기업의 장점이기도 합니다. 실리콘밸리 기업들을 잘 연구해놓고 있다가 일단 해보는 것이지요.

게다가 중국에서는 버스가 늘 만원이고 자전거를 사도 금세 도둑맞는 등의 문제가 있었습니다. 그런 문제들을 공유 서비스로 해결하자는 아이디어가 새것을 잘 받아들이는 중국의 국민성과 만나 단번에 보급, 확산되는 것이지요. 즉 서비스가 중국이라는 나라의 특색에 딱 맞아 떨어진 결과라고 할 수 있습니다.

한편 일본은 교통 문제가 그렇게까지 표면화되어 있지 않습니다. 어디에서나 자동차와 자전거를 안전하게 보관할 수 있지요. 중국에 비하면 도둑맞을 확률이 매우 낮습니다. 환경이 이렇다 보니 '굳이 다른 사람과 공유하고 싶지 않다'라는 쪽으로 생각이 향하는 겁니다. 그런데 앞으로 젊은 세대에서 '차량을 공유해도 충분하다'는 흐름이 형성된다면 시장도 확장될 수도 있습니다. 비싼 이용료만 해결될 수 있다면요.

다나카 일본의 공유 서비스는 대체로 비싸지요.

요시카와 그렇습니다. 중국처럼 100원, 200원 단위로 이용할 수 있다면 젊은 사람들도 즐겨 사용할 겁니다. 경제적인 이점이 보이지 않으면 보급될 가능성은 계속 낮아지지요.

시바타 그렇다면 다음 질문입니다. 자동차 제조사와 관련 회사들이 모빌리티 분야에서 중국 기업과 제휴하는 움직임은 앞으로 더욱 늘어갈 것 같은데요. 만약 그럴 경우 알아두면 좋은 것을 꼽자면 뭐가 있을까요?

다나카 일단 이번에 소개한 바이두의 아폴로 프로젝트와 같은 내용은 제대로 정리해두어야 합니다. 전기자동차 개발에 관한 이슈도 테슬라는 각종 매체에서 앞다퉈 다루지만, 니오나 바이톤, 샤오펑 모터스에 관한 뉴스는 찾아보기 힘듭니다. 먼저 이런 급성장 기업이 무엇을 지향하고 있으며, 어떤 대응을 통해 성장하고 있는지를 아는 데서부터 시작해야 하지 않을까요?

요시카와 저도 동감입니다. 일단 각사의 동향을 제대로 정리하고 임원부터 현장 직원까지 정보를 파악해두는 것이 중요합니다. 더구나 정보를 아는 것과 실제는 전혀 다르니 반드시 살펴봐야 합니다. 또 한 가지 마음에 걸리는 점이 있다면, 아폴로 프로젝트처럼 전 세계 기업들이 함께 참여하는 플랫폼에 일본 기업들은 그다지 참여하고 있지 않다는 것입니다. 일본에서는 2018년 6월에 혼다가 참여하기로 했습니다. 그러나 그 밖에 다른 자동차 제조사는 아폴로 프로젝트에 들어가지 않았고, 혼다 이외에는 파이오니아와 반도체 업체 르네사스 일렉트로닉스가 참여한 정도입니다.

도요타처럼 다른 접근법으로 자율주행차 연구개발을 진행하고 있는 기업도 있으니 참여하지 않는 것이 잘못이라고 말할 생각은 전혀 없습니다. 다만 최근의 일본 기업들은 이런 신기술 플랫폼에서 조금씩 뒤처지고 있는 느낌입니다.

아폴로 프로젝트 웹갤러리에서.

다나카 그렇군요.

요시카와 외부 플랫폼에만 의존해 기술 개발을 진행하면 핵심 부분에서 경쟁력을 잃어버릴 수도 있다는 우려가 있습니다. 그렇다고 전 세계적으로 세력을 키우고 있는 플랫폼에 편승하지 않는 것, 또한 기술진화에 뒤처질 위험이 있습니다. 그렇게 생각한다면 특히 연구개발 초창기는 이런 연합체에 '적어도 얼굴은 내밀고 어떻게 변해가는지 경향을 알아두자'는 자세가 더 바람직하다고 봅니다. 무엇보다 연구개발의 트렌드를 빠르게 업데이트할 수 있을 테니까요. 실제로 각 자동차 브랜드의 자율주행차에 아폴로 소프트웨어를 탑재하느냐 마느냐는 별개의 이야기입니다. 나중에 독자적으로 커스터마이즈한 자율주행 기술을 탑재하겠다는 전략도 좋습니다. 그렇기에 더더욱, 연구 면에서 거대하게 구성될 법한 연합체가 만들어진다면 일단 뛰어들어서 보는 것이 중요합니다.

이렇게 해야 비로소 자사 입장에서 중국 기업과 제휴해 외국 자본을 벌어들이러 나가야 하는지, 아니면 지사를 설립해 직접 들어가야 하는지와 같은 논의가 가능해집니다. 이 부분은 정부도 면밀히 살피고 입지를 확실히 다져두었으면 하는 대목입니다.

앞으로 활발해질 시장이니 일본 스타트업에게도 기회가 있습니다. 견당사와 견수사(중국 당나라와 수나라의 선진 문물을 배우기 위해 7~8세기 일본에서 파견했던 사절단 – 옮긴이)까지는 아니더라도 당시로 돌아간다는 느낌으로, 위험을 감수하면서 기술을 직접 접해보고 제휴할 수 있는 기업과는 계속 협력해가는 것이 중요합니다.

당장 저부터도 출장 가서 베이징과 시안의 현지 상황을 볼 때마다 여러 가지 자극을 받습니다. 지금 베이징의 하늘은 말도 안 되게 깨끗해졌습니다. 얼마 전까지만 해도 심각한 대기 오염으로 골머리를 앓던 도시였는데 말입니다. 지금까지 해온 대로 공장을 가동하고 있는데도 하늘은 맑아졌습니다. 중국이 이처럼 극적인 개선을 할 수 있는 국가라는 점을 정부가 나서서 보여주고 있는 셈입니다. 마음만 먹으면 얼마든지 하늘도 파랗게 만들 수 있다고 말이지요.

변화의 이면에는 전기자동차 보급과 다양한 기술 혁신이 있습니다. 개중에는 공장을 지방 도시로 이전시키면서도 경쟁력을 유지하기 위해 핵심 엔지니어는 베이징 본사에 두고 AI 연구개발 등을 진행하는 기업도 있습니다. 상하이에서도 선전에서도 광저우에서도, 대기업도 스타트업도 여러 곳에서 각자의 노력을 펼쳐가고 있습니다. 중국의 이런 전략을 우리도 반드시 보고 배워야 할 것입니다.

03

핀테크·가상화폐

Fin Tech

핀테크 선진국에서 새롭게 대두하는 인슈어테크
가상화폐 분야에서 착실하게 진행 중인 '기술로 뻗어가는' 움직임

Silicon Valley

구스타니 맥스 마사루
도쿄해상 홀딩스
디지털 혁신 부문장

고베소재대학 졸업 후 도쿄해상 화재보험에 입사. 보험 서비스의 디지털 혁신을 추진하기 위해 2016년부터 도쿄해상 최초로 실리콘밸리의 테크놀로지 거점 설립에 참여했다. 현재는 총 5명으로 구성된 팀을 이끌면서 디지털을 활용한 새로운 보험 서비스 개발과 스타트업, 플랫포머와의 연합체 구축 등을 담당하고 있다.

핀테크는 말 그대로 기술을 통해 기존 금융 서비스를 다양한 형태로 효율화했다. 그런데 실리콘밸리와 중국의 기업들은 모바일 결제와 블록체인 기술 등에서 혁신적인 서비스를 만들어내고 있다.

모바일 결제 대국에서 주도권을 다투는 양대산맥
중국 정부가 ICO와 가상화폐거래소에 대한 단속을 강화

China

요시카와 에미
리플 합작 벤처 파트너십 선임이사

뉴욕에 본사를 둔 금융서비스 기업 모건스탠리 산하에서 기관투자자들을 대상으로 한 퀀트투자 상품 개발 업무를 담당했다. 이후 실리콘밸리의 기술벤처와 크로스보더 사업 개발과 관련된 컨설팅회사를 경영하다가 블록체인 기술 개발 스타트업 리플로 이직했다. 현재는 합작 벤처 및 아시아 시장 사업개발과 파트너십을 담당하고 있다. 2017년에는 미국 오날리티카가 발표한 '핀테크 분야에서 가장 영향력 있는 여성 50인'에 선정되기도 했다. 미국 하버드 비즈니스스쿨 졸업. 국제 재무분석사(CFA) 자격증을 보유하고 있다.

Silicon Valley

최근 온라인 결제와 가상화폐 등의 사업이 주목을 받고 있는데, 사업 규모와 기술 혁신, 속도 등 모든 면에서 미국이 선두에 있다.

핀테크

16조 6천억 원

2017년 관련 투자는 연간 약 16조 6,000억 원

CB인사이트 조사에 의하면, 전 세계 총 투자액은 2017년이 사상 최고였고 그중에서도 북미 지역은 세계 1위의 투자액을 기록했다. 시장 자체는 안정세에 접어들었다고 보는 움직임도 있다.

핀테크

16곳

유니콘 수는 전 세계 25사 중 16곳이 북미

CB인사이트 조사에 의하면, 지역별 핀테크 관련 유니콘 수로는 북미 지역이 세계 1위다. 온라인 결제와 가상화폐 등에서 선도적인 기업들이 많다.

가상화폐

2조 8천억 원

2018년 전 세계 관련 투자는 연간 약 2조 8,000억 원

CB인사이트 조사에 의하면, 2016년까지는 관련 투자액이 연간 약 5,000~6,000억 원 정도였으나 2017년에서 2018년 사이에 급격히 증가했다.

가상화폐

55%

전체 투자액의 55%가 미국 기업에 집중

CB인사이트 조사에 의하면, 중국을 포함해 다른 선진국이 차지하는 비율은 한 자릿수에 그쳐 미국이 압도적인 비율을 차지하고 있다는 점을 알 수 있다.

China

핀테크와 관련해 많은 기술혁신이 발생한 곳이 미국이라면, 서비스 보급에서 세계 1위는 중국이다. 특히 B2C서비스의 진화가 눈에 띈다.

핀테크

1경 6천조 원

2017년 모바일 결제 총 거래액은 약 1경 6,000조 원

〈인터넷 트렌드 보고서 2018〉에 따르면, 모바일 결제 총 거래액의 90%를 알리페이와 위챗페이가 차지하고 있다.

핀테크

5 곳

관련 기업의 IPO는 2017년 한 해에만 5곳으로 급증

CB인사이트 조사. 알리바바와 텐센트가 대형 보험사 핑안보험과 함께 설립한 중안보험 등 세계적인 규모로 성장한 기업이 등장했다.

가상화폐

전면 **금지**

중국 내 ICO(가상화폐공개) 및 가상화폐거래소가 전면 금지

2017년 9월부터 중국인민은행을 필두로 조직된 범부처적인 위원회가 금지를 결정. 사기와 같은 불법자금 조달이 횡행한 데 따른 결정으로 보인다.

가상화폐

거래액 **1위**

2017년 비트코인 거래액 세계 1위

코인데스크의 〈2018년 블록체인 현황〉에 따르면, 2016년까지 위안화 거래가 약 90%를 차지하던 상황에서 중국 정부의 단속으로 인해 거래액이 급감했고 앞날을 예측할 수 없는 상황이 되었다.

열기는 잦아들었지만, 여전히 북미는 핀테크 대국

온라인 결제와 로보 어드바이저 등 이제 다양한 핀테크 비즈니스가 일상을 파고들고 있다. 전체적인 트렌드라는 관점에서 핀테크는 이제 초창기를 지나 보급기에 접어들었다고 할 수 있다. 한편 최근 들어서는 가상화폐와 블록체인 관련 동향이 화제에 오를 때가 많아졌다. 가상화폐에 투자하는 사람들의 숫자가 기하급수적으로 많아지면서 앞으로의 동향에 주목하고 있는 사람도 매우 많을 것이다. 실리콘밸리의 가상화폐와 블록체인 동향은 어떤지 숫자를 중심으로 살펴보자.

핀테크 기업에 대한 투자액은 북미가 1위

CB인사이트의 〈2018년 주목해야 할 핀테크 트렌드〉라는 보고서에 따르면, 핀테크 관련 기업에 대한 투자는 해마다 늘어나고 있다. 2017년에만 투자액이 166억 달러에 달한다. 그중 지역별 벤처캐피털의 투자액을 살펴보면, 2017년 기준으로 북미가 78억 3,700만 달러로 세계 1위, 이어서 아시아가 57억 9,400만 달러, 유럽이 26억 7,600억 달러를 기록했다.

그런데 2016년 투자액과 비교하면 아시아는 10% 감소했다., 북미도 2015년 투자액과 비교하면 5% 정도 감소했는데 이는 시장이

핀테크 분야·전 세계 투자액 추이(2013년~2017년)

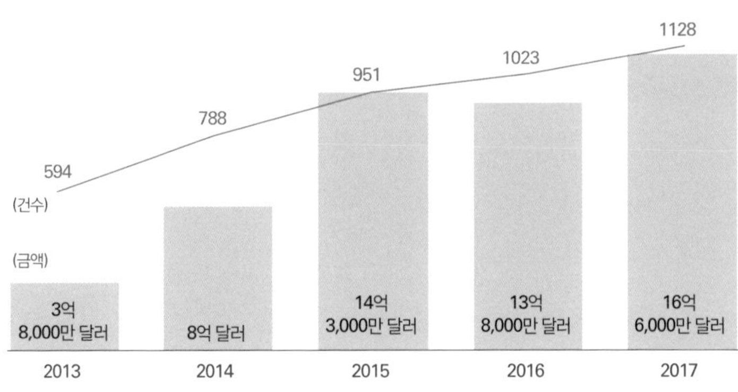

출처: CB 인사이트

안정세에 접어들었기 때문으로 볼 수 있다.

한편 CB인사이트의 보고서에 나와 있는 핀테크 관련 유니콘 업체의 수를 살펴보면, 2018년 3월을 기준으로 전 세계적으로 25개사가 있었다. 그리고 그중 16곳이 북미 지역에 위치한 기업이었다. 유니콘 비율로 따진다면 실리콘밸리를 중심으로 하는 북미가 여전히 가장 큰 시장이라 할 수 있겠다.

가상화폐 거품의 속사정

CB인사이트가 조사한 전 세계 가상화폐와 블록체인 관련 투자액 추이를 살펴보면, 2016년까지는 연간 5억~6억 달러 정도였다. 그런데 2017년에는 15억 6,000만 달러, 2018년에는 추산 28억 2,000

만 달러를 기록했다. 이와 같은 급격한 증가가 거품처럼 보이지만, 실리콘밸리에서는 '기술로 뻗어 나가는' 움직임도 꾸준히 늘어나고 있다는 점이 특징이다.

사실 CB인사이트가 조사한 지역별 가상화폐와 블록체인 관련 투자 비율(2012년~2017년 2월)을 살펴보면 미국이 55%로 가장 많은 비중을 차지한다. 지역별로는 6%의 영국이 2위, 2%의 중국과 일본은 그 뒤를 따르고 있다. 이 결과를 보더라도 미국의 관련 기업은 착실하게 기술에 투자해왔다는 사실을 확인할 수 있다.

블록체인과 같은 분산형 장부 시스템이나 ICO(Initial Coin Offering, 블록체인 기반의 암호화폐 코인을 발행하고 이를 투자자들에게 판매해 자금을 확보

전 세계 가상화폐와 블록체인 관련 투자액 추이(2013년~2018년 / 2018년은 추산)

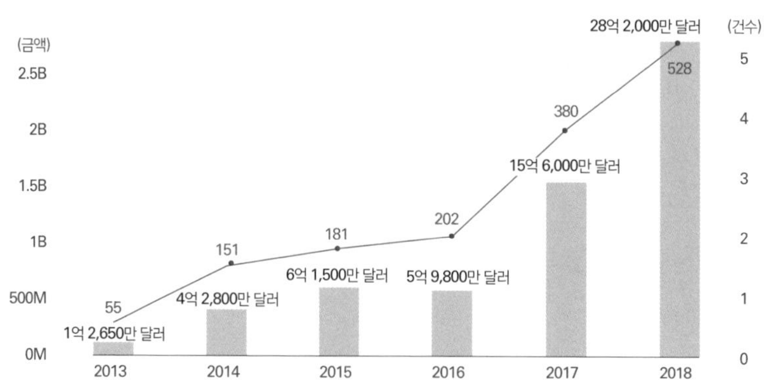

출처: CB인사이트.

하는 것)라는 개념 자체는 초창기 인터넷처럼 자극적이다. 다만 아직 기술이 이상을 따라잡지 못하고 있다는 점도 알 만한 사람들은 다 아는 사실이다. 따라서 가상화폐 거품이 어느 정도 꺼지면 많은 투자자가 안정을 되찾고 다시 기술로 뻗어나갈 것으로 보인다.

ICO는 많은 분야로 확산된다

영국의 핀테크 분석업체 오토노머스 넥스트가 발표한 〈토큰 매니아TOKEN MANIA〉에 따르면, 2017년 7월 기준으로 전 세계 ICO 총 조달액은 12억 6,600만 달러였다.

부문별로 살펴보면 흥미로운 것을 발견할 수 있는데, 조달액이 가장 큰 것은 가상화폐 분야로 5억 1,300만 달러, 다음이 금융시장 분야로 1억 9,400만 달러이다. 소셜미디어 분야가 1억 4,700만 달러, 게임·도박 분야도 7700만 달러로 적지 않은 비율을 차지한다.

심지어 소셜미디어와 게임·도박 분야의 ICO는 2016년부터 2017년까지 1년 사이에 각각 전년 대비 8배와 14배로 늘어났다. 그 밖에도 IoT와 클라우드 등 다양한 부문에서 ICO에 의한 자금 조달이 이루어지는데, 블록체인이 핀테크 이외의 분야에서도 활용되기 시작할 조짐을 보인다는 점에서 주목할 만한 데이터다.

급성장하는 모바일 결제와 규제가 강화되는 가상화폐

이어서 중국의 전체 동향을 소개한다. 핀테크 분야에서는 3대 IT기업 BAT 중에서 알리바바와 텐센트가 눈에 띄는 움직임을 보이고 있다. 특히 모바일 결제 서비스에서 치열한 경쟁을 펼치고 있다. 한편 가상화폐는 앞서 설명한 거품의 영향이 실리콘밸리와는 다른 형태로 나타나고 있다.

모바일 결제는 성장, 하지만 규제는 강화

중국의 핀테크 시장에서 세계적으로 주목을 받고 있는 분야가 바로 모바일 결제다. 미국의 벤처캐피털 클라이너 퍼킨스가 매년 발표하는 〈인터넷 트렌드 보고서 2018〉에 따르면, 2017년 중국 모바일 결제의 연간 총 거래액은 16조 달러를 넘어섰다고 한다. 그중 90%를 알리바바 그룹의 알리페이와 텐센트의 위챗페이가 차지했다. 특히 위챗페이는 2013년에 처음 서비스를 시작했다. 불과 5년 만에 알리페이를 위협할 수준으로 성장했는데, 이 양대 산맥의 경쟁에 관해서는 뒤에서 다시 한 번 자세히 설명하겠다.

이 분야에서 빼놓을 수 없는 화젯거리 한 가지를 꼽자면, 중국에서는 2017년 한 해에만 핀테크 스타트업이 5곳이나 IPO(기업공개)를 했다. 대표적인 곳이 대형 생명보험사 핑안보험과 알리바바, 텐센트가 공동 출자한 중안보험 등이다. 다만 이런 흐름을 타고 핀테크의 신흥 세력이 늘어날 것인지 묻는다면 아직까지는 물음표다. 이제까지 중국에서 IPO를 해온 핀테크 스타트업들은 대부분 이른바 개인 간 거래P2P 대출과 같은 소비자금융이라서 대출금 회수 불능 사태가 빈번히 발생해 정부의 규제가 강력해지고 있기 때문이다. 실제로 2017년까지 IPO를 한 핀테크 스타트업 대부분은 2018년 들어 주가가 하락하고 있다.

ICO 및 가상화폐 거래소 전면 금지

중국의 가상화폐 시장을 이야기할 때 빠뜨릴 수 없는 것이 2017년 9월에 중국 내에서 ICO 및 가상화폐거래소가 전면 금지되었다는 소식이다. 중국인민은행을 필두로 조직된 범부처적 위원회의 결정인데, 미성숙한 업계를 그대로 방치하면 사기가 횡행해 금융질서를 혼란에 빠뜨린다는 생각이 배경에 있는 것으로 보인다.

위원회의 결정에 따른 영향은 이미 여러 방면에서 나타나고 있다. 가상화폐와 블록체인 관련 뉴스를 전하는 미국의 코인데스크가 조사한 〈2018년 블록체인 현황〉에 따르면, 전 세계 통화별 비트코인 거래량은 2014년부터 2017년 초반까지 중국의 위안화가 80~90% 가까이 차지했다. 그러다가 2017년 중반 이후에는 중국 위안화의 비중은 10~20%까지 급감했다. 반면 일본 엔과 미국 달러는 증가했다. 그때까지 위안화 거래가 많았던 이유는 중국의 상위 3대

ICO 및 가상화폐 거래소의 금지 성명

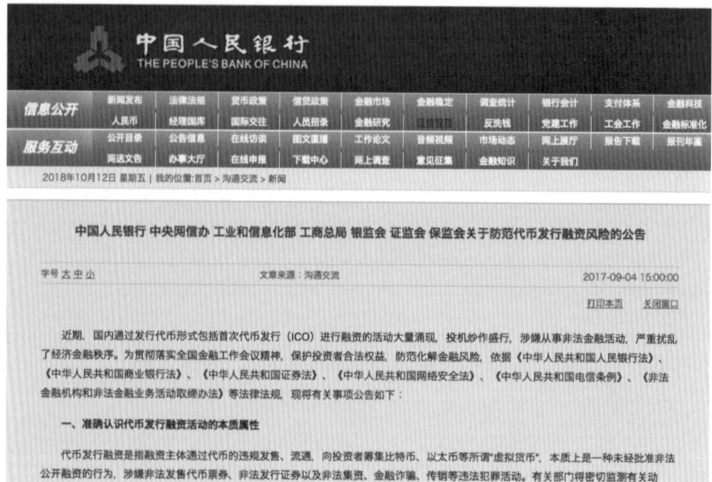

中国人民银行
THE PEOPLE'S BANK OF CHINA

信息公开
新闻发布 法律法规 货币政策 信贷政策 金融市场 金融稳定 调查统计 银行会计 支付体系 金融科技
人民币 经理国库 国际交往 人员招录 金融研究 征信管理 反洗钱 党建工作 工会工作 金融标准化

服务互动
公开目录 公告信息 在线访谈 图文直播 工作论文 音频视频 市场动态 网上展厅 报告下载 报刊年鉴
网送文告 办事大厅 在线申报 下载中心 网上调查 意见征集 金融知识 关于我们

2018年10月12日 星期五 | 我的位置:首页 > 沟通交流 > 新闻

中国人民银行 中央网信办 工业和信息化部 工商总局 银监会 证监会 保监会关于防范代币发行融资风险的公告

字号 大 中 小　　文章来源：沟通交流　　2017-09-04 15:00:00

打印本页　关闭窗口

近期，国内通过发行代币形式包括首次代币发行（ICO）进行融资的活动大量涌现，投机炒作盛行，涉嫌从事非法金融活动，严重扰乱了经济金融秩序。为贯彻落实全国金融工作会议精神，保护投资者合法权益，防范化解金融风险，依据《中华人民共和国人民银行法》、《中华人民共和国商业银行法》、《中华人民共和国证券法》、《中华人民共和国网络安全法》、《中华人民共和国电信条例》、《非法金融机构和非法金融业务活动取缔办法》等法律法规，现将有关事项公告如下：

一、准确认识代币发行融资活动的本质属性

代币发行融资是指融资主体通过代币的违规发售、流通，向投资者筹集比特币、以太币等所谓"虚拟货币"，本质上是一种未经批准非法公开融资的行为，涉嫌非法发售代币票券、非法发行证券以及非法集资、金融诈骗、传销等违法犯罪活动。有关部门将密切监测有关动

중국인민은행 웹사이트에서

거래소인 후오비, BTCC, 오케이코인이 거래 수수료를 거의 제로로 해서 신용 거래로 돈을 벌 수 있는 구조였던 것이 하나의 원인이다. 여기에 거래량 데이터 부풀리기도 횡행한 것으로 알려져 있다. 이런 흐름을 바로잡기 위해 중국 정부가 규제에 들어간 셈이다.

또 거액의 투자 유치에 성공한 스타트업이 나오던 채굴 분야도 앞으로 규제가 강화될 것으로 알려지면서 다른 나라로 거점을 옮기는 움직임이 진행되고 있다. 중국의 가상화폐와 블록체인 시장은 앞날을 예측할 수 없어 보인다. 다만 중국 정부는 블록체인의 기술 개발에는 호의적이며 공식적으로 이 분야에 주력하겠다고 발표했다.

리플을 통해 배우는 블록체인의 역사와 과제

이번 장의 게스트 해설은 리플의 아시아시장 담당 요시카와 에미 씨다. 리플은 가상화폐와 블록체인 분야에서 세계적인 선도 기업이며, 많은 가상화폐의 문제점으로 지적되는 트랜잭션의 속도 향상에 주력하고 있는 것으로도 잘 알려져 있다. 그래서 다음의 주요 참여자 소개에 들어가기에 앞서 리플의 행보를 통해 가상화폐와 블록체인 분야의 문제점과 해결책을 알아보기로 한다.

리플의 행보

리플은 2012년에 샌프란시스코에서 탄생한 회사로 현재 전 세계에 8개의 거점을 두고 100곳이 넘는 금융기관에 블록체인 솔루션을 제공하고 있다. 블록체인 업계에서 2012년에 만들어졌다는 말은 어떤 의미로 보면 '전통 기업'이라는 뜻이다.

가상화폐와 블록체인의 역사를 되돌아보면 주요 화폐 중 하나인 비트코인이 2008년에 탄생했고 2011년경부터 세상에 알려지기 시작했다. 이후 2012년과 2013년 무렵 비트코인 2.0 열풍이 일어난다. 이는 다양한 참여자가 비트코인 기술을 자세히 연구해 더 좋은 기술을 만들어내려는 움직임이었는데, 리플도 그런 업체들 중 하나로 탄생했다. 당시 리플이 주목했던 부분은 바로 송금 문제였다. 트랜

송금에 혁명을 일으킨 리플

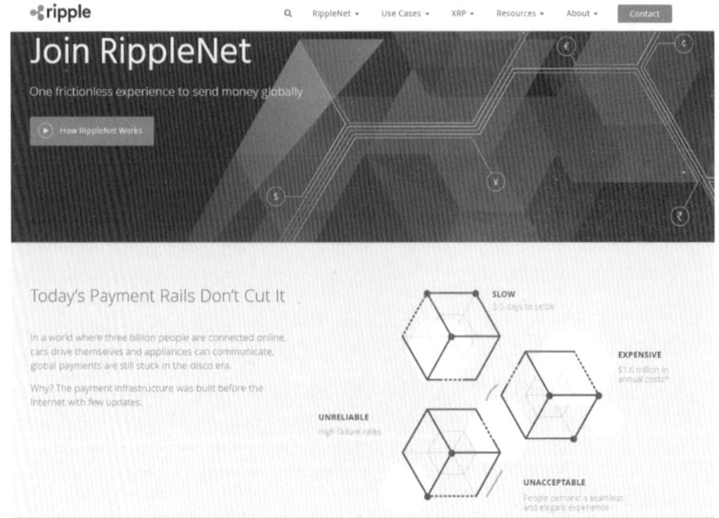

중국인민은행 웹사이트에서

잭션 처리에 비트코인보다 더 빠르게 처리하면서도 더욱 확장성 높은 기술을 만드는 데 주력했다. 창업 초기부터 대기업 중심, 특히 금융기관용 블록체인 솔루션을 만들고자 했던 것도 또 한 가지 특징이다.

리플이 송금에 초점을 맞춘 이유

리플의 비전은 '가치인터넷'이다. 영어로는 Internet of Value, 줄여서 IoV다. IoT라는 말은 들어본 적이 있을 텐데, 리플이 내건 '가치인터넷'은 IoT에서 한 걸음 더 앞서나간 것이라고 볼 수 있다. 초기 인터넷을 정보인터넷Internet of Data이라고 이야기한다면, 이제 인터넷은 사물을 연결하는 사물인터넷이 되었다. 가치인터넷은 돈과 같은 현실 가치를 인터넷상에서 자유롭게 오갈 수 있게 만든다는 뜻이다. 리플은 블록체인을 활용해 정보가 자유롭게 오가듯이, 돈도 자유롭게 오갈 수 있게 만들고자 했다.

여기서 블록체인 업계, 특히 분산 장부 기술의 역사를 간단히 되돌아보자. 2008년 비트코인이 처음 만들어졌을 당시만 해도 '블록체인=비트코인' 정도의 이미지로 언급되고 있었다. 인터넷 초창기에 '인터넷=이메일'이라고 생각한 사람이 많았던 것과 비슷한 형태다. 따라서 이 무렵에는 비트코인만 있으면, 모든 상황에 대응할 수 있다고 생각하는 사람도 있었다. 그리고 지난 10년 동안 업계가 성숙함에 따라 이해도가 깊어져 하나의 디자인으로 모든 상황에 대응하기란 불가능하다는 사실을 알게 되었다. 그래서 리플은 '국제송금'에만 특화하기로 했다.

그렇다면 국제송금 업계는 구체적으로 어떤 문제를 안고 있을까? 해외에 송금해본 경험이 있는 사람이라면 잘 알 텐데, 현재로서는 송금 과정에서 불만이 계속 쌓일 수밖에 없는 구조다. 예를 들어 미국 지방 은행에서 다른 나라의 지방 은행으로 송금하려면, 여러 은행을 거쳐야만 한다. 소위 환거래 은행, 중계 은행이라고 알려진 금융 기관이다. 송금하는 측 은행과 수취하는 측 은행 사이에 직접적인 연결고리가 없다 보니 정보를 보내서 그것을 다음 은행이 확인하고, 그것을 다시 다음 은행으로 보내는 순차적이면서도 단방향적인 과정을 거쳐야 했다.

이때 사용되는 것이 국제결제시스템망 스위프트SWIFT라는 금융 시스템이다. 스위프트는 40년도 더 된 인터넷 이전 시대의 산물이다. 따라서 과정 하나하나마다 시간이 너무 오래 걸리는 데다 운영 비용도 많이 든다. 당연히 그만큼의 수수료를 떼어갈 수밖에 없다. 은행에서 국제송금을 할 때마다 3~4만 원 정도의 수수료가 발생하는 것은 바로 이 때문이다.

게다가 송금하는 도중에 거래가 실패할 때도 있다. 과정이 단방향적이다 보니 보내는 측은 돈이 언제 도착했는지 알 수 없고 혹시 실패하더라도 알림을 받지 못한다. 이처럼 안심하고 해외로 송금할 수 없는 상황에서 리플은 블록체인 기술을 활용해 더욱 현대적인 시스템을 만들고자 한 것이다. 그림 3-1처럼 분산 장부 기술의 힘을 빌려 송금 측과 수취 측을 직접 연결해 하나의 단계만으로 실시간 거래가 가능하다면, 이제까지 며칠씩 걸리던 송금도 불과 몇 초 만에 처리할 수 있게 된다. 무엇보다 투명성이 담보된다는 점에서 그야말로 인터넷 시대에 걸맞은 송금인 셈이다.

그림 3-1 리플을 이용한 국제송금의 전과 후

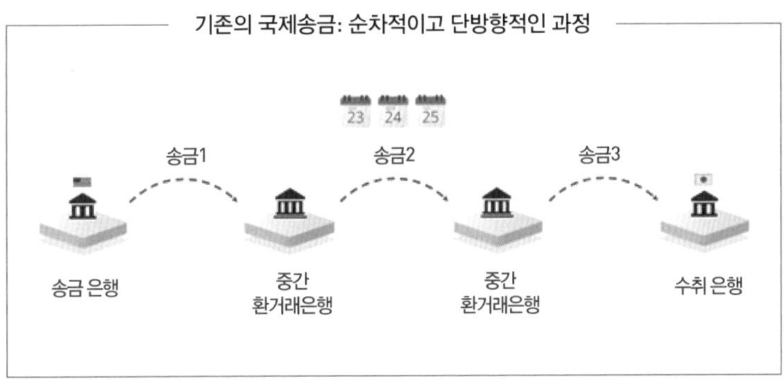

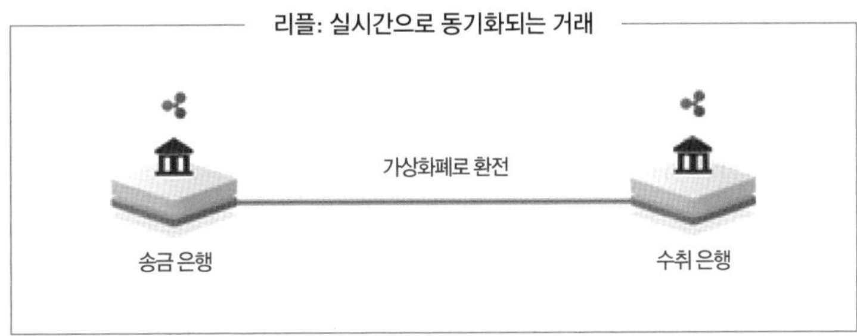

출처: 리플

리플의 기술

그렇다면 어떤 기술이 리플의 사업을 가능하게 만들었을까? 여기서 2가지 핵심 기술을 소개한다. 첫 번째는 인터레저 프로토콜ILP, InterLedger Protocol 기술이다. 원래 현재의 송금 과정은 여러 네트워크에 걸쳐 있다. 각국의 은행들 사이에는 네트워크가 연결되어 있으며 블록체인도 그 자체가 하나의 네트워크다. 더불어 미국 페이팔과 중국 알리페이처럼 송금 서비스를 지원하는 대형 결제 서비스 업체도 자체적인 네트워크를 형성하고 있다. 문제는 이 네트워크들이 서로 연동되지 않는다는 데 있다. 그래서 최종 사용자가 불이익을 받는 셈이다.

그렇다면 어떤 솔루션이 필요할까? 여러 네트워크를 거쳐야 하는 상황에 있더라도 서로 매끄럽게 커뮤니케이션할 수 있는 프로토콜, 즉 금융 데이터를 교환하기 위한 통신 규칙을 만드는 것이다. 인터넷으로 치면 인터넷 프로토콜에 해당하는 것인데, 현재는 리플이 이 기술의 보급을 촉진하는 단계에 있다. 인터레저 프로토콜을 기반으로 만든 솔루션이 엑스커런트다. 엑스커런트는 결제 위험성은 최소화하면서도 24시간 365일 이용 가능한 주문형 일원 결제를 실현한 실시간 송금 시스템이다. 그리고 여기에 또 하나 국제송금의 문제점으로 지적되는 유동성 문제를 해결한 기술이 엑스래피드인데, 여기서 활용되는 리플의 암호화폐, XRP가 리플의 두 번째 핵심 기술이다.

현재는 어떤 나라에서 다른 나라로 금융 기관이 송금하고자 할 때, 목적지 은행에 노스트로 계좌(Nostro Account, 외화타점예치계좌 – 옮긴이)를 개설하고 그쪽으로 돈을 미리 입금해야 한다. 매우 번거로운 과정이며 금전과 운영 면에서 부담도 크다. 그래서 이를 가상화폐를 사용해 간소화하는 것이 엑스래피드의 목적이다.

예를 들어 미국에서 멕시코로 돈을 보내고 싶은 경우, 지금까지는 멕시코 은행에 노스트로 계좌를 만들고 매번 멕시코 페소를 조달해서 입금해야 했다. 그런데 엑스래피드를 사용하면, 달러를 리플의 가상화폐인 XRP로 변환하고 멕시코 거래소에서 XRP을 다시 페소로 변환해서 받는 사람 계좌로 입금하는 것이다. 법정화폐와 가상화폐의 교환 과정이 불과 몇 초 만에 이루어지니 그야말로 주문형이면서도 유동적인 조달이 가능해지는 것이다. 참고로 여러 가상화폐 중에 리플이 XRP를 채용한 이유는 송금에 최적화된 특성을 갖추고 있기 때문이다. 구체적으로는 특히 3가지 점이 다른 주요 가상화폐보다 뛰어나다고 보고 있다.

첫째는 결제 처리 속도다. XRP는 결제에 4초밖에 걸리지 않는다. 비트코인은 결제에 1시간 이상 걸리는 일도 있으니 XRP가 압도적으로 빠르다고 할 수 있다. 둘째는 저렴한 거래 수수료다. 이것도 비트코인과 비교하자면 비트코인은 거래 1건당 5달러 정도 수수료가 드는 반면 XRP는 알고리즘 특성상 평균 0.0004달러 정도로 매우 저렴한 수수료를 유지하고 있다. 그리고 마지막은 기업용 솔루션으로서 가장 중요한 확장성의 우위다. 비트코인은 1초에 처리할 수 있는 거래가 32건에 불과하지만, XRP는 초당 1,500건이나 되는 거래를 처리할 수 있다. 그 밖에도 XRP는 특유의 알고리즘을 사용함으로써 1거래당 에너지 소비량에서도 매우 효율이 높다. 이런 이유 때문에 XRP가 송금 용도로 최적의 가상화폐라고 본다.

리플의 기술을 사용해 국제 송금 서비스를 제공하는 SBI 레밋

SBI 레밋의 웹사이트에서

여전히 'XRP=리플코인'으로 언급되는 경우가 많은데 사실은 그렇지 않다. XRP는 '개방형 블록체인에 존재하는 XRP라는 가상화폐'다. 반면 리플은 전 세계 금융기관을 대상으로 국제송금 문제를 해결하기 위한 소프트웨어와 솔루션을 제공하는 회사다. 리플이 제공하는 서비스의 솔루션으로 XRP를 사용하는 형태다.

일본 금융기관에서도 리플의 기술이 이용되고 있는데, 일례로 SBI그룹의 SBI레밋을 꼽을 수 있다. SBI레밋은 태국 시암상업은행과 함께 엑스커런트를 채용한 해외 송금 서비스를 시행하고 있는데, 일본에서 일하는 태국인 노동자와 그들의 가족에게 더 빠르고 저렴

한 송금 서비스를 제공한다. 일본에서 태국에 있는 가족에게 생활비를 보낼 때, 기존에는 은행을 이용하면 앞서 설명한 대로 상당한 수수료와 시간이 걸렸다. 간혹 송금이 실패하다면 태국에 거주하는 가족들의 생활에 심각한 타격을 주기도 했다. 그런데 리플의 솔루션을 사용한 해외송금 서비스를 이용하면 불과 몇 초 만에 해외 송금이 완료되는 데다 기존 은행과 비교하면 상당한 수수료를 절약할 수 있다. 이런 점들이 호평을 받으면서 서비스를 개시한 지 3개월 만에 거래량이 3배로 늘었다.

Silicon Valley

보급기로 접어든 핀테크 분야에서 사용자 기반 서비스 확대에 나선 스타트업이 늘어나는가 하면, 대기업의 '기술로 뻗어 나가는' 움직임도 커지고 있다.

Stripe

페이팔에 도전하는 스트라이프
2010년 설립된 온라인 결제 서비스 기업으로 핀테크 분야에서 유니콘으로 성장하고 있다. 온라인 결제의 선구자인 페이팔, 스퀘어와 각축을 벌이고 있다.

Coinbase

미국 최대 가상화폐 거래소 코인베이스 일본 진출
2012년 설립된 코인베이스는 가상화폐 거래소로서는 최초로 유니콘에 등극했다. 코인베이스는 2018년 6월 일본 진출을 발표했다.

Citi & GS

시티은행과 골드만삭스 등 대기업이 스타트업에 투자를 가속
변화에 적응하기 위해 시티은행과 골드만삭스 등의 금융 대기업들도 블록체인 같은 선진 테크놀로지를 보유한 스타트업에 적극적으로 투자하고 있다.

인슈어테크

대두하는 인슈어테크 2종류의 참여자
핀테크 중에서 앞으로 성장이 기대되는 인슈어테크(보험과 기술을 합친 조어)에서는 어떤 유형의 참여자가 대두할까?

China

모바일 결제를 비롯한 핀테크 서비스가 빠르게 자리를 잡은 중국에서는 대형 IT기업이 탄생시킨 금융 스타트업들이 치열한 점유율 경쟁을 펼치고 있다.

Alipay vs WeChat Pay

알리페이와 위챗페이

알리바바의 알리페이와 텐센트의 위챗페이가 모바일 결제를 양분하고 있는 중국에서 앞으로의 점유율이 어떤 방향으로 움직일지 지켜볼 일이다.

Ant Financial

앤트 파이낸셜의 테크핀 혁명

알리바바 그룹의 금융 계열사 앤트 파이낸셜은 거액의 자금을 기술개발에 투자하고 있다. 그리고 수집한 데이터를 활용해 또 다른 금융 서비스를 개발하고 있다.

BAT+JD

BAT+JD가 추진하는 4대 국유은행과의 제휴

3대 IT기업 BAT와 전자상거래업체 JD, 징둥그룹이 잇달아 국유은행과의 제휴를 심화하는 이유는 서로에게 없는 것을 보완하려기 위함이다.

Bitmain & Canaan

비트메인과 카나안 등의 채굴 기업

가상화폐 채굴 사업에서 거액의 자금 조달에 성공해 전 세계적으로 주목을 받은 두 기업. 가상화폐 관련 비즈니스에 대한 규제가 강화되는 가운데 이들은 어떻게 움직일 것인가?

기술을 통해 문제해결에 도전하는 기업들

실리콘밸리의 마켓 트렌드 해설에서 북미는 핀테크 관련 유니콘이 가장 많은 지역이라고 설명했다. 여기서는 실리콘밸리의 유니콘들 중에서 주목할 만한 기업과 대형 금융기관들의 움직임을 소개한다.

핀테크 분야에서 주목할 만한 유니콘

현재 전 세계 핀테크 유니콘 25개 업체 중 16곳이 북미 지역에 위치해 있다. 특히 주목해야 할 기업은 온라인 결제 서비스를 하고

소프트뱅크가 출자한 소피

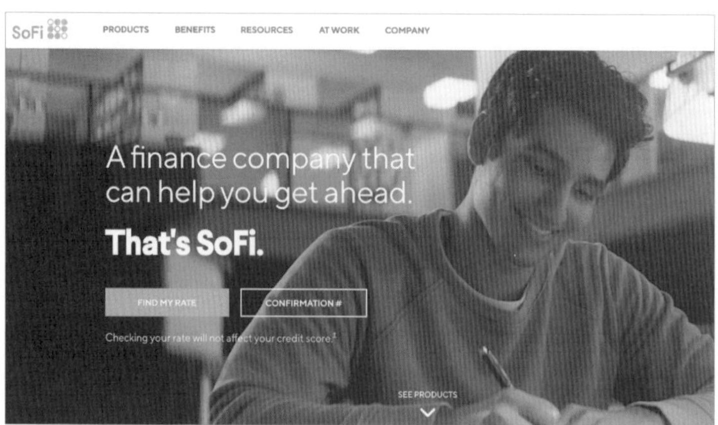

소피의 웹사이트에서

있는 스트라이프와 가상화폐 거래소 코인베이스다. 가파른 성장세를 보이고 있는 스트라이프는 온라인 결제 시장을 양분하고 있는 페이팔과 스퀘어를 위협하고 있다. 코인베이스는 가상화폐 거래업체로서는 최초로 유니콘 기업이 되었으며, 2018년에는 일본 진출을 발표하기도 했다. 앞으로 이 두 회사가 전 세계 점유율을 어떻게 가져갈지 주목할 필요가 있다.

그다지 널리 알려지지는 않았지만 학생을 대상으로 하는 소액대출과 주택융자 등의 서비스를 제공하는 소셜 네트워크 서비스 기반 대출 기업 소피도 흥미롭다. 소프트뱅크도 소피에 투자하고 있다.

대형 금융사의 전방위 투자

다음으로 대기업의 움직임을 살펴보자. 핀테크 분야에서는 예전부터 존재하던 금융기관과 은행, 투자은행 등도 적극적으로 움직이고 있으며 유망한 스타트업에 계속 투자하고 있다. 이는 핀테크 스타트업 대부분이 완전히 새로운 금융 서비스를 만들고 있다기보다 이미 존재하는 금융상품을 기술의 힘으로 더 좋은 것으로 만드는 사례가 많기 때문이다. 또 한 가지 특징적인 점은 자신들이 보유하지 않은 기술 분야에 강점을 지닌 스타트업에 투자하는 대기업이 많다는 사실이다. 예를 들어, 미국 시티그룹과 골드만삭스 같은 거대 금융기업들은 보험과 대출 같은 서비스 영역뿐만 아니라 데이터 분석과 블록체인 등 테크놀로지 분야의 스타트업에도 전방위적으로 투자하고 있다.

업계에서 전통과 실력을 평가받는 대기업에서도 비즈니스 모델은 알아도 기술을 알지 못하는 상황이 많아지고 있다. 이것이 유망한 테크놀로지 스타트업에 투자하는 이유인데 투자처 중 어느 한 곳이 삐끗하더라도 경쟁사에 뒤처지는 일이 없도록 모든 관련 분야에 투자망을 펼치는 것이다. 뒤에 설명할 인슈어테크에서도 비슷한 움직임이 활발해지고 있어 앞으로는 대기업과 스타트업 연합체의 반격을 볼 수 있을지도 모른다.

가상화폐·블록체인 분야에서 주목해야 할 기업

최근에는 가상화폐를 제공하는 참여자나 거래소 외에도 가상화폐의 인덱스펀드(목표지수인 인덱스를 선정해 이 지수와 동일한 수익률을 올릴 수 있도록 운용하는 펀드 – 옮긴이)가 대두하고 있다. 최근 다양한 가상화폐가 거래되다 보니 투자를 하고 싶어도 어느 화폐를 사야 할지 망설여진다. 그래서 주식과 마찬가지로 종목 하나만 사는 것이 아니라 분산 투자를 하고 싶다는 요구에 호응하는 기업이 생겨났다. 예를 들면, 스타트업에 대한 온라인 투자 서비스를 제공하는 기업 앤젤리스트의 CEO 나발 라비칸트가 지원하는 미국의 비트와이즈자산운용은 2017년 10월, 10종류의 가상화폐를 대상으로 인덱스펀드를 조성했다. 이 인덱스펀드는 비트코인과 이더리움, XRP 같은 여러 가상화폐의 가치를 가중평가한 다음, 모인 투자금액을 어림잡아 자동으로 리버스해주는 펀드다. 지금 시점에서는 이른바 적격 기관투자자로 분류되는 일부 사람만 살 수 있게 되어 있는데, 단순히 비트코인을 계속 갖고 있는 것보다 이 인덱스펀드에 넣어두는 편이 더 좋은 수익을 낼 수 있다고 강조한다. 또 앞서 설명한 리플의 솔루션처럼 가상화폐의 트랜잭션을 고속화하는 움직임도 주시했으면 한다. 예를 들면 실시간 분산형 가상화폐 거래소인 미국의 퀀타 같은 스타트업에는 구글 출신 인재와 보안 계열, 비디오 통신 계열 기술에 정통한 사람들이 모여들어 다중화와 분산화를 양립시킴으로써 고속 트랜잭션을 실현하고 있다.

현존하는 가상화폐는 상품에 따라 다르지만 트랜잭션에 15분이나 걸리는 것도 있다. '가상화폐가 결제 수단으로 사용될 수 있을까?' 하는 논란이 있는데, 트랜잭션 속도가 개선되지 않으면 현실성이 없다. 그래서 이런 과제를 개선하려는 스타트업들이 꾸준히 생겨나고 있다. 이들은 '기술로 뻗어 나간다'라는 관점에서 매우 흥미롭다고 생각한다. 우리나라에서도 이런 분야에서 스타트업들이 출현해 건전한 경쟁이 활발히 이루어지기를 바란다.

대두하는 인슈어테크 2종류의 참여자

이제는 구스타니 맥스 마사루 씨의 전문 분야인 인슈어테크의 내용을 살펴보자. 원래 인슈어테크라는 용어는 몇 년 전까지 없었던 말이다. 핀테크라는 말이 먼저 생겨나고 뒤이어 생겨난 신조어라고 할 수 있다. 앞서 설명했듯이 핀테크 열풍이 잦아들기 시작했기 때문에 다음 유행은 인슈어테크 영역에서 일어날 것이라는 말도 나오고 있다. 현재 트렌드 상황은 어떤지 맥스 씨에게 물었다.

인슈어테크 대두의 배경

앞으로 인슈어테크는 다양한 비즈니스 영역으로 퍼져나갈 것이다. 새로운 비즈니스 모델이 등장하면 거의 대부분 새로운 보험 서비스가 필요해지기 때문이다. 예를 들면, 2017년 도쿄해상일동화재보험과 크라우드 펀딩 업체 캠프파이어가 제휴해 크라우드 펀딩 보험이라는 서비스를 시작했다. 크라우드 펀딩이란 제품이나 이벤트 등 자신의 아이디어를 인터넷상에 제시하고, 동의해준 사람들로부터 개발자금이나 운영자금을 모으는 것이다. 일본에서도 익숙한 서비스로 자리매김했는데, 돈을 내서 지원하는 사람들 입장에서는 사기나 횡령을 목적으로 한 펀딩은 아닌지, 제품을 실제로 받아보기도 전에 출자처가 도산해버리는 것은 아닌가 걱정스러울 수도 있다. 이런 불안을 보험을 활용해 해결하는 것이 크라우드 펀딩 보험이다. 바꿔 말하면 보험의 힘을 빌려 크라우드 펀딩이라는 새로운 시스템이 자리 잡도록 지원하는 셈이다. 최근에는 그 밖에도 디지털 영역의 혁신이 동시다발적으로 생겨나고 있어 다양한 비즈니스 모델을 부지런히 쫓아가고 있다.

영국의 인슈어테크 회사 보트 바이 매니

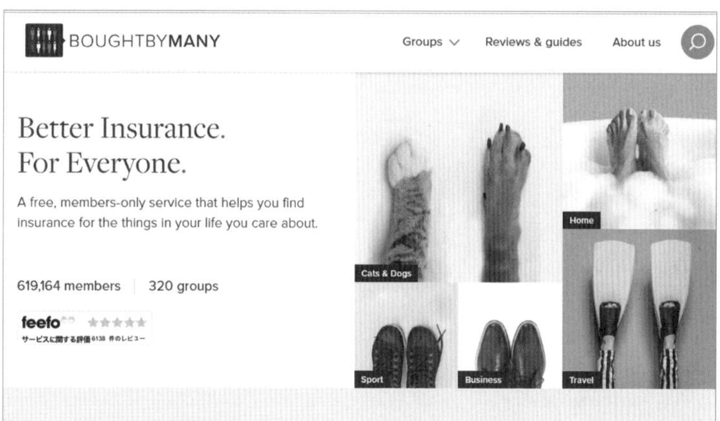

보트 바이 매니의 웹사이트에서

여기서 인슈어테크란 무엇인지 이해를 돕는 차원에서 알기 쉬운 사례를 소개한다. 영국의 '보트 바이 매니'라는 회사는 매우 흥미로운 사업을 하고 있다. 보트 바이 매니의 사업을 한마디로 설명하면 '고객을 모아 보험사에 넘겨주는 회사'다. 예를 들어 영국에서는 퍼그를 키우는 사람들이 반려동물 보험에 가입하지 못해 어려움을 겪는 경우가 있다고 한다. 퍼그는 특정 질병에 쉽게 걸리기 때문에 보험 가입을 거절당하는 경우가 많다. 그래서 보트 바이 매니는 SNS에 '퍼그를 키우는 사람들을 위한 보험'에 들고 싶은 사람을 모집하고, 일정한 숫자의 사람들이 모이면 그 숫자를 내세워 여러 보험사에 퍼그를 위한 전용 보험 서비스를 만들어 달라고 요청하는 식으로 거래를 체결하는 것이다. 그 밖에도 익스트림 스포츠 마니아나 새로운 탈것 등을 즐기는 사람 등 평소라면 보험에 가입되지 않는 사람들을 모아 커뮤니티화하고 일정 인원수에 도달하면 보험사와 상품화를 협상한다. 기존에는 사람을 모으기가 어려웠지만, SNS가 널리 보급된 지금이라면 같은 고민거리가 있는 사람들을 모아 단번에 커뮤니티화할 수 있다. 이렇게 달라진 ICT 환경의 힘으로 보험을 바꿔가는 것이 바로 인슈어테크다.

인슈어테크 조력자

인슈어테크 스타트업은 크게 인슈어테크 조력자와 인슈어테크 보험사로 나눌 수 있다. 먼저 인슈어테크 조력자는 서비스 향상과 비용 절감으로 이어지는 테크놀로지를 보험사에 공급하는 스타트업이다. 기계학습과 드론, 블록체인 등 새로운 테크놀로지는 보험 서비스를 진화·향상시킬 가능성이 크다. 이런 테크놀로지를 보유한 스타트업은 보험사 입장에서 보면 도우미에 해당한다. 그래서 기존 보험사는 다양한 조력자와 협력함으로써 인슈어테크의 폭을 넓히려 하고 있다. 지금 드론 업계는 조종사가 필요 없는 자율비행 드론이 점차 실용화되는 단계에 있다. 2017년에 허리케인 하비가 미국 휴스턴을 강타한 이후 많은 드론이 날아다녔다. 사람이 들어갈 수 없는, 혹은 피해 범위가 큰 공장 상공에 드론을 띄워 건물이나 재고가 수몰된 상태를 확인한 다음 한시라도 빨리 보험금을 지급하기 위해서다.

현재는 드론으로 피해 규모를 확인해 보험금을 지급하는 선에 머물러 있지만, 앞으로는 사고를 당했을 때 피해를 줄이고 물자를 지원하는 서비스까지 제공하는 것이 목표다. 그 밖에도 보험금 지급에 필요한 보험사와 병원 간의 의료 정보를 블록체인을 경유해 취득하는 실증 실험을 하고 있다. 이렇게 최신 기술을 도입해서 보험을 진화시키려면, 기업 내에서 모든 기술을 개발하는 폐쇄적 조직 문화를 버리고 조력자와 폭넓게 제휴하면서 상품과 서비스의 매력을 높여가야 한다고 생각한다.

인슈어테크의 기술 활용 사례

인공지능	◦ Q&A를 자동화해 고객응대를 효율적으로 수행 ◦ 사고대응을 자동화해 신속한 보험금 지급 실현 ◦ 불법적인 보험금 청구 사례를 인공지능으로 추출
데이터 분석	◦ 과거 자동차 사고 사례를 분석해 사고 발생 조짐을 발견하고 고객에게 사전 통지
IoT	◦ 공장의 센서 데이터를 분석해 고장 예측 서비스 제공
헬스케어	◦ 금연이나 운동 등 고객의 일일 건강 행동을 측정해 보험료 할인
보안	◦ 사이버 공격의 위험성을 낮추는 서비스를 기업에 제공
드론	◦ 사고나 재해 발생시 드론을 활용해 사고현장 확인 등의 발 빠른 조치
자율주행	◦ 자율주행 기술에 대응한 새로운 자동차보험 개발
블록체인	◦ 종이 보험증권을 대신해 블록체인 기술을 기반으로 고객에 가입 내용을 전송

인슈어테크 보험사

인슈어테크 보험사는 테크놀로지를 활용한 보험업을 비롯해 자체적으로 새로운 시장을 창출함으로써 기존 보험 서비스에 불만을 품은 고객을 확보하는 스타트업이다. 기계학습과 데이터 분석, SNS에서의 마케팅 등 일반적인 보험사가 이제까지 별로 해오지 않았던 기술을 사용해 시장에 새로운 바람을 불어넣고 있다. 기존 보험사 입장에서 보면 이쪽은 단순한 라이벌이다. 따라서 우리는 이런 스타트업과 적대적으로 갈 것인지, 혹은 어떤 형태로든 협력해갈 것인지를 고려해야 한다. 개인적으로는 인슈어테크 보험사가 비즈니스 모델 구상과 사용자 경험 등에서 우리보다 뛰어난 점이 있으니, 함께할 수 있는 길을 모색하는 편이 더 낫다는 입장이다.

참고로 이번 해설을 통해 알 수 있겠지만, 현재 핀테크와 인슈어테크 관련 테크놀로지는 북미를 중심으로 활성화되어 있다. 따라서 미국과 유럽의 대형 보험사 대부분이 실리콘밸리에 테크놀로지 스카우팅 포인트(스타트업과 제휴하기 위한 거점)를 마련해두고 있다. 도쿄해상그룹의 주력 사업인 손해보험은 북미에서도 특히 실리콘밸리에 연구자가 많은 반면, 헬스케어와 생명보험은 뉴욕과 보스톤 같은 미국 동부 쪽에 연구자가 많다. 보험의 발상지인 영국 런던에도 일정 수의 관련 스타트업이 있는데, 역시 기술면에서는 실리콘밸리가 최첨단을 달리고 있다 보니 실리콘밸리에 거점을 둔 기업들이 많다. 대형 보험사의 실리콘밸리 이동 현상은 점점 더 본격화하고 있는데,

최근에는 실리콘밸리의 유력 액셀러레이터 '플러그 앤 플레이'에서 대기업 파트너 수가 가장 많은 분야가 바로 인슈어테크일 정도다. 플러그 앤 플레이 사무실 입구에는 파트너사의 로고를 나열한 간판이 있는데, 2~3개월 간격으로 한번씩 보러 가면 앞으로 어느 분야가 더 활기를 띨 것인지, 그리고 어느 분야가 안정세에 접어들 것인지 알 수 있다. 이 간판만 보더라도 지금은 인슈어테크의 기세를 느낄 수 있다.

모바일 결제 양대산맥의 추세

여기서부터는 중국 핀테크·가상화폐 분야의 주목 참여자를 소개한다. 앞서 시장 트렌드 해설에서는 알리바바 그룹의 알리페이와 텐센트의 위챗페이가 모바일 결제에서 각축을 벌이고 있다고 설명했는데, 구체적으로 두 회사가 어떤 전략으로 점유율을 높이고 있는지 살펴본다.

모바일 결제, 강점이 다른 2사의 전략

중국의 글로벌 경영대학원 청쿵상학원의 경제전문매거진 〈CKGSB Knowledge〉에 2017년 8월에 실린 "위챗 경제, 메신저에서 결제까지 그리고 그 이상의 것들The WeChat Economy, From Messaging to Payments and More"이라는 기사에 따르면, 2015년 모바일 결제시장 점유율이 약 75%에 달하던 알리페이를 위챗페이가 급속도로 따라잡고 있다는 조사 결과가 나왔다. 2016년 3분기를 기준으로 알리페이의 시장 점유율이 50.42%인데 위챗페이는 38.12%까지 쫓고 있다. 이런 기세는 위챗페이가 메신저 앱 위챗을 기반으로 하기 때문이다. 일상적으로 사용하는 서비스에서 결제도 할 수 있으면 편리하기 때문이다.

다만 알리페이는 알리바바 그룹에서 운영하는 각종 전자상거래 서비스와 연동되어 있어서 매일매일 하는 쇼핑과 결제가 연결된 데다 대출까지도 함께 전개할 수 있다. 각각 강점을 지니고 있으므로 앞으로의 주도권 역시 주고받기가 이루어질 것으로 예상된다.

급속한 다각화의 배경

알리페이와 위챗페이는 모바일 결제뿐만 아니라 자산운용과 대출, 보험 등 점차 다른 금융 서비스를 제공하기 시작했다. 이는 자신들이 수집한 데이터를 활용해 다른 금융 서비스를 펼쳐가겠다는 전략이다. 예를 들면 알리페이를 운용하는 앤트파이낸셜은 2016년 무렵부터 이런 말을 하기 시작했다. "항간에 핀테크라는 말이 유행하고 있다는데, 우리는 테크핀 회사입니다." 핀테크가 기존 금융 서비스를 테크놀로지로 더욱 편리하게 만드는 것이라면, 애초에 자신들은 테크놀로지 회사인데 그 기술을 금융에 활용하고 있을 뿐이라는 말이다. 즉 자신들이 수집한 데이터와 개발하고 있는 AI를 다른 금융회사에 제공함으로써 금융업계 전체의 판도를 바꾸겠다는 의미다.

실제로 앤트파이낸셜은 2018년 5월에 140억 달러라는 거액의 투자금을 유치했으며 세계 각국의 로컬 파트너사와 제휴하는 형태로 해외시장으로의 진출을 적극적으로 추진하고 있다.

또 알리페이의 알리바바 그룹, 위챗페이의 텐센트 외에 이 분야에서 관심을 가져야 할 기업을 꼽자면 징둥그룹으로 잘 알려진 JD가 있다. JD는 원래 '중국의 아마존'이라 불리는 기업으로 최근에 JD페이 출시를 기점으로 다양한 금융 서비스를 전개하고 있다. 여기에 보험업에서 시작해 이제 거대 금융그룹으로 성장한 핑안보험

알리바바의 금융 계열사 앤트파이낸셜

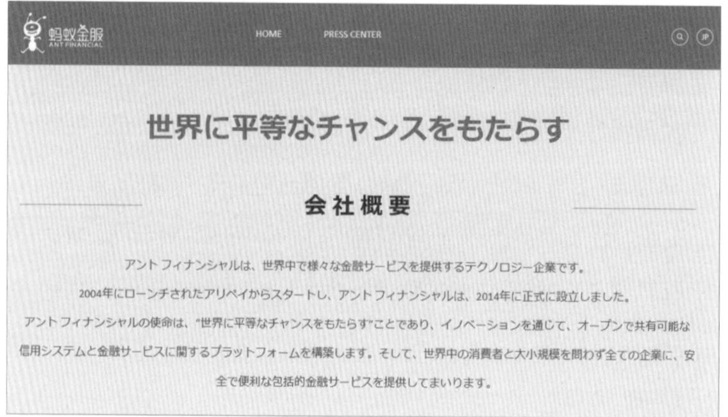

앤트파이낸셜의 웹사이트에서.

등도 가세한다면 구도는 더욱 흥미로워질 것이다. 핑안보험에 관해서는 뒤에서 다시 자세히 다루기로 한다.

국외로 거점을 옮기는 가상화폐 채굴 기업

이제 가상화폐 분야에서 주목할 만한 기업을 살펴보자. 중국에서는 비트메인과 카나안 같은 채굴 관련 스타트업이 거액의 자금 조달에 성공해 세계적으로도 주목받고 있었다. 다만 앞으로는 채굴 분야에도 앞서 설명한 대로 정부의 규제가 들어온다는 말이 나오고 있다.

그래서 예컨대 비트메인 등은 몽골에 채굴 농장을 만들거나 미국이나 유럽으로 진출하는 등 중국에서 해외로 점차 거점을 옮기는 상황이다. 앞으로 지방 도시에서 눈에 띄지 않도록 조심스럽게 운영해나갈 기업도 있겠지만, 이런 곳도 언젠가는 중앙 정부에서 지방 정부로 규제 지시가 내려지리라 생각된다.

신용을 추구하는 IT 기업과 데이터를 추구하는 금융 기관

중국의 3대 IT 기업 BAT에 JD를 더한 4개사는 최근 1~2년 사이에 국유은행과의 제휴를 잇달아 발표하고 있다. 중국에는 중국공상은행을 포함한 4대 국유은행이 있는데 이들 모두 정부와의 연결성이 매우 강하다. 얼마 전까지만 해도 이런 은행들은 알리페이와 위챗페이 같은 서비스를 적대시했다. 그런데 BAT+JD에는 풍부한 데이터와 그것을 활용할 수 있는 기술이 있음을, 은행에는 신용, 자본, 위험 관리, 정부와의 관계 등에서 서로 갖지 못한 강점이 있음을 인정하고 서로 협력하면 시너지가 있을 것 같다는 데 의견을 같이했다. 그래서 다른 은행이 이들 기업과 협력하기 전에 제휴를 추진하려는 흐름이 생겨나고 있다.

다만 현재로서는 일대일의 독점 계약이라기보다 '이 분야에서는 이곳과 협력한다'라는 식의 부분적인 제휴가 많다. 아직 서로 경계하는 부분이 있기 때문일 것이다.

핀테크와 가상화폐 분야의

주목 스타트업

핀테크와 가상화폐 분야는 송금·결제, 투자·자산운용, 보험, 융자·펀딩, 가상화폐·블록체인의 5가지로 분류할 수 있다. 이 중에서 맥스 씨가 주목하는 보험 분야 스타트업부터 중국이 앞서가는 신용결제를 구현한 서비스까지 우리가 주목하는 기업을 꼽아보았다.

Silicon Valley		China
서클	송금·결제	
콰피탈	투자·자산운용	
메트로마일 레모네이드 클로버 건강보험	보험	핑안보험
	융자·자금 조달	즈마신용 마이뱅크
	가상화폐·블록체인	쿨리안

서클

이곳은 보스턴에서 시작한 스타트업으로 원래 P2P 국제송금 서비스인 서클페이 등을 제공하는 회사였다. 서클페이는 중국의 위챗용 서드파티 앱으로 출발해 성공을 거두었는데, 2018년부터 가상화폐 분야로 영역을 확장해 주목을 받고 있다. 2018년 2월에는 가상화폐 거래소 폴로닉스를 인수하고 5월에는 서클 인베스트라는 가상화폐용 지갑·투자 앱을 출시했다. 2018년 여름부터는 서클 USD코인(달러와 연동시켜 안정성을 확보한 코인, 이른바 달러 페그제 코인 구조로 개발된 상품) 개발을 시작했다.

국제송금 서비스에서는 트랜스퍼와이즈가 유명한데, 서클의 등장으로 더욱 편리한 세계가 실현될 것이다.

서클의 웹사이트.

콰피탈

사용자가 목표로 설정해둔 생활습관을 이용해 소액 저축을 유도하는 서비스로 2018년 4월에 3,000만 달러의 투자금 유치에 성공했다. 지금까지 총 투자금액은 4,730만 달러다. 이른바 저축 앱이 이 정도까지 자금 조달을 할 수 있었던 이유는 사용자 경험이 매우 뛰어나기 때문이다. 예를 들면 'SNS 인스타그램에 사진을 올리면, 자동으로 1달러 저금한다', '맥도날드에서 식사하면 자동으로 3달러 저금한다' 같은 식으로 설정할 수 있어서 나쁜 생활습관과 소비습관을 개선할 수 있도록 유도한다. 2018년 4월 시점에 42만 사용자를 확보했으며, 지금까지 약 5,500억 원의 불필요한 지출을 줄이는 데 이바지했다고 한다.

콰피탈의 웹 갤러리에서.

메트로마일

샌프란시스코에 있는 자동차보험 스타트업으로 고정비+주행거리, 즉 이용한 만큼만 보험료가 청구되는 '페이 퍼 마일' 콘셉트의 종량제 자동차보험을 제공한다. 평소에 자동차를 많이 타지 않거나 짧은 거리만을 달리는 사용자가 주요 고객이다. 가입하면 몇 주 이내에 전용 단말기인 메트로마일 펄스가 배송되는데, 손바닥 크기의 단말기를 차량의 퓨즈 박스 근처에 장착하면 자동으로 주행거리를 측정해 달린 만큼만 보험료를 내는 구조다. 이 역시 보험의 사용자 경험을 개선한 사례라고 할 수 있다. 사고 대응의 경우 중대한 문제가 없는 사고라면 곧바로 보험금이 지급되는 방식을 도입해 데이터와 AI 활용이라는 의미에서도 최첨단 기술을 잘 활용하고 있는 회사다.

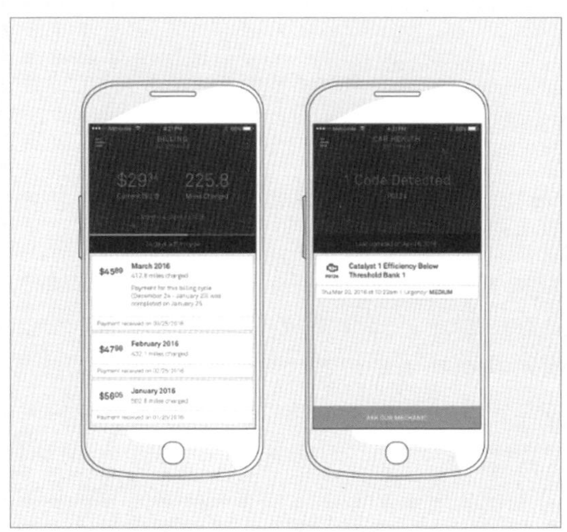

메트로마일의 앱 UI(이미지는 메트로마일의 웹사이트에서).

레모네이드

뉴욕에서 주택소유자보험(화재보험 등)을 제공하는 스타트업이다. 아직 뉴욕 등 일부 주에서만 영업하는 단계임에도 서비스를 시작한 지 불과 8개월 만에 1만 4,000명의 가입자를 확보해 화제가 되었다. 최대의 세일즈 포인트는 사용자 경험이다. 월 금액 5달러부터 시작하는 저렴한 가재도구 보험을 최단 90초 이내에 신청 가능하다. 또 일반적인 보험 상품은 1년 동안 무사고라고 해도 보험금을 돌려받지 못하는 경우가 많은데, 레모네이드는 보험료 일부를 자신이 선택한 특정 비영리단체나 자선단체에 기부할 수 있게 되어 있다. 이런 구조를 도입해 기존 형태의 보험사와 차별화를 부각함으로써 청년층의 폭 넓은 지지를 얻고 있다. 2017년 12월에는 소프트뱅크가 약 1,350억 원을 출자하는 등 앞으로 더욱 성장해갈 회사로서 주목받고 있다.

클로버 건강보험

건강보험 스타트업으로 AI를 활용해 예방 의료를 적극적으로 추진한다. 환자의 의료 데이터를 분석해 의료 기관과 환자 양쪽에 질병 예방으로 이어지는 제안을 제공한다. 병을 예방해서 사용자가 건강하게 지낸다면 보험사 입장에서는 부담금이 줄어들 테니 AI를 활용해 환자의 건강 증진을 실현해가겠다는 콘셉트다. 미국에서는 민간이 건강보험을 제공하다 보니 서비스와 상품 내용이 제각각이다. 그래서 건강보험에 대한 불만도 매우 크다. 클로버 건강보험은 이 점에 주목하고 테크놀로지를 통해 건강보험 문제를 해결하겠다고 나선 것이다. 아직 영업을 시작한 지 2년 정도에 불과한데도 차기 유니콘 후보로서 눈도장이 찍힌 상태다. 원격 의료와 원격 처방전 분야에도 나서고 있어 앞으로 미국의 많은 주에서 영업할 수 있게 된다면(미국은 주마다 보험에 관한 법률이 다르다) 더욱 주목받게 될 것으로 보인다.

핑안보험

핑안보험은 중국의 기존 금융기관 중에서 핀테크에 가장 적극적인 회사다. 그룹의 전체 고객이 4억 명에 육박하기 때문에, 그 빅데이터를 활용해 다양한 소매용 인터넷 금융 분야에 진출하고 있다. 또 그룹 내의 스타트업 4곳이 유니콘으로 성장했다. 그중에서 건강 관련 플랫폼을 제공하는 핑안 굿닥터는 2018년 4월, 50억 달러의 시가 평가액으로 상장했다. P2P 대출업체 루팍스도 600억 달러의 시가 평가액으로 조만간 상장 예정이라고 알려져 있다. 또 B2B 분야에서는 블록체인 기술을 활용해 금융 기관의 다양한 문제해결에 주력하는 단체인 R3 컨소시엄에 중국 기업으로서는 처음으로 참여하는 등의 움직임을 보여주고 있다. 참고로 2017년에는 한약품 제조사 일본 쓰무라 제약과 자본·업무 제휴를 체결해 의결권 기준 약 10%를 보유한 최대주주가 되었다. 한방약 사업 등 중국 시장에 본격 진출하고자 하는 쓰무라제약과 보험 판매로 이어지는 의료건강 관련 사업을 강화하고자 하는 핑안 측의 필요성이 일치한 모양새다. 언젠가는 아시아의 헬스케어 관련 비즈니스에 핑안보험이 크게 한몫을 하게 될 상황이 올지도 모른다.

핑안 보험의 웹사이트.

즈마신용

세서미신용이라고도 불리는 개인의 신용도를 평가하는 시스템이다. 개인이나 중소기업이 알리바바 그룹의 서비스를 이용할 때, 거래기록과 정부의 오픈 데이터베이스(공과금 납부 기록, 학력 등)를 토대로 빅데이터를 분석해 점수를 매긴다. 산출된 신용점수가 높으면 높을수록 좋은 서비스를 받을 수 있는 구조다.

개발사인 앤트파이낸셜은 원래 은행 계좌가 없는 청년층이나 저소득자층도 금융 서비스를 제공하겠다는 생각에서 생겨난 회사다. 그래서 '앤트(개미)'라 이름이 붙였으며 세서미신용의 '세서미' 역시 참깨라는 뜻에서 온 것이다. 작아도 모이면 큰 시장이 된다는 생각에서 시작되었다. 다만 중국의 '모두'를 기존 금융기관들의 방식으로 평가하기가 매우 어렵다는 문제도 있어 신용 점수와 같은 구조가 보급되었다고 보고 있다. 최근에는 맞선이나 미팅 같은 자리에서도 신용도를 중요하게 본다고 하니, 확실히 이런 부분이 사회에 중요하게 생각하고 있다는 느낌이 든다.

즈마신용의 웹사이트

마이뱅크

2015년에 설립된 알리바바 계열의 온라인 은행으로 영세 사업자나 농가에 대한 융자에 초점을 맞추고 있으며 앞서 설명한 세서미신용 개념이 도입되어 있다. 사용자가 스마트폰 앱이나 인터넷으로 대출 신청서를 제출하면 컴퓨터가 즉석에서 대출 가능 여부를 판단하고 몇 분 이내에 알리페이 계정에 송금되는 구조로 당일에도 소액 대출이 가능하다. 텐센트도 위뱅크라는 유사한 은행 영업을 개시했는데, 신용점수를 활용한 소액 대출은 앞으로 관심을 가지고 지켜볼 만한 분야다.

쿨리안

마켓 트렌드 상세 해설에서 중국의 가상화폐와 블록체인 기업은 규제로 인해 성장세가 일제히 주춤한 상태라고 설명했는데, 개별적으로 살펴보면 견실한 스타트업도 등장하고 있다. 쿨리안이 그런 곳 중 하나인데, 창업한 지 불과 2년 만에 시리즈B(본격적인 제품 생산과 인재 채용 자금 조달을 위한 투자 유치 단계 – 옮긴이) 단계로 접어들어서 1억 5,000만 위안(약 2,500억 원)의 투자금을 유치해 머지않아 유니콘 대열에 합류할 것이 틀림없다는 말이 나오는 기업이다.

쿨리안은 리플과 마찬가지로 기업용 블록체인 솔루션과 플랫폼을 지향하고 있으며 이미 미국 대기업과 업무 제휴를 맺고 블록체인 활용과 관련된 공동 연구를 진행하고 있다. 한편 쿨리안은 항저우에 거점을 두고 있는데, 항저우는 현재 베이징과 상하이 다음으로 유니콘 기업이 많은 도시다. 스타트업의 메카로서 항저우의 위상이 점차 올라가고 있으며 항저우 정부도 블록체인 분야에서 중국 내 1위가 되겠다고 공언하고 있어 앞으로의 행보가 주목된다.

중국 핀테크의 급성장과 문제점이 우리에게 시사하는 바

이번 장의 마지막에서는 모바일 결제 등의 핀테크 서비스가 일본보다 훨씬 보급된 중국 시장의 특징과 전망에 관해 요시카와 에미 씨에게 물었다.

시바타 먼저 질문하고 싶은 것은 중국에서 왜 모바일 결제가 이렇게까지 단기간에 확산되었나 하는 점입니다.

에미 후발주자였던 위챗페이가 절대적인 강자였던 알리페이를 따라잡을 수 있었던 이유를 분석해보면, 짧은 시간에 빠르게 확산되는 문화적 배경 같은 것이 보입니다. 중국에는 홍바오紅包라고 해서 우리나라의 세뱃돈 비슷한 풍습이 있는데요. 우리나라와 다른 점은 1년에 한 번만 받는 게 아니라 여러 가지 상황에서 서로 돈을 건넨다는 데 있습니다. 위챗은 이 풍습에 주목해 '친구나 가족에게 위챗페이로 홍바오를 보내자' 같은 식의 일대 캠페인을 펼치고 있었습니다. 더구나 이 캠페인에서는 위챗페이를 쓰지 않는 사용자한테도 돈을 보낼 수 있게 되어 있는데, 그로 인해 입소문을 타고 확산되었다는 인상을 받았습니다. 이런 시도는 문화로부터 기인한 형태라 매우 흥미롭다고 생각했습니다.

시바타 위챗페이와 알리페이가 치열하게 경쟁하고 있는데, 앞으로는 어떻게 전개될까요? 알리페이는 즈마신용의 보급과 맞물려 예전의 점유율을 회복하고 있다는 이야기도 있습니다.

에미 그렇지요. 위챗페이는 메신저를 기반으로 하고 있어서 결제 서비스로 들어가는 장벽이 매우 낮다는 것이 강점입니다. 다만 B2C나 C2B 상거래가 얽혀 있는 영역에서는 알리페이보다 경쟁력이 떨어지는 것이 사실입니다. 최근 알리페이는 이 점을 파고들어서 영세사업자나 중소상공인을 위한 대출 서비스 등에도 엄청나게 공을 들이고 있습니다. 위챗페이도 중소기업용 서비스에 진출하려고 하지만, 이 영역은 알리페이가 압도적으로 강합니다.

시바타 그렇다면 다음 질문입니다. 알리바바, 텐센트를 쫓는 제3의 세력으로서 핑안보험의 기세가 대단하다는 이야기가 있었는데요. 핑안보험의 대단한 점은 무엇일까요? 일본으로 치면 일본생명보험 같은 기업이 핀테크 분야에서 두각을 나타내는 듯한 이미지인데, 이런 일이 잘 와닿지는 않습니다.

에미 개인적으로 핑안보험 그룹의 기술팀이 정말 대단하다고 생각합니다. 그룹 전체의 공통 기술 플랫폼을 개발하는 핑안테크놀로지라는 회사 외에 최근에는 원커넥트라는 회사를 분사시켜 중소 금융기관을 대상으로 금융 서비스의 백엔드 솔루션을 제공하는 사업을 진행하고 있습니다. 중국에는 중소 금융기관이 수천 곳이나 되니 그런 부분도 놓치지 않고 공략하는 점이 대단하다고 생각합니다.

요시카와 또 핑안 굿닥터의 급성장을 살펴보면, 일본 기업이 잘 빠지는 소위 PoC 선호증후군하고는 확실히 결이 다른 듯합니다. 좋고 나쁘고를 차치하고서 일단 중국 기업은 PoC라는 개념이 거의 없어서 1만 명 혹은 10만 명을 대상으로 한 서비스를 별다른 준비 없이 전개합니다. 일본의 PoC에 익숙해져 있는 사람 입장에서 보면 대단히 과격한 방식으로 느껴질지도 모르겠는데, 설령 불만이 발생해도 속도를 중시하기 때문에 1만 대, 10만 대씩 단말기를 판매하면서 동시에 문제를 개선해 나갑니다. 보험과 IT, 단말기 간의 제휴는 인슈어테크 다음에 펼쳐질 분야일 테니, 그보다 앞서 경험치를 쌓는다는 점에서는 매우 흥미로운 회사 같습니다.

시바타 그렇다면 마지막 질문입니다. ICO와 가상화폐 거래소에 대한 규제가 강화됨으로써 중국의 향후 핀테크 시장은 어떻게 될까요?

요시카와 개인적인 인상이지만 관련 기술은 지금도 꾸준히 연구가 이루어지고 있는 것 같습니다. 지금까지는 사기나 다름없는 서비스들이 많아 정부로서도 규제를 할 수밖에 없는 상황이었지만, 그래도 기술이 제대로 따라온다면 재승부가 펼쳐지지 않을까요? 그러니 시장을 규제하면서도 우수한 기술을 개발하는 스타트업은 계속 주목해야 한다고 봅니다.

에미 말씀하신 대로 중국은 매우 진지하게 기술의 최신 동향을 주시하고 있습니다. 예를 들면, 중국인민은행 임원이나 금융기관의 수장들이 실리콘밸리 핀테크 기업에 견학을 오기도 합니다. 리플에서도 견학하러 왔습니다.

요시카와 중국의 핀테크 비즈니스에 관해 조금 더 보충하자면, 앞으로 지방 도시들은 어떤 방향으로 가야 할까 하는 문제도 직시해야 합니다. 베이징과 상하이, 홍콩, 항저우, 선전 같은 대도시에서는 정말 훌륭한 관련 스타트업들이 탄생해 다양한 핀테크 서비스를 보급하고 있습니다. 하지만 지방 도시는 이런 흐름을 전혀 따라잡지 못하고 있지요. 지방 경제도 성장하고 있는데, 지방에는 은행계좌조차 만들 줄 모르는 사람이 여전히 많습니다. 이 문제를 해결하기 위해 지방 사람들은 열심히 공부하고 있고, 지방 정부도 국가의 성장 속도를 따라잡아야 한다며 의욕을 보이고 있습니다. 일본과 달리 중국의 지방 도시에는 500만 명, 1,000만 명이나 되는 인구가 살고 있습니다. 이 문제는 상식적인 해법을 적용해서는 해결이 안 됩니다. 혹시라도 해결할 수 있다면, 완전히 독창적인 핀테크 비즈니스가 생겨날지도 모릅니다. 그런 견해를 가지고 앞으로의 변화를 주시한다면 흥미롭겠네요.

04

유통·소매

Retail

월마트 같은 대기업도 사활을 걸고 디지털 활용에 뛰어듦
아마존고로 상징되는 새로운 구매경험의 창조

Silicon Valley

다바타 류야
J. 프론트 리테일링
경영전략총괄부 경영기획부

2011년 다이마루 마쓰자카야 백화점에 입사. 다이마루 삿포로점에서 와인 어드바이저, 소믈리에로 일하다가 2014년부터 자회사인 J. 프론트 리테일링의 IT 신규사업 개발실에서 근무하고 있다. 이후로 소매와 관련된 IT 신규사업을 담당하고 있다. 2017년부터는 경영전략총괄 경영기획부 소속으로 미국과 일본을 오가면서 정보수집과 사업개발 업무를 맡고 있다. 메이지대학에서 경영학 석사, 말레이시아공과대학에서 경영공학 석사를 취득했다.

산업 전반에 저변이 넓고 역사 또한 오래된 유통업계. 그 오랜 역사에서 유통업체의 주요 격전지는 사람을 직접 상대하는 오프라인 매장이었다. 최근에는 전자상거래 서비스 보급 등을 이유로 판매 방식에도 변화가 생겨나고 있었는데, 실리콘밸리와 중국의 첨단 기업은 한 발자국 더 앞서 가고 있다. 오프라인·온라인의 울타리를 걷어내면서 데이터와 기술력을 활용해 비즈니스의 방식을 크게 바꾸고 있다. 그 최첨단을 여기서 소개한다.

알리바바가 내놓은 신소매 구상의 향방
무인편의점과 QR코드 결제 등 모바일 기반으로 진화

다키자와 요리코
주식회사 링크
경영·마케팅·채용 홍보·총무

대학 졸업 후 비비트beBit에 입사해 웹서비스 등을 활용한 디지털 마케팅을 중심으로 한 컨설팅 업무에 종사했다. 비비트의 상하이 지사 설립을 준비하기 위해 반 년간 중국에 주재했다. 2017년 상하이에 있는 디지털 마케팅 회사로 이직하면서부터 중국의 최첨단 디지털 업체들을 탐방하면서 블로그 '다키의 차이나는 블로그'를 개설해 정보를 공유하기 시작했다. 2018년 일본으로 돌아와 링크라는 스타트업에서 외국인을 대상으로 유학부터 취업까지 해외생활 전반을 지원하는 사업을 진행하고 있다.

Silicon Valley

현재 유통 기업은 기존의 판매 방식으로 살아남는 것조차 어려워지고 있다. 그래서 고객 접점부터 판매 전략까지 ICT기술을 활용해 모든 것을 바꾸어가고 있다.

투자액

$19억 9,400만

2017년 전 세계 유통에 대한 총 투자액은 약 19억 4,000만 달러.
CB인사이트 조사에 의하면, 2017년 이 분야 총 투자액이 19억 4,000만 달러 규모에 달해 사상 최고를 기록했다. 배경에는 테크놀로지를 구사하는 새로운 유통 참여자의 대두가 있다.

전자상거래 산업

D2C

생산자와 소비자가 직접 이어지는 새로운 업태 D2C가 대두.
D2C란 Direct to Consumer의 약자로 생산자가 제품을 인터넷상에서 직판 또는 직영점에서만 판매하는 업태를 뜻한다. 이미 유니콘에 진입한 기업도 있다.

인수·제휴

스타트업과 제휴

스타트업과의 제휴하는 대기업들
미국의 소매업계에서는 2015년부터 2018년까지 40건 가까운 대규모 도산이 발생했다. 이로 인해 기존 업계 관계자들은 집객·판매 전략을 쇄신하는 기술을 추구하기 시작했다.

구매 경험

융합 전략

온라인과 오프라인의 융합 전략이 성장의 관건
지금까지 오프라인 매장에서 격전을 벌여온 소매기업들은 ICT기술을 활용해 판매전략을 강화하고 전자상거래 업체들은 오프라인 매장의 구매 경험에 혁신을 일으키고 있다.

China

세계 1위의 인구수를 자랑하는 중국은 모든 유통업체들이 군침을 흘리는 시장이다. 게다가 새로운 것을 좋아하는 국민성까지 더해져 혁신적인 기술을 활용한 판매 방법이 빠르게 확산되고 있다.

시장 규모

760조 원

2018년 중국의 디지털 시장은 약 760조 원 규모

디지털 시장은 전자상거래와 여행, 미디어를 더한 시장을 말한다. 2017년 독일 스타티스타의 조사에 의하면, 중국은 곧 미국을 제치고 디지털 시장에서 세계 1위가 될 전망이다.

전자상거래 산업

가장 돈 잘 버는

전 세계 시장에서 가장 돈을 잘 버는 중국계 전자상거래 기업

2018년 시점에 해외 전자상거래 매출점유율은 상위 3위까지가 모두 중국 업체이며 C2C 마켓플레이스 총 유통액은 타오바오가 세계 1위이다. 타오바오는 중국은 물론 세계를 석권하고 있다.

투자액

무인점포

2017년 무인점포 총 투자액은 1억 4,000만 달러를 넘어서

CB인사이트 조사에 의하면, 중국에서는 접객과 계산 업무를 하는 점원이 따로 없는 무인점포가 급증하고 있으며 이 분야와 관련된 스타트업에 대한 투자도 활기를 띠고 있다.

구매 경험

QR코드 결제

소규모 점포에서도 QR코드 결제가 보급

무인점포 운영을 뒷받침하는 중요한 기술이 바로 온라인 결제다. 중국에서는 QR코드식 결제가 널리 보급되어, 캐시리스화가 점차 진행되고 있다.

새로운 업태의 확산과 대기업의 고전, 관건은 ICT 활용

새로운 기술이 등장하면 그것들을 구사하는 신흥 기업이 기존 업체를 쓰러뜨리는 이른바 '다윗이 골리앗을 잡는 일'이 흔히 발생한다. 유통 업계도 예외는 아니다. 특히 최근에는 관련 기술을 보유한 스타트업이 주목을 받는 한편, 전통적인 유통시장을 장악해온, 이른바 대기업들이 곤경에 빠지는 사례가 자주 눈에 띈다. 이런 흐름 속에서 유통과 ICT기술의 융합은 업계의 지형을 어떻게 바꿀 것인가? 다이마루와 마쓰자카야 백화점, 파르코 등을 운영하는 J. 프론트 리테일링에서 테크놀로지 스타트업들의 동향과 관련 신규사업 안건을 담당하는 다바타 류야 씨에게 전체적인 트렌드를 물었다.

총 투자액이 증가, 기존 유통기업들의 잇따른 도산

유통 분야 트렌드에 관해 CB인사이트는 매우 흥미로운 데이터 세 가지를 공표했다. 먼저 전 세계 유통 기업들에 대한 투자액 추이부터 살펴보자. 2013년까지는 연간 투자액이 총 5억 달러에도 못미쳤는데, 2014년부터는 투자액이 급격하게 늘어나더니 2017년에는 연간 총 투자액이 19억 4,000만 달러를 기록했다. 이제까지 가장 큰 규모의 투자액이며 투자 대상도 300건에 육박할 정도로 크게 증가했다. 뒤에서 다시 소개하겠지만 ICT기술을 구사하는 새로운 유통

유통 기업에 대한 전 세계 총 투자액 추이(2013년~2018년 / 2018년은 추산)

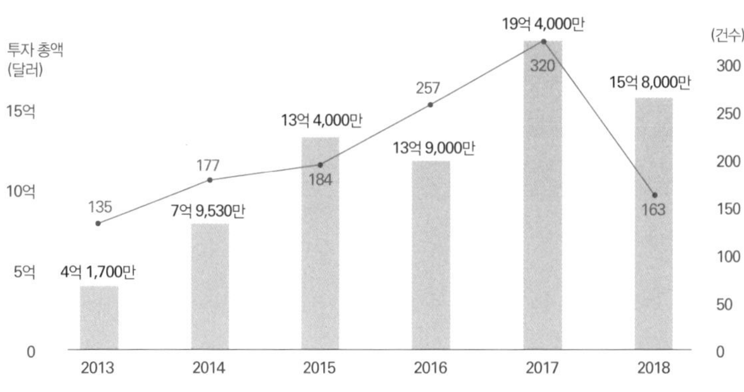

출처: CB 인사이트

업체의 대두가 배경이라고 할 수 있다.

한편 CB인사이트의 다른 조사를 살펴보면, 미국에서 2015년부터 2018년 1분기까지 파산한 도소매·소비재 유통업체는 어느 정도 인지도가 있는 기업만 해도 40건 가까이에 된다. 일본과 한국까지 진출했던 미국의 완구 양판점 토이저러스는 2017년 9월에 미국 연방법원에 파산을 신청했고, 이듬해 미국 전역의 매장을 폐쇄했다. 아메리칸 어패럴 등 한때 미국 의류 제조사를 대표했던 유명 브랜드도 파산이라는 쓰라린 아픔을 겪었다.

전통적인 소매업체들의 파산이 늘어난 원인 중 하나는 전자상거래와 스마트폰 앱 외에도 집객부터 판매까지 관련된 각종 최신 기술들에 적절히 대응하지 못했기 때문이다. CB인사이트는 도소매·

소비재 유통기업이 '각사의 결산보고에서 AI와 기계학습, 이미지 인식 같은 최신 기술의 활용에 관해 언제 언급했는가?'를 조사했는데, 결과는 명확하게 전자상거래와 기존 소매기업으로 갈렸다. 미국의 경매 사이트 이베이는 2015년 3분기, 수공예용품 마켓플레이스 엣시는 2016년 2분기로 비교적 이른 시기에 관련 이슈를 다룬 반면, 의류업체 갭과 잡화 체인점인 베드배스 앤드 비욘드, 사무용품 판매점인오피스디포 같은 대기업들은 모두 2017년 하반기가 지나서야 겨우 언급되기 시작했다고 한다.

조사결과를 종합해보면 소매·소비재 시장을 바꾸려 하는 신흥 업체들은 관련 투자를 늘리고 있지만, 오프라인 매장이 매출의 중심인 기존 대기업들은 최신 기술에 대한 대응에 뒤처져 있다. 그리고 그마저도 고민하지 않는 기업은 도산 위험성이 커지고 있다는 뜻이다.

새로운 업태로 대두되는 D2C

그렇다면 현재 증가하고 있는 투자의 행선지는 어디일까? 몇 가지 분야가 주목받는 가운데 특히 최근에 활기를 띠고 있는 분야가 바로 D2C다. D2C는 자사 제품을 인터넷에서 직접 팔거나, 또는 직영점에서만 파는 새로운 업태로 SPA(speciality store retailer of private label apparel의 약어로 상품 기획·제조부터 판매에 이르는 모든 과정을 직접 맡는 '제조 소매업'을 뜻함)가 진화한 모델 중 하나다. 양판점과 같은 판매업자를 거치지 않으니 좋은 품질을 유지하면서도 가격을 저렴하게 낮출 수 있다. D2C 참여자는 먼저 온라인 판매만으로 시작했다가 어느 정도 브랜드가 확립된 뒤에는 직영점을 내는 유형이 많다. 또 상품의 판매 방법은 정액제 구독 서비스를 제공하는 등 매우 인터넷적인 방식을 도입하고 있다. 자세한 내용은 이후 주요 참여자 부분에서 소개할 텐데, 눈 깜짝할 새 유니콘으로 성장한 기업과 대기업에 거액으로 인수된 D2C 브랜드의 예를 확인할 수 있다.

대기업이 스타트업과 제휴를 서두르는 이유

그 밖의 투자처는 새로운 고객 접점과 새로운 구매 경험을 만들어내는 기술을 보유한 스타트업이다. 이 기업들은 벤처캐피털처럼 투자를 생업으로 하는 사람들로부터 주목받고 있을 뿐만 아니라 기존의 대기업 소매 참여자로부터 출자를 받는 경우도 많다. 최근에는 ICT기술 환경에 적절히 대응하지 못하고 파산하거나 곤경에 빠지는 경우도 있다고 앞서 설명했다. 그래서 대기업들은 유망 스타트업과 협업함으로써 첨단 기술을 도입하려는 것이다.

예를 들면 화장품과 향수 등의 뷰티 브랜드를 가지고 있는 미국 기업 에스티로더는 AI 스타트업 애피어와 다이나믹 일드 등과 협업해서 고객 이해를 위한 빅데이터 분석과 온라인 판매의 개인 맞춤화를 진행하고 있다. 사실 J. 프론트 리테일링에서 근무하는 다바타 씨가 실리콘밸리에 와서 근무하고 있는 이유도 유력한 협력업체를

많은 소매·소비재 기업과 협업하는 애피어

AI기반 분석 플랫폼을 제공하는 애피어는 일본에서도 사업을 시작했다(애피어의 웹사이트에서)

찾기 위함이다.

소매업의 역사를 잠깐 되돌아보면, 백화점과 종합소매점GMS, General merchandise store 중에는 15~20년 전까지만 해도 다른 업계의 기업들보다 앞서 ICT기술을 활용했던 기업이 적지 않다. 고객관계관리CRM, customer relationship management 시스템과 판매시점정보관리POS, point-of-sales 시스템을 자체적으로 구축해 자본이 적은 기업에 비해 경쟁 우위를 확보하고 있었다. 하지만 그렇게 구축한 시스템이 시간이 지남에 따라 오히려 족쇄가 되어 D2C 기업, 혹은 아마존으로 대표되는 전자상거래 기업과 비교했을 때 근대적인 인터넷 에코시스템에서 한참 뒤처지고 말았다. 그래서 실리콘밸리의 스타트업 같은 첨단 테크놀로지를 보유한 기업과 협력함으로써 IT 전략을 업데이트하고 싶은 것이다.

앞으로의 유통은 '경험'의 혁신이 중요

이런 시도가 계속 진행된다면 업계 전반에 고객 접점과 판매 방식이 지금보다 훨씬 더 다양해질 것이다. 또 온라인이든 오프라인이든, '경험'이라는 키워드가 향후 소매업에서 매우 중요해질 것으로 본다. D2C 기업이 어느 정도 성장한 다음에는 오프라인에 매장형 직영점을 내는 것도 이런 이유 때문이다.

참고로 전자상거래를 비롯한 온라인 소매에서는 이미 이런 경향이 뚜렷이 나타나기 시작했다. 앞서 핀테크·가상화폐 장에서도 다루었던 트렌드 예측 보고서 〈인터넷 트렌드 보고서 2018〉을 살펴보면 모바일 앱 카테고리별 성장률에서 처음으로 '쇼핑'이 1위가 된 것을 볼 수 있다. 지금까지 가장 인기가 많은 앱은 미디어나 게임이었는데, 쇼핑 앱이 그것들을 웃돌 정도로 사용자가 증가했다는 것은 커다란 전환점으로 볼 수 있다. 그리고 선진적인 유통 기업은 이미 다음 고객 접점을 모색하기 시작했다. 앞으로 스마트폰의 뒤를 잇는 고객 접점은 무엇이 될 것인가? 예를 들면 가상현실이나 스마트 스피커가 새로운 인터페이스가 될지도 모른다는 생각에 여러 업체들이 시행착오를 거듭하며 연구에 나서고 있다.

시장 확대의 이면에 있는, 새로운 구매 경험을 추구하는 기업의 노력

중국의 마켓 트렌드를 파악하는 데 꼭 염두해두어야 할 것은 많은 인구수다. 세계은행의 조사에 따르면, 2016년 중국 인구는 약 13억 8,000만 명이었다. 유통 기업 입장에서는 그야말로 초거대시장이다. 이 분야에서는 어떤 변화가 일어나고 있는지, 상하이를 중심으로 중국의 디지털 업체들의 정보를 공유하는 '다키의 차이나는 블로그' 운영으로 잘 알려진 다키자와 요리코 씨에게 이야기를 들어보았다.

디지털 마켓 세계 1위의 이유는 사용 편의성이 좋아서?

먼저 소매·소비재에서의 중국 시장 규모를 보여주는 데이터를 몇 가지 소개한다. 시장조사 미디어 독일의 스타티스타는 〈중국은 2018년까지 세계 최대의 디지털 시장이 될 것이다China Will Be the World's Largest Digital Market by 2018〉라는 기사에서 B2C 디지털 시장의 예상 매출을 게재했다. 여기서 말하는 디지털 시장이란 전자상거래, 여행, 미디어를 합친 시장인데, 2018년에는 중국 시장 매출이 연간 약 7,650억 달러에 달할 것으로 전망했다. 그전까지 1위였던 미국 시장을 제치고 2019년에는 약 9,000억 달러 규모로 성장할 것이라고 예상했다.

미국·유럽·중국의 디지털 마켓 매출 추이(2016년~2019년 / 2018년 이후는 예측치)

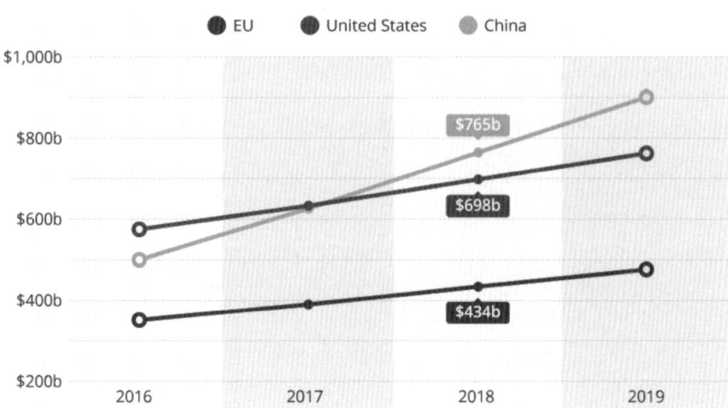

출처: 독일 스타티스타

이런 시장 규모의 배경에는 당연히 인구가 많다는 점이 작용했지만 개인적으로는 그것이 전부는 아니라고 보고 있다. 중국의 주요 전자상거래 서비스는 구매 경험을 매우 중시하는 것처럼 느껴지기 때문이다. 예를 들면 알리바바 그룹의 C2C 마켓플레이스오픈마켓 서비스인 타오바오는 스마트폰 앱으로 상품을 검색하면 결과 리스트 페이지에 알리바바 그룹이 운영하는 B2C 마켓플레이스와 티몰의 상품도 병렬 표시된다. 일본으로 치면 야후 쇼핑과 야후 옥션을 동시에 검색할 수 있는 형태다. 게다가 문의도 채팅으로 곧장 가능하다. 주문한 상품을 빨리 받아봐야 할 때는 '언제 도착해요?'라고 편하게 물어볼 수 있고, '기기를 이 단자에 연결해서 쓸 수 있어요?'와 같이

제품 사양에 관한 것도 실시간 채팅으로 확인할 수 있다. 일본에서는 문의에 대한 답변을 받는 데 영업일 기준으로 하루에서 사흘 정도 걸릴 때도 있는데, 10~20초 만에 답변을 받을 수 있어서 매우 편리하다. 배송 속도가 빠르고 뭐든지 살 수 있어서 나도 상하이에 거주할 때는 자주 이용했다.

국경 간 전자상거래와 오픈마켓 시장에서도 세계 1위로

이런 중국계 전자상거래 업체의 기세를 짐작해볼 수 있는 다른 데이터도 있다. 중국 모바일 인터넷 연구 조직인 아이미디어 리서치의 〈국경 간 전자상거래 플랫폼의 시장점유율Market Share of Cross-border E-commerce Platforms〉이라는 조사를 살펴보면, 국가 간 전자상거래에서도 중국 기업이 강세를 보인다는 결과가 나와 있다.

국가 간 전자상거래란, 이른바 크로스보더 전자상거래를 뜻하는 것으로 해외 상품을 직접 구매하는 플랫폼을 가리킨다. 이 부문에서의 2017년 4분기 매출 점유율을 살펴보면, 상위 3개 업체가 모두 중국 기업이었다. 티몰이 27.6%로 1위, 넷이즈가 운영하는 카오라가 20.5%로 2위, JD가 13.8%로 그 뒤를 따랐다. 이 조사에 따르면 세계적인 전자상거래 업체 아마존마저 점유율이 9.1%에 불과해 다들 생각하는 것 이상으로 중국의 국가 간 전자상거래가 강세를 보인다는 것을 알 수 있다.

계속해서 메루카리의 약진으로 일본에서도 새삼 주목받게 된

C2C 마켓플레이스오픈마켓 앱 서비스의 동향을 살펴보자. 일본 국내외 전자상거래 업체를 조사·컨설팅하고 있는 엠파워숍의 블로그 미디어 e커머스 컨버전 랩이 2018년 6월에 발표한 〈2017년 전자상거래 총 유통액 순위〉에 따르면, 전 세계 C2C 마켓플레이스의 총 유통액 순위에서 압도적인 1위를 차지한 곳은 약 430조 원을 기록한 타오바오였다. 이어서 이베이가 약 90조 원으로 2위를 차지했다. 일본에서 가장 높은 총 유통액을 기록한 야후 옥션이 9조 3,460억 원에 머무는 것만 보더라도 알리바바 그룹이 얼마나 대단한 규모인지 짐작할 수 있다.

이런 정보가 일본에서는 그다지 큰 뉴스거리가 되지 않는 듯한 인상이다. 아마존이나 이베이와 관련된 이슈는 자주 기사화되는데, 알리바바 그룹이 이만큼 압도적이라는 사실은 그다지 알려지지 않았다. 소매업계에서는 이제 중국, 특히 알리바바의 동향을 간과할 수 없는 상황이다.

급증하는 무인점포에 대한 투자

지금까지 온라인 소매 트렌드를 소개했는데, 중국에서는 무인편의점을 비롯한 오프라인 매장에 의한 소매도 빠른 속도로 진화하고 있다. CB인사이트의 조사에 따르면, 중국의 무인점포 관련 기업에 대한 총 투자액이 2017년 1억 4,000만 달러를 넘어 사상 최고액을 기록했다. 2016년 투자액이 500만 달러 전후였으니, 1년 사이에 투

중국의 무인 매장 관련 기업에 대한 투자액 추이

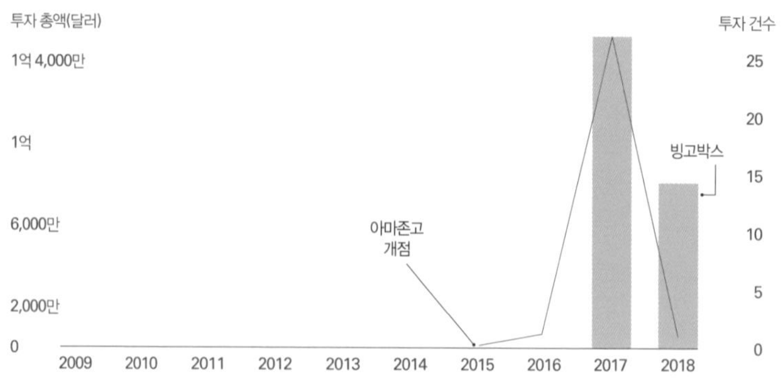

출처: 미국 CB 인사이트.

자액이 갑자기 1,000억 원 가까이 늘어난 셈이다.

CB인사이트는 그 배경에 2018년 1월 아마존이 오픈한 무인편의점 아마존고가 있다고 분석한다. 아마존이 무인점포 구상을 발표한 시기가 2015년, 아마존 사내에 실험용 매장이 만들어진 때가 2016년 12월이었으니 아마존을 따라잡고 앞질러 가기 위해 단번에 대규모 투자가 진행되었다고 볼 수 있다.

QR코드 결제로 진행되는 캐시리스화

이런 무인점포를 떠받치는 핵심 기술, QR코드 결제가 중국의 여러 도시를 중심으로 빠르게 보급되고 있다. 중국에서 생활했던 2017~2018년까지, 적어도 상하이에서는 거의 현금을 사용하지 않

상하이에 있는 작은 커피숍

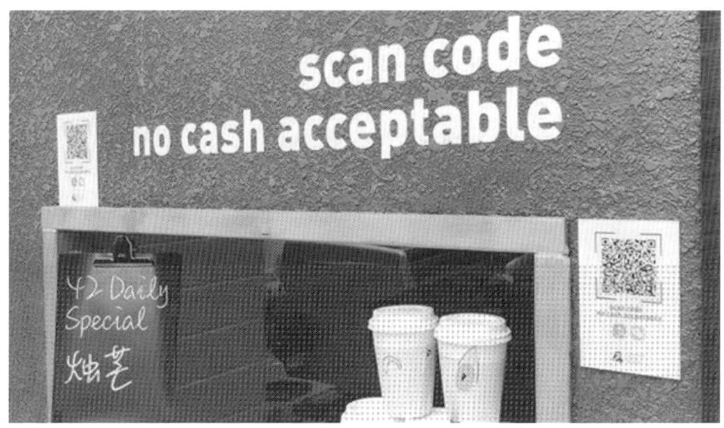

가게 벽에 적힌 '현금 결제 불가' 안내문(다키자와 씨의 '다키의 차이나는 블로그'에서).

고 생활할 수 있었다. 할머니가 혼자 운영하는 작은 점포에서도 QR코드가 붙어 있었다. 심지어 절에서 향을 살 때도 QR코드로 결제가 가능했다. 최근에는 '현금결제 불가'라고 적힌 가게까지 등장했으니, 이제는 스마트폰만 있다면 지갑이 필요 없는 상황이 된 것이다. 스마트폰 도둑맞거나 배터리가 방전되면 곤란해지니까 비상금으로 현금 약간만 들고 외출하는 식으로 바뀌고 있다.

참고로 상하이에서는 대부분의 점포에서 알리페이와 위챗페이 양쪽 모두를 사용할 수 있게 되어 있다. 앞서 살펴보았던 것처럼 소개한 양대산맥의 스마트 결제 시스템의 대결 양상은 당분간 계속될 것 같다.

Silicon Valley

이베이와 아마존 등 거대 전자상거래 기업을 배출해온 미국 서부 지역. 이 지역의 IT기업들은 기존의 유통 업계에도 변화의 바람을 불어넣고 있다.

Amazon Go

아마존고를 비롯해 잇달아 새로운 패러다임을 보여주는 아마존

일본에서도 해마다 영향력을 강화하고 있는 아마존은 얻은 이익의 상당 부분을 새로운 혁신 창출에 쏟아붓고 있다. 무인편의점 아마존고가 그 대표적인 예라고 할 수 있다.

Warby Parker & Bonobos

D2C 열풍에 불을 지핀 와비 파커와 보노보스

안경브랜드 와비 파커와 남성 의류 브랜드 보노보스는 소매업계에 새로운 판매 방식을 확산시킨 기업으로 알려져 있다.

Walmart

연구소 설립과 다른 업종과의 제휴를 통해 디지털 기업으로의 변모를 시도하는 월마트

어려운 경영 상황에 놓인 기존 소매업체 가운데 전통의 슈퍼마켓 체인 기업 월마트는 온라인 정책을 강화해 생존을 도모하고 있다.

Nike

나이키는 새로운 구매 경험을 만들어내는 IT 융합형 매장을 오픈

소매기업이 ICT를 활용하려면 현장사원도 쉽게 사용할 수 있는 시스템 설계가 필요한데, 나이키는 이 문제를 능숙하게 해결하면서 새로운 소매를 구현했다.

China

다른 분야와 마찬가지로 중국 기업은 소매업계에도 독창적인 비즈니스를 연달아 만들어내고 있다. 그 중심에 알리바바가 있다.

Alibaba

신소매 구상을 구체화하기 시작한 알리바바

전자상거래 기업으로 출발해 온라인과 오프라인을 융합시킨 소매기업으로 변모하려는 알리바바. 가전양판점과 슈퍼마켓 체인에 대한 출자를 서두르고 있다.

Tmall

티몰은 상하이에서 자동차 자판기를 개시

알리바바 그룹의 티몰은 같은 알리바바 그룹 산하 세서미신용을 활용해 손쉽게 자동차를 살 수 있게 했다.

BingoBox

빙고박스를 비롯한 무인점포 업체들의 확산과 보급

중국에서만 5,000개 이상의 출점 계획을 내놓을 정도로 성장한 빙고박스를 비롯한 중국 내외의 많은 기업이 이 분야에 진출하고 있다. 차이점은 결제 방식이다.

생활 스타일 제안형 직영점을 늘리는 샤오미

샤오미는 스마트폰 제조사로 알려져 있지만, 종합 가전제품을 만드는 기업이다. 그런데 가전제품을 만드는 기업이라고는 생각할 수 없을 만큼 판매 전략을 중시한다.

온라인과 오프라인의 융합 전략을 추진하는 주목 기업

고객 접점과 판매 방법에 혁신을 주도하며 움직이는 기업들이 늘어나고 있는 유통 업계에서는 처음부터 진화를 선취했던 IT기업뿐만 아니라 기존의 대형업체들도 사활을 걸고 새로운 시도에 나서고 있다. 여기서는 기업 규모가 아니라 선도적인 기업의 움직임을 중심으로 소개한다.

아마존이 시작한 대형 인수극

처음으로 소개할 곳은 이제 세계적인 전자상거래 기업으로 성장한 아마존이다. 2018년 9월, 시가총액 1조 달러를 돌파한 아마존은 온라인뿐만 아니라 오프라인에서도 적극적인 행보를 이어가고 있다. 그중에서도 지난 1~2년 사이에 커다란 화젯거리가 된 세 가지 움직임을 소개한다.

첫 번째는 2017년 미국의 고급 슈퍼마켓 체인 홀푸드마켓을 인수한 건이다. 137억 달러의 어마어마한 인수 금액으로 화제가 되었다. 이로서 미국에서는 홀푸드에서 유통되는 신선식품이 아마존프라임 나우에서 동일하게 판매되고, 아마존 프라임회원이라면 2시간 이내에 홀푸드 상품을 집에서 받아볼 수 있게 되었다.

두 번째는 2018년 6월 온라인 약국 필팩을 10억 달러에 인수한 것이다. 이로써 아마존은 의약품 분야에도 진출하게 되었는데 파급력이 매우 큰 인수였다. 왜냐하면 미국은 의료비가 워낙 비싸다 보니 병원에 가서 약을 처방받기가 어려운 사람도 많기 때문이다. 그래서 처방전 없이 살 수 있는 일반의약품에 많이 의존하는데 아마존에서 약을 살 수 있으면 훨씬 편리하기 때문이다. 게다가 하루에도 먹어야 할 약이 여러 가지인 사람을 대상으로 먹을 약을 1회분씩 나누어 담아 배송하는 서비스도 시작했다.

아마존고로 살펴보는 리테일의 미래

그리고 마지막 세 번째가 2018년 1월 시애틀에서 1호점을 개업한 무인편의점 아마존고다. 결제구조를 간단히 살펴보면 먼저 매장에 들어가기 전에 전용 앱을 다운로드 받고 입구에 있는 코드판독 게이트에 QR코드를 스캔하고 통과한다. 그리고는 상품을 골라 장바구니에 담아가면 끝이다. 매장 곳곳에 설치된 카메라와 센서가 장바구니에 누가 무슨 상품을 넣었는지 감지해 매장을 나갈 때 자동으로 결제가 이루어지는 것이다.

나는 친구와 함께 아마존고 1호점을 둘러보러 갔는데 감탄하지 않을 수 없었다. 물건을 사고 계산대를 통과할 필요가 없다는 것이 이리도 기분 좋은 일이었나 싶어 놀랐던 기억이 아직도 생생하다. 매장을 안내하던 아마존 직원은 "뭐든지 마음껏 테스트해 보세요"라고 말했다. 카메라에 찍히지 않게끔 얼굴을 가린 채 상품 꺼내

아마존고 1호점

▲ 매장의 외관

▼ 천장에는 방대한 수의 카메라와 센서가 설치되어 있다(촬영: 다바타 류야).

기, 손을 가방으로 숨긴 채 상품 꺼내기, 똑같은 초콜릿을 2개 겹쳐서 가방에 넣기 등 여러 가지를 테스트해봤는데 매장을 나왔을 때는 구입한 것이 정확히 계산되어 있었다. 카메라와 센서의 정확도가 이렇게까지 높다면 이제 물건을 훔쳐가기는 불가능해 보였다. '다른 사람에게 상품을 건네주는 것 금지', '상품 보충용 카트에서 상품 꺼내는 것 금지'라는 두 가지 규칙만 지킨다면 나머지는 완벽해 보였다.

게다가 매장 내 카메라와 센서는 모두 기성품을 사용하고 있다고 한다. 시스템 개발과 설치 비용이 고려된 것이다. 그렇지만 아마존고 1호점만 해도 수천 개의 카메라와 센서가 설치되어 있었다. 함께 둘러봤던 엔지니어 친구가 귓띔해준 바에 따르면 '서버와 CGU 등의 설비 비용과 전용 알고리즘을 개발한 엔지니어 인건비 등을 전부 포함하면 아마존고 매장을 하나 만드는 데 드는 비용이 적게는 1,000억 원에서 많게는 1조 원 단위의 설비투자가 필요할 것'이라고 예측했다. 현재로서는 아르바이트를 고용하는 편이 훨씬 경제적일 것이다. 그러나 아마존의 뛰어난 운영능력을 감안한다면, 조만간 비용을 획기적으로 줄이는 방법을 찾아낼 것으로 전망한다.

D2C 참여자의 성공 사례와 성장 전략

다음에 소개할 곳은 마켓 트렌드 해설에서 주목할 만한, 새로운 업태로 꼽았던 D2C 기업이다. 아직 규모가 작은 기업까지 포함한다면 상당히 많은 D2C 기업들이 생겨나고 있는데, 그중에서 커다란 성공을 거둔 기업은 미국의 안경 브랜드 와비 파커와 남성의류 브랜드인 미국의 보노보스다.

2010년 뉴욕에서 사업을 시작한 와비 파커는 패셔너블하면서도 저렴한 안경을 판매해 인기를 끌었고 멋지게 유니콘기업 대열 합류했다. 한편 보노보스는 스탠퍼드 대학을 졸업한 2명의 남성이 2008년에 설립한 샌프란시스코의 스타트업이다. 심플하면서도 품질 좋은 바지를 공급한다는 브랜딩 전략이 주효해 급성장했다. 보노보스는 2017년 최대 유통기업 월마트에 3억 1,000만 달러에 인수되어 투자금 회수에 성공했다.

두 회사는 D2C 기업의 특징, 즉 처음에는 온라인으로만 판매하다가 어느 정도 브랜드가 안정된 뒤에 직영점을 내는 패턴의 선구자이기도 했다. 다만 와비 파커의 경우 이미 80곳 가까운 직영점을 열었는데, 오프라인 매장은 판매가 그다지 활발하지 않는 듯하다. 성장 전략의 일환으로 온라인에서 판로를 만들고 인지도와 새로운 고객을 확보한다는 접근법은 좋았지만, 오프라인 매장을 너무 많이 늘리면 비용 면에서 기존 소매업체들과 비슷해지고 만다는 문제점도 있다. 따라서 온라인과 오프라인의 균형이 중요하다.

어디까지나 개인적인 의견이지만, D2C 참여자가 오프라인 전략을 잘 추진하려면 출점하는 장소가 중요하다고 본다. 예를 들면 뉴욕의 유니언스퀘어나 타임스퀘어 같은 장소에 직영점을 열어 인

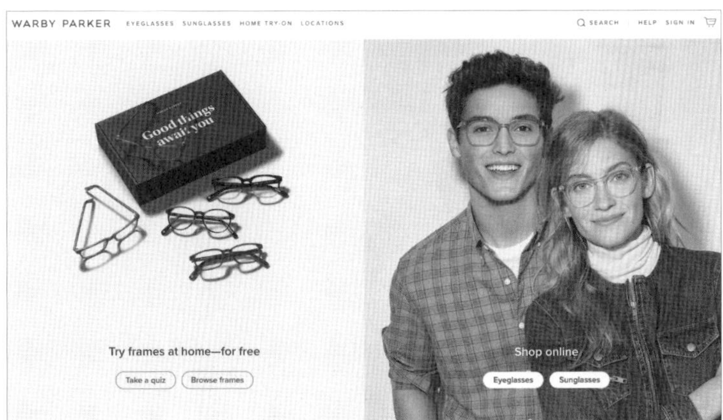

▲ 보노보스의 오프라인 매장 / ▼ 안경 D2C 브랜드 와비 파커(각 업체의 웹사이트에서).

지도를 높이고 이를 활용해 온라인으로 전 세계에 판매하는 식의 전략을 취할 수 있으면 가장 좋다. 덧붙여 '입어보고 싶다', '사기 전에 써보고 싶다'는 생각이 드는 상품이냐 아니냐에 따라서도 전략이 바뀔 수 있다. 이 점도 고려한 온라인과 오프라인의 융합 전략이 필요하다. 앞으로 두 기업의 동향을 주시해야 하는 이유다.

D2C는 유통업에 판매 방식 혁명을 일으킨다

또 한 가지 관심을 가져야 할 것은 D2C 기업들의 판매 방식이다. D2C 기업들은 저마다 독창적인 판매 전략을 만들어왔기 때문이다. 예를 들어 와비 파커는 구입을 희망하는 사람에게 5종류의 샘플 안경테를 보내준다. 일단 착용해보고 맞지 않는 안경테를 반품받는 식의 모델을 채용하고 있다. 보노보스는 직영점에서 입어보고 구입은 전자상거래를 경유하는 모델이다. 그렇게 함으로써 옷을 산 뒤에도 빈손으로 돌아오는 사용자 경험을 제공한다.

또 다른 의류업체 렌트 더 런웨이는 유명 디자이너 브랜드의 옷을 일정 기간 대여하는 공유경제의 콘셉트를 의류업계에 들여왔다. 또 2009년 창업한 패션 브랜드 리포메이션은 '내 옷장'이라는 콘셉트하에 직원이 손님을 응대하지 않는 직영점을 열었다. 고객은 널찍한 피팅룸에서 편하게 옷을 입어볼 수 있고 마음에 드는 상품을 인터넷이나 매장 앞에 마련된 전용 단말기를 통해 예약·주문함으로써 쇼핑을 마칠 수 있다. 그 밖에도 미국의 버치박스는 화장품 샘플

월마트의 대화형 상거래 서비스 제트블랙

채팅으로 쇼핑객의 요청을 듣고 상품을 제안·배송하는 디지털 심부름꾼이다(월마트의 웹페이지에서).

을 매달 정기적으로 보내주는 구독 서비스를 실시하는 등 다양한 판매 방식이 생겨나고 있다.

월마트, 디지털기업으로 변모하다

여기서부터는 마켓 트렌드 해설에서 생존을 걸고 스타트업과 제휴를 도모하고 있다고 설명했던 기존 대형 유통업체들의 대응을 소개한다. 미국 내에서는 월마트의 움직임이 매우 상징적인 의미를 갖기 때문에 월마트의 대응을 중심으로 이야기하겠다.

월마트는 1969년에 창업한 슈퍼마켓 체인이다. 전통 있는 유통

기업인데 테크놀로지를 이용해 적극적으로 새로운 시도에 나서고 있다. 먼저 2011년에 IT 기업을 인수해 월마트연구소라는 연구개발 부문을 설립한다. 월마트연구소가 중심이 되어 다양한 온라인 정책을 추진하고 있다. 예를 들면, 2018년 6월에는 고객과 온라인상에서 대화하며 요구사항에 맞는 상품을 제안·발송하는 대화형 상거래 서비스 제트블랙을 개시했다. 당연히 모바일 주문과 결제도 이미 적용되어 업계에서 많은 주목을 받고 있다.

또 스타트업과 협업이라는 측면에서는 2017년에 발표한 '당신의 냉장고로 직배송Delivery Straight Into Your Fridge'이라는 배송 서비스가 있다. 이는 월마트의 웹사이트나 스마트폰 앱으로 상품을 주문하면, 택배원이 배송지에 열쇠를 열고 들어와 직접 냉장고에 상품을 넣어준다는 놀라운 아이디어를 제공하는 서비스다. 열쇠를 열고 잠그는 시스템은 스마트 자물쇠 서비스를 제공하는 스타트업과 제휴해 개발하겠다고 발표했다. 또 가장 신경이 쓰이는 안전에 관해서도 고객의 스마트폰에 택배원의 방문을 알려주면서, 집안에서의 행동을 실시간으로 감시할 수 있게끔 한다.

다만 여러 가지 온라인 융합 정책을 연달아 내놓고 있는 탓인지 개중에는 매출로 이어지기 어려운 서비스도 있어 비용 대비 효과가 얼마나 될지는 두고 볼 일이다. 월마트처럼 유서깊은 대형 유통업체가 이렇게까지 공격적으로 도전하는 사례가 드물어서 이런 활동들은 관심 있게 지켜볼 필요가 있다.

나이키가 로스앤젤레스에 만든 IT 융합형 콘셉트 매장

나이키의 웹사이트에서.

현장의 과제를 고려하면서 진화하는 나이키

기존 대기업이 이렇게 IT전략을 진행해나갈 때 반드시 제기되는 문제가 있다. 유통은 노동 집약적인 산업이기 때문에 현장에서 일하는 직원도 쉽게 사용할 수 있도록 시스템을 설계해야 한다는 점이다. 스타트업에서 일하는 사람이나 본사에서 IT 분야에 종사하는 사람들에 비하면 아무래도 현장 직원의 IT활용 능력은 떨어질 수밖에 없다. 이런 부분을 지나치게 의식해서 기술 활용이 늦어진 것도 사실인데, 이런 점들은 유통업의 숙명이라고도 할 수 있는 문제이므로, 이를 잘 해결하고 있는 동종업계의 다른 회사의 사례들도 매일 정리해서 내용을 쫓아가고 있다.

IT 활용이라는 과제를 잘 해결하고 있는 기업으로 신발 제조사 나이키를 들 수 있다. 2018년 7월 로스앤젤레스에 IT융합형 콘셉트 매장을 오픈했다. 다른 나이키 매장과의 차이점은 '나이키 플러스'라는 나이키의 오리지널 회원용 서비스가 상당히 충실하다는 데 있다. 회원은 앱이나 웹사이트에서 상품의 피팅 의뢰 등을 할 수 있는 것 외에, 채팅으로 매장 직원에게 재고 상황 등을 확인하는 서비스도 받을 수 있다. 온라인에서 구입한 상품은 보관함을 통해 받아볼 수 있고 반품과 교환도 그 보관함에서 이루어지니, 회원은 스마트폰만 있으면 영업시간 외에도 구입과 반품을 손쉽게 할 수 있는 셈이다.

직원 입장에서도 그렇게까지 고도의 IT 활용 능력이 필요한 것은 아니다. 예를 들면, 채팅을 통한 고객 대응은 스마트폰 문자 서비스와 크게 다르지 않다. 현재는 양말 자판기만 설치되어 있지만, 앞으로는 신발 자판기 등도 설치할 예정이다. 이런 과정을 통해 여러 가지 새로운 사용자 경험을 테스트해가겠다고 한다.

일찍이 애플은 체험형 매장이라는 콘셉트를 내세우며 애플 스토어를 만들었는데, 나이키도 마찬가지로 '얼마만큼 나이키를 체험할 수 있는가?'라는 부분에 주목하고 있는 인상이다. 사용자 경험은 앞으로 소매와 유통에 있어서 매우 중요한 키워드가 될 것이다.

자동차도 자판기로 파는 중국 기업의 판로 확대 전략

중국 대기업의 동향을 소개할 때 여러 번 등장하는 이름이 BAT다. 이들은 유통업계에도 투자와 제휴, 인수 등을 통해 영향력을 키우고 있는데, 특히 적극적인 곳이 전자상거래를 본업으로 하는 알리바바다. 여기서는 알리바바의 대응을 중심으로 소개한다.

알리바바의 신 유통 구상으로 오프라인이 바뀐다

2016년 말 알리바바는 전자상거래 기업에서 탈피해 온라인과 오프라인을 융합시킨 새로운 기업으로 변모하기 위한 로드맵으로서 '신 유통 구상'을 발표했다. 이를 위한 사전 작업은 발표 전부터 착착 진행되고 있었다. 2015년에는 중국의 대형 가전양판점 쑤닝전기에 무려 약 5조 7,000억 원을 출자해 전략적 제휴를 맺었고 2016년에는 슈퍼마켓 체인 싼장쇼핑클럽에 투자했다. 그 밖에도 2017년 7월부터 캐시리스 매장 타오카페의 출점을 이어가고 있다. 이런 움직임은 모두 온라인에서 오프라인으로 판로를 확장하려는 방법이다. 중국의 전자상거래 산업이 폭발적으로 커졌다고는 하지만, 중국 내 전자상거래 경유 매출은 아직 전체 소비액의 15~20%밖에 되지 않는다. 소비 활동에서 오프라인이 차지하는 비율이 아직도 80%에 이른다는 뜻이다. 그래서 오프라인 소매 기업들에 적극적으로 출자함으로써 현실의 '얼굴'을 얻으려고 하는 것이다.

자동차도 자판기로 파는 시대

오프라인 대응 전략 중에서도 특히 독특한 시도가 2017년 12월에 알리바바 그룹의 티몰이 상하이에서 개시한 자동차 자판기다. 중국 내에서는 오픈 전부터 큰 주목을 받았는데, 판매를 개시한 지 불과 75초 만에 시승 예약이 마감되고, 볼보 차량 288대가 완판되었다는 뉴스가 전해졌다. 구조를 간단히 설명하자면, 거대한 입체 주차장과 같은 자판기 앞에서 인터넷으로 시승 예약을 하고 얼굴 인증으로 열쇠를 수령하는 흐름이다. 시승 중에 자동차가 마음에 들면 그 자리에서 스마트폰으로 구입을 결정하고 결제할 수 있다. 게다가 구입할 때는 앞서 주목해야 할 스타트업으로 소개했던 즈마신용을 통해 세서미신용 등급을 조회하고 대출과 지불 조건 등을 설정한다. 신용 점수가 낮으면 자동차를 살 수 없고, 반대로 점수가 높으면 다양한 혜택을 받는다.

일반적으로 자동차는 구입 결정에서 인도까지 상당한 시간이 걸린다. 그리고 각종 서류를 준비하는 데도 적지 않은 수고가 필요하다. 그렇다면 '자판기로 편하게 살 수 있게 해보자'라는 발상이 놀랍기만 하다. 그뿐만 아니라 알리바바는 자동차 자판기의 판매 데이터로부터 '어떤 고객층이 어느 차종을 샀는가?'와 같은 정보도 얻을 수 있으니 자동차 제조사와의 협상에도 이용할 수 있는 셈이다. 최근

티몰이 전개하는 자동차 자판기

중국에서는 딜러 한 사람이 여러 제조사의 자동차를 판매할 수 있도록 규제가 바뀌었는데, 이런 데이터는 매우 중요한 자료가 된다.

알리바바의 뒤를 따르는 대기업들

자동차 자판기는 새로운 구매 경험을 만들어낸 좋은 사례인데, 다른 대형 소매 참여자도 알리바바와 같이 테크놀로지를 활용해 구매 경험을 개선하고자 분주하다. 그중에서도 텐센트는 알리바바와 마찬가지로 소매 참여자에 적극적으로 투자함으로써 혁신에 기여하고 있다. 영국 로이터의 기사 "10조 원 유통시장을 둘러싼 대결에 화력을 집중하는 알리바바와 텐센트Alibaba, Tencent rally troops amid $10 billion retail battle"에 따르면, 알리바바와 텐센트 2사의 소매 참여자에 대한 총 투자액은 100억 달러에 달하며 투자 안건 대부분이 1조 원 수준이라고 한다.

또 중국 내 전자상거래 2위 업체 JD는 2018년 1월에 베이징에서 신선식품 슈퍼마켓 세븐프레시 1호점을 개업했다. 앞으로 3~5년 이내에 중국 전역에 1,000곳 이상의 매장을 개설할 계획이라고 한다. 이렇게 시도하는 목적 역시 스마트 테크놀로지를 오프라인 쇼핑과 융합시킨다는 데 있다. 실제로 세븐프레시에서는 쇼핑객이 스마트폰 화면을 식료품에 갖다 대면 영양소에 관한 정보를 확인할 수 있는 기능을 제공하고 있다. 그 밖에도 얼굴 인식을 통한 상품 결제와 구입한 상품을 30분 이내에 배송해 주는 서비스, 쇼핑객 뒤를 로봇이 따라오는 컨시어지 서비스 등을 전개하고 있다. 다만 요시카와 씨가 견학하러 갔을 때는 점원이 '지금 로봇은 작동하지 않습니다'라고 말했다고 한다. 중국은 '일단 해 보고 안 되면 나중에 고친다'라는 문화이므로 로봇 컨시어지도 언젠가는 활약해줄 것으로 보인다.

급증하는 무인편의점, 사업의 성패는 결제방식

중국의 도시들에는 지금 정말로 많은 무인편의점들이 등장하고 있다. 유명한 곳으로는 전자상거래 기업 중산의 빙고박스 테크놀로지가 개시한 무인편의점 빙고박스가 있다. 2018년 1월에 약 800억 원의 자금 조달에 성공했으며 향후 중국 내에 5,000개 매장을 개설할 예정이라고 한다.

무인편의점의 원조로 알려진 빙고박스

빙고박스의 웹사이트에서

또 오샹이라는 프랑스 회사는 알리페이와 위챗페이를 채용함으로써 상품 결제를 전부 스마트폰으로 하는 무인편의점을 운영하고 있다. 쇼핑객은 컨테이너처럼 생긴 가게 입구에서 QR 코드를 갖다 대고 안으로 들어가서 상품을 스마트폰으로 스캔해 온라인 카트에 넣으면 밖으로 나올 때 온라인으로 계산되는 구조다.

한편 중국에서는 무인 매장의 결제 방식이 크게 4가지로 나뉘어 있는데, 그중 하나가 오샹과 같은 '셀프 계산대 방식'이다. 그 밖에도 알리바바 출신 창업주가 개시한 고릴라 편의점 등이 이 형식을 채용하고 있는데, 계산대 앞에서 줄을 서고 기다리는 시간이 필요 없어 출근 전이나 점심 시간에 매우 편리하다.

둘째는 'RFID 태그 방식'으로 상품에 붙어 있는 RFID 스티커를 매장 출구에 있는 전용기기가 읽고 결제하는 방식이다. 이미지로는 상품을 들고 역의 자동 개찰구를 통과하면 자동으로 결제되는 듯한 느낌이다. 미리 등록한 얼굴 정보와 계산 데이터가 연결해 결제하는 방식이다. 이 형식은 대형 가전 양판점 쑤닝 등이 시범적으로 도입한 상황이다.

셋째는 '얼굴 인증+이미지 인증+무게 인증 방식'으로 아마존 고에 가까운 방식이다. 가게에 들어갈 때 얼굴이 인증되고 상품을 집어 들면 카메라가 감지하는 형태이며 여기에 정확도를 높이기 위해 선반에서 상품을 꺼낼 때 무게가 인증된다. 젠24라는 무인편의점이 이 방식을 채용하고 있는데, 빈손으로 들어가 상품을 가지고 나오는 것만으로 결제가 완료된다는 점을 세일즈 포인트로 내세우고 있다. 다만 젠24는 갑작스럽게 폐점하거나 고장 날 때가 많아 아직 규모를 확장할 단계는 아니라는 인상이다. 기술적으로 매우 정밀한 시스템 구축이 필요하다고 생각된다.

그리고 마지막 넷째는 '손바닥 인증 방식'이다. 선전에 있는 스타트업이 알리바바와 제휴해 출점한 '테이크 고'라는 자판기가 이 결제 방식을 도입했다. 미리 자신의 손바닥을 등록한 다음 손바닥 인증과 전화번호 뒷자리 4개를 입력하면 상품 선반의 잠금장치가 해제되는 구조다. 다만 선반 안에 들어 있는 상품은 일반적인 자판기와 별 다를 바 없는 구색이라 현재로서는 수고가 많이 드는 자판기에 불과하다. 구매 경험 향상을 내다보고 서비스 전개를 하고 있다기보다는 먼저 손바닥 인증 기술을 시도하는 단계라는 인상이었다.

그래도 일단 매장을 내고 실험과 실패를 거듭하면서도 진화시키려고 하는 모습이 인상적이다. 앞으로 더 새로운(그리고 편리한) 무인편의점이 탄생할지도 모른다.

직영점을 통해 생활 스타일을 제안하는 샤오미

무인편의점과는 전혀 다르지만, 오프라인 매장 전개에 주력하고 있는 기업으로서 인상적인 움직임을 보여주는 곳이 바로 가전제품을 만드는 기업 샤오미다. 스마트폰 제조사로 더 잘 알려진 샤오미는 2017년 11월에 자사의 가전제품을 전시 판매하는 샤오미 플래그십 스토어를 오픈했다. 1호점은 선전에 있는데 외관상으로는 거의 애플 스토어 같다. 실제로 애플 스토어의 디자인을 담당한 샌프란시스코의 크리에이티브 회사 에이트가 매장을 디자인했다고 한다. 샤오미는 그만큼 진지하게 이 1호점에 투자한 셈이다.

이 이야기를 소개하는 이유는 샤오미가 지금까지 구축해온 샤오미 에코시스템의 판로로서 오프라인 매장을 중요하게 생각하기 때문이다. 샤오미는 지난 5년 동안 100곳 이상의 스타트업에 투자하고 있으며 가전제품뿐만 아니라 선글라스와 펜 등 다종다양한 제품을 자사 에코시스템에 흡수하고 있다. 샤오미의 라인업은 미국이나 일본에서도 유사한 제조사가 없을 만큼 풍부하다. 이제부터는 방대한 상품들을 어떻게 판매해갈 것인가가 더 중요하다고 볼 수 있다.

샤오미 그룹의 직영점 스마트미의 모습

촬영: 요시카와 요시나리

오프라인 매장에서 생활 스타일을 제안하면서 함께 판매하는 전략을 취하고 있다.

앞서 소개했던 샤오미 플래그십 스토어도 2층은 생활 스타일을 주제로 전시되어 있으며 앞으로 중국 내 1,000개 매장, 전 세계 총 2,000개 매장으로 늘려나가겠다고 발표했다. 베이징에 있는 쇼핑몰 안에도 샤오미 1호점보다는 규모가 작지만 스마트미라는 회사가 스마트미라는 직영점을 내고 있는데, 샤오미 그룹의 스마트한 브랜드 이미지를 넓혀주는 듯한 매장 디자인으로 꾸며져 있었다. 일본 가전 제조사 중에는 샤오미와 같은 판매 전략을 취하는 곳이 없으니, 일본 가전회사 관계자가 있다면 꼭 한번 살펴보기를 추천한다.

유통·소매 분야의

주목 스타트업

이 분야의 스타트업은 크게 매장 입구 체험·매장의 새로운 형태를 제공하는 회사, 온라인 마켓플레이스 운영 회사, D2C 참여자의 3가지로 분류할 수 있다. 그중에서도 우리는 온라인과 오프라인의 융합을 실현하는 테크놀로지 기업에 매우 주목하고 있다. 여기서 일부 기업을 소개한다.

Silicon Valley		China
리테일넥스트 퍼콜라타 뉴스토어 스탠다드 코그니션 아이파이 플렉서	매장 입구 체험·매장	허마시엔성 디코스 미래점 지다슈디안 티몰 미래점
스티치 픽스 렛고	온라인 마켓플레이스	메이투안 이즈보
올버즈 로티스	D2C	

리테일넥스트

2007년에 미국 시스코 시스템즈 출신의 엔지니어들에 의해 설립된 리테일넥스트는 사상 최초의 유통 전문 IoT 플랫폼으로서 현실 오프라인 매장의 분석 서비스를 개발하고 있다. 구조를 살펴보면 먼저 대형 제조사가 제공하는 고성능 아날로그 카메라와 IP 카메라를 사용해 매장 내 사람의 움직임을 상세히 파악한다. 쇼핑객의 성별과 연령, 신규 고객 여부, 재방문 빈도, 동선, 최종적인 구입 상품 등의 정보를 수집해 수익과 어떤 관계성이 있는지를 분석한다. 2018년 1월에는 세계 최초로 딥러닝을 이용한 AI 내장 IoT 센서인 오로라v2를 발표해 화제를 불러모았다.

리테일넥스트의 최종 목표는 이제까지 전자상거래 기업이 해왔던 고객 분석을 현실 오프라인 매장에서도 가능하도록 만드는 것이다. 이를 위해서는 기존 소매 참여자가 구축하고 있는 CRM 및 POS 시스템과 어떻게, 어디까지 연결할 수 있느냐가 다음 과제가 될 것이다. 그러나 현재에도 많은 오프라인 매장에 도입되어 있다. 일본에서도 유명 백화점과 속옷 제조사, 아웃도어 제조사 등이 이용하고 있다.

퍼콜라타

2011년에 설립된 인재 분석 기업으로 일본의 리쿠르트 기업 퍼솔 홀딩스가 출자한 것으로도 알려져 있다. 퍼콜라타의 시스템은 오프라인 매장의 고객 수, 상품 구입률, 상품을 본 횟수, 점원으로부터 떨어진 횟수 등 상세한 고객 데이터를 수집하고 그것과 종업원의 근무표 정보를 조합시킨 분석이 가능하다. 매장의 방문객 수 예측과 종업원의 스케줄 조정 등 다양한 서비스를 제공하는데, 특히 종업원의 근무표 최적화와 매장 내에서의 이상적인 배치를 분석하는 상황에서 편리하게 여겨진다. 퍼솔이 출자한 것도 이런 특징 때문이다.

뉴스토어

모바일을 통해 새로운 쇼핑 경험을 형상화하고 있는 회사로 전 매장에서의 재고 공유 판매, 재고·물류 관련 통합 시스템, 전자 구매 기록, 스마트폰 결제의 4가지 솔루션을 제공하고 있다.

뉴스토어의 솔루션을 연결하면 이런 일이 가능해진다. 어느 브랜드를 좋아하는 여성이 인터넷에서 찾아둔 상품을 등록해두면 이동 중에 '근처에 판매점이 있어요'라며 알림이 온다. 그것을 보고 실제로 매장으로 이동하면 가게 판매원에게도 '○○ 씨가 옵니다. 재고를 준비해 주세요'라는 메시지가 떠 입어볼 준비를 하게 해준다. 또 판매원은 과거 구입 이력 등을 확인할 수 있어 다른 상품을 추천하는 등 개인 맞춤형 접객이 가능해진다.

뉴스토어의 시스템은 API를 통해 다른 시스템에 연결할 수도 있어서, 앞으로는 원하는 아이템을 온라인으로 구입하면 재고가 있는 가게에서 우버 등의 승차공유 서비스 운전자가 상품을 픽업해 지정 장소로 배송해주는 것도 가능해질 것으로 보인다. 다양한 발전 형태가 예상되는 서비스다.

고객과의 관계를 디지털로 강화하는 뉴스토어(뉴스토어의 웹사이트에서)

스탠다드 코그니션, 아이파이

이 두 개 업체는 아마존고에 가까운 구매 경험 실현을 지향하는 스타트업이다.
먼저 스탠다드 코그니션은 2017년에 막 설립된 회사로 2018년 7월까지 자금 조달액이 총 1,120만 달러(약 112억 원)다. 현재는 매장 내에서 고객이 가지고 있는 상품을 카메라로 실시간 추적해 고객이 계산대 앞에 서면 순식간에 상품의 합계액이 표시되는 시스템을 제공하고 있다. 앞으로는 고객의 기호와 구매 습관을 파악하고, 거기에 맞추어 매장 선반에 둘 상품을 맞춤화하기 위한 마케팅 시스템도 제공할 예정이다.

스탠다드 코그니션이 샌프란시스코에 만든 무인 계산대 매장 스탠다드 마켓
(스탠다드 코그니션의 웹사이트에서)

또 한 곳인 아이파이도 무인매장을 운영할 때 필요한 각종 테크놀로지를 개발·제공하고 있으며 아마존에서 경력을 쌓은 엔지니어가 설립해 주목받고 있다. AI를 사용해 매장 내에서 고객이 손에 든 상품을 실시간으로 추적해 계산대에 줄을 서지 않고도 결제가 이루어지는 구조는 아마존고와 동일하다. 다만 이미지만 가지고 구현한 접근법이나 무게 센서를 조합하는 등 세부적인 면에서 차이가 있어 매우 흥미롭다.

플렉서

2010년 설립된 스타트업으로 온라인 결제 서비스를 제공하면서 이용자에 대한 로열티 프로그램을 실시하고 있다. 포인트 적립 등의 서비스를 받을 수 있는 이른바 'T포인트(일본의 포인트 적립 카드 – 옮긴이)의 앱 버전'이다.
또 포인트 제공뿐만 아니라 사전 결제로 픽 앤 고(Pick&Go, 앱 경유로 주문과 결제를 마치고 나서 매장에 방문해 바로 상품을 받아 돌아오는 것)할 수 있는 시스템 구축에도 주력하고 있는데, 2018년에 출시된 일본 맥도날드의 전용 앱도 플렉서의 시스템을 이용하고 있다.

스티치 픽스

옷의 패션 코디네이트를 구독 모델로 제공하는 스타트업으로 일본의 의류 쇼핑몰 조조타운의 위탁 정기편, 혹은 에어클로젯 같은 서비스를 제공하고 있다.
AI와 스타일리스트를 잘 조합해 매달 그 사람에게 맞는 코디네이트를 자택으로 보내주는 방식이 바쁜 직장인을 중심으로 지지받고 있는 듯하다. 특히 AI 활용에 주력하고 있는데, 오래 사용하면 사용할수록 자신의 체형과 취향에 맞는 옷을 받아보게 된다(사용자는 배송된 옷 중에서 마음에 든 상품 이외를 반송하는 구조). 현재는 아동복 서비스도 시작했다.

렛고

2015년 설립된 오픈마켓 앱으로 일본의 메루카리와 경쟁하는 업체다. 원래 미국에서는 중고 시장 마켓플레이스로 지역 생활정보 사이트 크레이그 리스트와 이베이 등이 알려져 있었다. 다만 사이트 UI가 복잡하거나 찾는 물건을 발견하기 어렵다는 단점이 있었기 때문에 렛고와 같은 새로운 서비스가 나왔다.

2018년 8월에 5억 달러를 투자 유치해 합계 조달액만 9억 7,500만 달러다. 2017년 연말 시점으로 앱이 7,500만 건 다운로드되었다고 발표했다. 이 영역에는 페이스북도 진출한다는 소문이 있어 앞으로 동향이 주목된다.

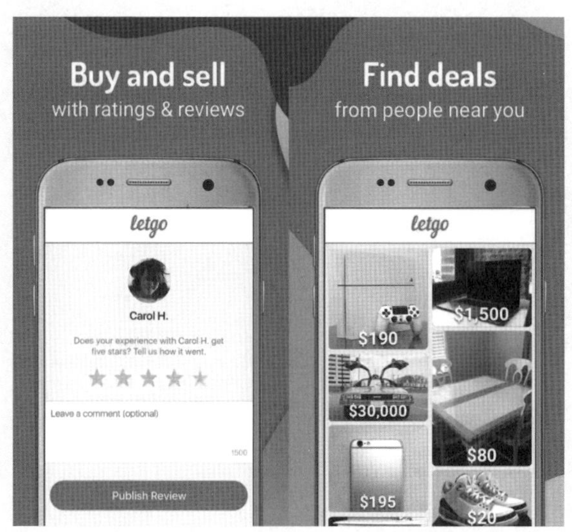

렛고의 스마트폰 앱

올버즈

뉴질랜드의 전직 프로축구 선수와 친환경 테크놀로지 기업가 두 사람이 2014년에 설립한 신발 브랜드로 샌프란시스코의 D2C 브랜드를 대표하는 회사 중 하나다. 자사가 제조한 운동화를 양판점을 거치지 않고 직접 판매하고 있으며 지금까지 유치한 투자 금액이 2,750만 달러에 이른다.

많은 사람들이 올버즈의 운동화를 애용하고 있는데, 착용감이 좋은 데다 세탁기로 빨 수도 있어서 편리하다.

◀ 올버즈의 공동 창업주들.
▶ 샌프란시스코에 있는 올버즈 직영점(모두 올버즈의 웹 갤러리에서).

로티스

2015년 창업한 이래 샌프란시스코에서 지금 가장 잘 나가는 D2C 브랜드로 페페트병으로 만든 여성용 단화를 판매하고 있다.
상품 구색은 여성용 4종류와 아동용 1종류뿐인데, 패션지 보그의 패션 에디터와 벤처 캐피털리스트 등 폭넓은 층에서 지지를 받고 있으며 누계 2만 켤레가 예약 대기 되어 있을 만큼 인기다. 고객의 친환경 의식을 자극하면서 세련된 스타일의 신발을 팔겠다는 브랜드 전략으로 이제까지 700만 달러의 투자금을 유치했다.

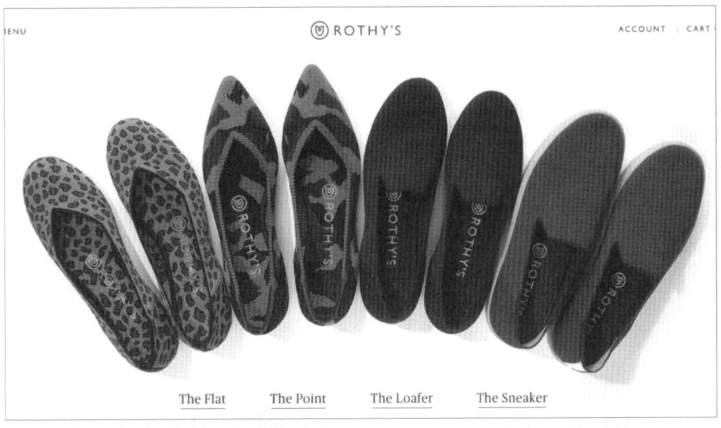

로티스가 판매하고 있는 여성용 신발 라인업. 색상 패턴도 풍성하다(로티스의 웹사이트에서).

허마시엔셩

2016년 3월 시리즈 A 라운드에서 알리바바로부터 1,000만 달러의 출자를 받은 슈퍼마켓으로 알리바바의 신소매 구상을 그대로 구현한 듯한 최신형 매장이다.
온라인에서 주문받은 상품을 보관해 둘 물류 창고나 평소에 앱으로 사는 사람을 새로운 상품과 만나게 해주는 쇼룸 등 기존 슈퍼에 없던 설비와 장치가 많다. 좋은 식자재도 세일즈 포인트로 해산물을 즉석에서 건져 바로 조리해주는 레스토랑도 있다. 그야말로 새로운 구매 경험을 제공하는 좋은 사례다.

◀ 허마시엔셩 매장 내 / ▶ 쇼핑 후 셀프 계산대에서 계산
(다키자와 씨의 블로그 '다키의 차이나는 블로그'에서).

China

디코스 미래점

중국의 유명 패스트푸드 체인이 시범적으로 문을 연 무인 레스토랑이다. 고객은 책상 위에 붙어 있는 QR 코드를 스캔해 위챗으로 주문하고 위챗페이로 결제해 상품을 살 수 있다. 여기까지는 일반적인 모바일 결제와 큰 차이가 없는데, 독창적인 점은 상품을 수령하는 방식이다. 상품을 사면 비밀번호가 발행되는데, 가게에 비치된 보관함 같은 박스에 번호를 입력하면 상품을 받을 수 있다. 이처럼 어딘가 색다른 구매 경험이 제대로 먹혀 매출 상승과 함께 매장의 인건비도 상당히 절감할 수 있었다.

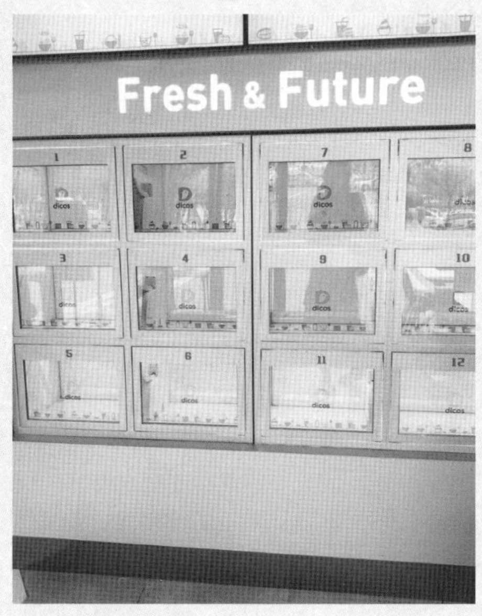

디코스 미래점에 비치된 상품 수취용 보관함
(다키자와 씨의 '다키의 차이나는 블로그'에서).

China

지다슈디안 티몰 미래점

이곳은 원래 푸단대학이라는 유명 대학 근처에 있던 평범한 서점이었는데, 알리바바와 협업해서 무인매장으로 재출발한 가게다. 얼굴 인증+RFID 태그로 결제가 완료되는 방식으로 실내장식이 모던하면서도 비밀 기지 같아 즐거운 인상을 전해준다.

조만간 빅데이터를 활용해 그 사람에게 맞는 책을 추천해 주는 서비스를 구상하고 있다는데, 아직 서비스화되어 있지 않은 것 같다.

◀ 지다슈디안 티몰 미래점의 외관 / ▶ 멋지게 꾸며진 매장 내부
(다키자와 씨의 '다키의 차이나는 블로그'에서).

메이투안

메이투안은 생활 스타일과 관련된 다양한 서비스를 제공하는 회사로 일본의 타베로그와 같은 리뷰 사이트를 운영하고 있다. 그 밖에도 레스토랑 예약과 음식 배달 서비스, 여행 서비스, 콜택시 서비스 등 다양한 사업을 함께 진행하고 있다. 2018년 4월에는 자전거 공유 서비스 업체 모바이크를 27억 달러에 인수했다.

다만 사업 범위가 넓은 만큼 각 분야에 경쟁사가 있는데, 예를 들면 음식 배달 업체 메이투안 와이마이는 알리바바 산하의 어러머와 점유율을 놓고 경쟁하고 있는 상황이다.

이즈보

2016년 5월에 서비스를 개시한 라이브 방송 상거래 앱이다. 매일 약 1,000만 명의 사용자가 시청하는데, 생방송 동시 접속자가 최대 450만 명을 달성했다고 전해진다. 설립 다음 달부터 약 300명의 유명인사가 생방송을 개시해 단번에 인지도를 높였다. 라이브 방송을 알리바바 산하 타오바오 등 전자상거래와 연결시킴으로써 라이브 방송을 통해 상품을 구매하는 시스템 구축을 추진하고 있다.

유통의 미래는 어디로 갈 것인가

이번 장의 마지막은 알리바바가 착수한 '신 소매 구상'의 미래에 관해 시바타와 요시카와, 다키자와 씨 세 명이 개인 의견을 내면서 논의했다.

시바타 알리바바가 추진하는 '신 소매 구상'은 다른 유통 기업들에게도 커다란 영향을 주고 있는 것 같습니다. 알리바바가 둘 다음 한 수는 무엇이라고 예상합니까?

요시카와 지금은 아직 이제까지 전자상거래를 통해 배양해온 판매-결제-배송의 기술과 노하우를 현실에 응용하기 시작한 참이니 먼저 그 동향을 지켜보고 싶습니다. 앞으로에 관해서는 대답하기 쉽지 않지만 어떤 '영역'에 주력할 것인지는 매우 흥미롭습니다.

순서상으로는 신선 식품부터 제압할 것이 분명한데, 이 점은 세계 무대에서 경쟁사가 될 아마존의 움직임을 잘 살펴보고 있다는 인상입니다. 여기서부터 시작해 이번에 화제가 될 자동차 등을 제압하고, 다음은 어디를 노릴까요? 또 거기에 보험과 온라인 결제는 어떻게 얽히게 될까요? 업계에 따라서는 규제도 있으니 이것들이 어떻게 바뀔 것인지도 종합적으로 살펴보고 싶습니다.

다키자와 제가 이해하기로 '신 소매'라는 것은 데이터를 활용해 온라인과 오프라인을 융합시켜 사용자 경험을 좋게 만들어가자는 구상입니다.

지금까지는 O2OOnline to Offline 같은 개념으로 대표되었듯이 온라인과 오프라인을 '어떻게 연결할까'라는 사고방식으로 전략이 수립되는 경우가 많았습니다. 그러나 온라인이든 오프라인이든 결국 고객 접점 중 하나에 불과합니다. 각각을 분리해서 어떻게 연결할지를 고민할 것이 아니라, 온라인과 오프라인을 하나의 것으로 파악해 기분 좋은 구매 경험을 얼마만큼 만들어 갈 수 있느냐가 성패를 좌우하게 되지 않을까 싶습니다.

시바타 전자상거래 비즈니스에서 가장 어려운 점은 구매 빈도를 높이는 것입니다. 예를 들어 라쿠텐이나 아마존의 구매 빈도를 살펴보면 일반적인 회원은 월평균 1회 정도입니다. 연평균으로 치면 12회밖에 사용하지 않는 것이지요. 구매 빈도를 높이기 위해서라도 오프라인 매장에 진출하고 싶고, 그것도 식료품 등 매일 사는 분야로 진출하고 싶다는 생각은 매우 잘 알 수 있습니다. 고객 평생 가치를 높이기 위해서라도 '신소매 구상'은 빼놓을 수 없는 다음 한 수라고 생각합니다.

요시카와 현실의 구매 데이터를 지금보다 많이 수집할 수 있다면 그때그때 잘 팔리는 상품도 알 수 있게 될 테니 언젠가는 알리바바가 자체 브랜드를 만들어 판매할 수도 있겠네요.

시바타 그런 유형은 아마존이 전형적이지요. 먼저 서드파티 매장에서 상품을 팔게 하고, 잘 팔리는 상품을 알게 되면 자신들이 사들여 저렴하게 팔고, 나아가 자신들이 직접 만들 수 있을 것 같으면 자체 브랜드를 론칭하는 경우도 있습니다.

요시카와 알리바바가 그렇게까지 과감하게 나설지는 알 수 없습니다만, 전자상거래 기업이 제조사와 협력해 자체 제품을 만들어가는 흐름은 분명히 생길 것이라 예상합니다. 데이터를 가지고 있는 쪽이 강자라는 좋은 사례입니다.

알리바바는 중국뿐만 아니라 인도의 전자상거래 기업과 소매 참여자에도 적극적으로 투자하고 있으니 계속해서 데이터를 축적해 진화해갈 것 같습니다. 물론 데이터를 수집한 다음 분석하는 것이 말처럼 쉽지는 않습니다. 데이터 분석 기술도 지금보다 진화할 필요가 있습니다.

다키자와 중국의 경우 데이터를 수집하기 전에 망가지는 유형도 자주 있고요(웃음).

요시카와 맞아요. 게다가 중국 회사는 의사 결정이 엄청나게 신속해서 안 되겠다 싶으면 곧장 접어버립니다. 반대로 '움직이기 시작하면 엄청나기 때문에' 거액의 투자가 뒷받침되면 바로 도전합니다. 그런 의미에서 중국은 기대가 됩니다.

유통 업계는 '거인'이 많고 성공하기까지 시간적·금전적으로 매우 큰 투자가 필요합니다. 따라서 지금 성장하고 있는 유통 업계의 참여자는 어떻게 하면 거인들 사이를 재빨리 헤쳐나갈 수 있을지를 고민해야겠지요. 무인편의점 등은 결제뿐만 아니라 인공지능과 행동추적 기술의 진화도 필요한 분야라서 그 기술들의 진화에 맞춰 장기적인 안목으로 동향을 살펴보는 것이 중요합니다.

05

로보틱스

Robotics

산업용 로봇, 특히 협동 로봇 개발에 주목
구글이 일으킨 인수 열풍을 소프트뱅크가 이어받다

Silicon Valley

오타니 도시야
트랜스링크 캐피털
공동 창업주 겸 상무이사

게이오기주쿠대학 이공학부 졸업. 미국 스탠퍼드대학 경영대학원에서 MBA 수료. 미쓰비시상사에서 복수의 미국 벤처와 사업을 펼친 뒤, 광통신의 미국 벤처캐피털 부문장에 취임. 이후 미국 애프리패스의 수석 부사장으로서 일본 지사인 에브리패스 저팬을 설립해 경영하고 있다. 2006년에 트랜스링크 캐피털을 설립하고 이제까지 6차례 펀드 조성에 성공. 실리콘밸리와 아시아 4개 도시(도쿄, 서울, 베이징, 타이베이)를 거점으로 사업 개발을 지원한다.

가까운 미래의 로봇은 지금까지처럼 '제조업의 효율화' 역할에만 머물지 않는다. 특히 인공지능과의 융합은 자율주행차와 가정용 사물인터넷, 로보틱처리자동화(RPA, Robotic Process Automation-기업의 업무를 자동화시키는 테크놀로지) 등 많은 분야에 혁신을 일으킬 것이다. 언젠가는 만화나 영화에서 자주 묘사되는 '사람과 로봇의 공생'도 실현될 터다. 그 준비는 착착 진행되고 있다. 여기서는 드론을 포함한 로보틱스의 최신 동향을 살펴본다.

'중국 제조 2025'가 제조업 전체에 활력을 불어넣다
AI, 로보틱스와 드론 분야에서 세계적 기업이 등장

다나카 도시카즈
장신 CEO

도쿄대학교 항공우주공학과를 졸업하고 휴렛팩커드에서 엔터프라이즈 시스템 개발과 판매를 담당하다가 딜로이트토마쓰로 이직했다. 12년 동안 M&A자문과 투자 컨설팅, IPO 지원, 벤처 지원, 기업 감사 등의 업무를 담당했다. 2005년부터 4년 동안 딜로이트의 상하이 지사에 중국 기업의 일본 IPO 프로젝트와 일본계 현지 기업의 감사, 투자 컨설팅 업무를 진행했다. 2013년 상하이에서 중국과 일본의 스타트업과 대기업 오픈 이노베이션을 지원하는 장신을 창업했다.

Silicon Valley

로보틱스는 공장자동화뿐만 아니라 폭넓은 업계에서 차기 혁신을 만들어내는 기술로 인식하게 되었다. 대표적인 것이 협동로봇과 드론이다.

투자액

$32억 8,800만

로봇 개발에 대한 연간 투자액이 약 32억 8,800만 달러

CB인사이트 조사에 의하면, 로봇 분야에 대한 투자는 2015년을 기점으로 크게 늘기 시작해 2018년 최고액을 기록할 전망이라고 밝혔다.

성장 요인

4C

로보틱스의 발전을 뒷받침하는 4C

로봇과 드론 개발이 급속도로 발전한 것은 핵심 테크놀로지Core Technology, 범용화Commoditization, 연결성Connectivity, 상품화Commercial-ization의 4가지가 같은 시기에 서로 얽힌 결과다.

주목 분야

협동 로봇

여러 업체들이 협동 로봇의 연구개발에 박차

진화하는 로보틱스 중에서도 사람과 가까이에서 작업을 하는 로봇의 개발이 속도를 내고 있다. 최종적인 목표는 사람의 일을 대신하는 것이다.

드론

$13억

2017년 미국 드론시장은 약 1조 3,000억 원으로 추산

독일 스타티스타 조사(2017년). 시장 규모는 해마다 커지고 있으며 대형 가전 양판점에서도 일상적으로 드론이 판매될 정도로 보급이 진행되었다. 실용화도 머지 않았다.

China

국책사업으로 인공지능 등 급성장하는 분야가 많은 중국. 로보틱스 분야에서도 정부가 발표한 '제조강국 진입'을 위한 국가의 역할이 크게 작용하고 있다.

시장 규모

세계 1/3

2017년은 산업용 로봇 세계 판매량의 1/3을 차지

국제로봇연맹 조사에 따르면, 중국 내 로봇 구매량이 2013년부터 2017년까지 5년간 약 6배 증가해, 로봇대국으로서의 지위를 굳혀 가고 있다.

국가 전략

중국제조 2025

'중국제조 2025'로 제조 강국을 지향

2015년 5월에 중국 정부가 발표한 '중국제조 2025'에 따라 단계적으로 세계의 제조강국 진입을 노린다.

국가 전략

로봇산업 발전 5개년 계획

제1탄은 로봇산업 발전 5개년 계획

중국제조 2025의 구체적인 정책으로 2016년에 내놓은 것은 생산 가능 인구 1만 명당 로봇 설치 대수를 늘린다는 계획이다. 덕분에 중국 내 제조사들도 활기를 띠고 있다.

드론

상위 5위 중 3사

드론 투자 유치액 상위 5위 중 3사가 중국 기업

독일 드론 인더스트리 인사이트 조사에 의하면, 드론 제조업체 중에서도 세계 1위의 투자 유치를 자랑하는 DJI의 약진이 눈에 띈다.

언젠가 도래할 인간과의 공생을 위해 연구가 진행되다

소프트뱅크의 휴머노이드 로봇 페퍼와 매장 앞에서 대화하고, SNS에 2족보행 로봇의 동영상이 나도는 등 일본에서도 로봇이 조금씩 사람들의 일상을 파고들고 있다. 다만 세계 최첨단 로보틱스는 주로 산업용 로봇과 드론의 두 분야에서 눈에 띄는 진보를 이루고 있다.

그래서 로보틱스의 진화와 보급의 역사에 관해, 실리콘밸리의 벤처캐피털 업계에서 20년 이상 활동해온 미국 트랜스링크 캐피털의 오타니 도시야 씨에게 물었다.

투자액은 해마다 증가, 특히 산업용 로봇에 대한 투자가 활발

먼저 로보틱스 분야의 투자 트렌드를 숫자로 살펴보자. 2018년 CB인사이트가 발표한 보고서 〈로봇 시대의 도래The Rise Of Robots〉에 따르면, 로보틱스 분야에 대한 전 세계 투자액은 2014년을 기점으로 크게 늘기 시작했으며 2018년에는 연간 32억 8,800만 달러에 이른다. 관련 기업에 대한 투자 건수도 순조롭게 증가하고 있다. 이는 지금까지 기업이나 공장 내에서 사람들이 하던 업무를 로봇이 대체할 것이라는 뜻이기도 하다.

CB인사이트는 다른 보고서에서 부문별 총 투자액도 조사했는

전 세계 로보틱스 분야에 대한 투자액 추이(2013년~2018년 / 2018년은 추산)

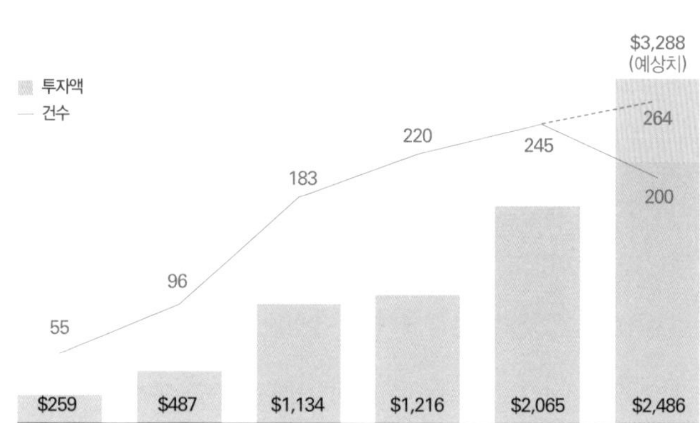

출처: CB 인사이트.

데, 총 투자액의 절반가량을 산업용이 차지했다. 그중에서도 중공업용 로봇과 드론 개발이 큰 비율을 차지했으며 그 밖에 유통용 · 창고용 · 배송용 로봇 개발에도 많은 투자가 진행되고 있다.

투자 배경에 4C

오타니 씨는 로보틱스 투자의 배경에 다음의 4C가 있다고 보고 있다.

- 핵심 테크놀로지Core Technology
- 범용화Commoditization

- 연결성Connectivity
- 상품화Commercialization

2010년대 초에는 4C가 순차적으로 진행되었다면, 이제는 4C가 동시다발적으로 진행되고 있다. 먼저 핵심 테크놀로지 부분에서 모터와 배터리, 라이더(Lidar, 단파장 레이더를 쏘아 맞힘으로써 물체까지의 거리를 감지하는 센서) 등 로봇과 드론 개발에 필요한 부품을 저렴하게, 대량으로 제공할 수 있게 되었다. 이와 동시에 범용화가 진행된다. 로보틱스 전용 운영체제 ROS와 AI연구개발에 필요한 소스가 모두 오픈되면서 많은 사람이 필요한 소프트웨어 개발을 빠르고 효율적으로 수행할 수 있는 환경이 갖추어졌다. 여기에 보조를 맞추는 형태로 세 번째 연결성, 즉 IoT 같은 비즈니스 모델이 일반화된다. 2010년 전후부터 이런 경향이 있었는데, 클라우드 서비스가 진화함에 따라 로봇과 드론 모두 인터넷과 상시 접속시켜 대량으로 움직이게 만들었다. 마지막 상품화는 제조업의 변화에 관한 것이다. 애자일 개발과 래피드 프로토타이핑처럼 소프트웨어 개발에 흔히 사용되는 기법이 하드웨어 개발에도 확산되기 시작하면서 다품종 소량생산을 변화가 빠르게 확립되었다. 그 과정에서 아이폰으로 대표되는 '부품을 제3자가 위탁 생산하는 모델'도 확산되었으며 스타트업과 적극적으로 제휴하는 제조사도 늘어났다. 이런 현상들이 서로 얽힘으로써 기술혁신이 급속도로 진행된 것이다.

벤처캐피털의 시선에서 봤을 때, 2010년대 중반은 로보틱스 분야에 투자하기 가장 좋은 타이밍이었다. 2010년대 초반에 게임을 포함한 스마트폰 앱 개발 열풍이 끝나자 벤처캐피털은 '다음에는 어느 분야에 투자해야 하나?'를 가늠하던 시기였기 때문이다. 그러던 중 AI와 로봇, 드론 개발이 활기를 띠면서 열풍이 만들어졌다. 특히 산업용 로봇 분야는 시장 규모가 커서 때마침 적당한 투자처로 보였다.

협동 로봇의 진화가 보급의 관건

그렇다면 앞으로 로봇과 드론은 어떤 형태로 보급되어 갈까? 전문가들은 주로 세 가지의 진화가 열쇠를 쥐고 있다고 생각한다. 첫 번째는 '코봇', 즉 협동 로봇의 진화다. 기존의 로봇이라고 하면 공장에서 가동되는 산업용 로봇이라는 이미지가 강하다. 로봇 암과 드릴, 연마기 등 대부분의 경우는 안전을 고려해 울타리 안에 있으며 특정 장소에서만 작업하는 로봇이다. 그런데 최근에는 여기에서 진화해 인간과 직접적으로 협동하는 로봇의 연구개발이 진행되고 있다. 사람이 있는 장소를 이동하면서 각종 작업을 돕고 때에 따라서는 사람 대신 작업을 한다. 이미 산업용 로봇 분야에서는 점진적으로 협동 로봇의 개발과 도입이 이루어지고 있다. 소비자를 대상으로 확산해가려면 성능이나 안전 면에서 더욱 진화할 필요가 있다.

보급의 두 번째 조건은 '인공지능에 의한 자동화 기술의 진화'

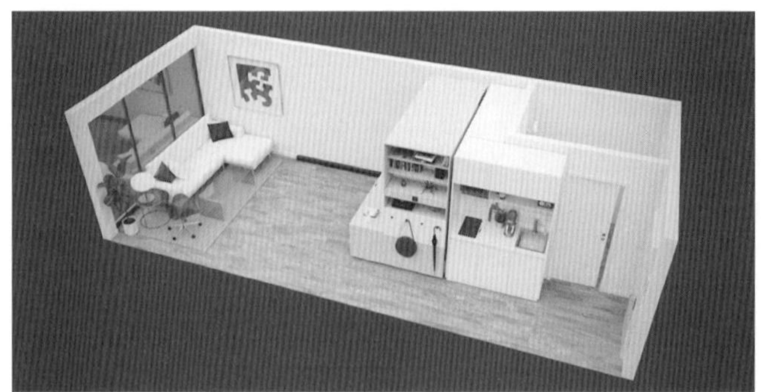

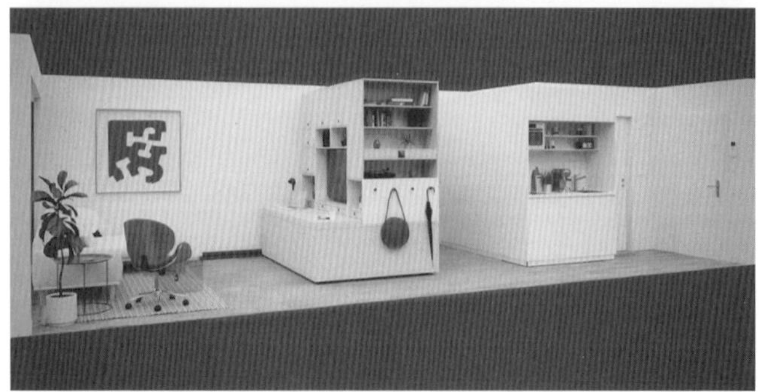

로보틱스 스타트업 오리의 로보틱스 가구. 가구가 움직여 공간을 창출하는 아이디어가 로보틱스 기술과 결합한 사례다.

다. 그리고 마지막으로 '서비스로서의 로봇Robot-as-a-Service'이라는 새로운 비즈니스 모델도 확립되어야 한다. 이는 제2장 차세대 모빌리티 장에서 여러 차례 언급된 MaaS와 유사한 개념인데 사용자가 로봇을 소유하지 않고 필요에 따라 사용하고 사용시간에 따라 돈을 내는 비즈니스 모델이다.

RaaS는 기존의 사무기기 대여와는 전혀 다른 개념이다. MaaS와 마찬가지로 어디까지나 서비스로서 로봇 활용을 촉진하는 것이다. 필요한 때만 사용할 수 있고 기능도 자동으로 진화해가는(즉 내장된 소프트웨어가 업데이트 되는) 시스템이다. 적어도 실리콘밸리에 있는 로보틱스 기업들은 대부분 이 비즈니스 모델을 지향해서 개발하고 있다.

로봇에 기대하는 바는 나라마다 다르다

이 세 가지를 해결한다면 미래에는 로봇 가사도우미가 정기적으로 집에 찾아와주는 서비스가 보급될지도 모른다. 이미 청소 로봇 룸바가 일반 가정에 확산되어 있으니 RaaS의 연장선상에 가사도우미 로봇이 생겨나더라도 큰 위화감은 없을 것이다. 다만 이런 미래를 형상화할 때 한 가지 더 고려할 사항이 있다. 바로 나라마다 '로봇에 대한 이미지'가 다르다는 점이다.

로봇을 바라보는 일본과 미국의 시선

일본에서는 애니메이션 〈우주소년 아톰〉이 인기를 끌었기 때문인지 로봇은 사람을 도와주는 존재라는 이미지가 뿌리 깊게 박혀 있다. 도라에몽도 그렇고 말이다. 한편 미국에서는 영화 〈터미네이터〉 시리즈나 〈아이, 로봇〉, 〈어벤져스—에이지 오브 울트론〉 등의 영화에서처럼 로봇은 인류를 위협하는 존재로 묘사될 때가 많다. 무슨 영향인지는 알 수 없지만, 미국인이 로봇에게 근본적으로 바라는 점은 유틸리티, 즉 유용성이다. 따라서 유용성, 효율을 끝까지 파고들면, 종국에는 미래에 로봇이 반기를 들지 모른다는 생각이 생겨난 것으로 보인다. 또 미국인이 '로봇'하면 떠올리는 이미지에는 어떤 공통점이 있다. 전체를 제어하는 커다란 두뇌가 중앙부에 있고 로봇은 두뇌의 수족처럼 움직인다고 하는 것이다. 이 또한 유틸리티를 전제로 로봇을 파악하고 있는 증거인데 자율적으로 움직여 사람을 돕는 아톰과는 전혀 다른 로봇의 모습이다. 이런 맥락에서 생각한다면 미국에서 보급 단계에 접어든 스마트 스피커가 일본에서 좀처럼 자리를 잡지 못하는 이유도 설명할 수 있다. 아마존 에코와 같은 음성 비서는 그야말로 유틸리티를 중시한 커뮤니케이션 기기로서 요리나 청소 때문에 손이 없을 때도 명령을 내리면 다른 일을 처리해 준다. 로봇 청소기 룸바가 그렇듯 미국에서는 확실히 인간을 도와주는 것이 지지를 받는다는 좋은 사례다.

한편 일본에서는 로봇에게서 동료의 역할을 기대하는 경향이 강

소프트뱅크의 휴머노이드 로봇 페퍼

감정 인식을 세일즈 포인트로 하는 로봇이 일본에서 만들어진 데는 이유가 있다?(소프트뱅크의 웹사이트에서).

하다. 소프트뱅크의 페퍼도 그런 제품이며, 페퍼 개발에 참여했다가 창업한 그루브X의 CEO 하야시 가나메도 'LOVE×ROBOT=LOVOT(러봇)'이라는 콘셉트를 내걸고 로봇을 개발하고 있다. 로봇 개발에 나선 로보틱스 관련 기업들은 이런 나라별 특색도 고려해야 한다.

한풀 꺾인 드론 개발, 하지만 판매 매출은 증가

계속해서 로보틱스 분야의 주요 마켓 중 하나인 드론 시장 동향을 소개한다. 실리콘밸리에서는 드론 개발 스타트업도 활기를 띠고 있다. 2009년 미국에 설립된 드론 제조사 3D로보틱스를 필두로 몇

그림 5-1 미국의 시판 드론 총매출액 추이(2013년~2017년)

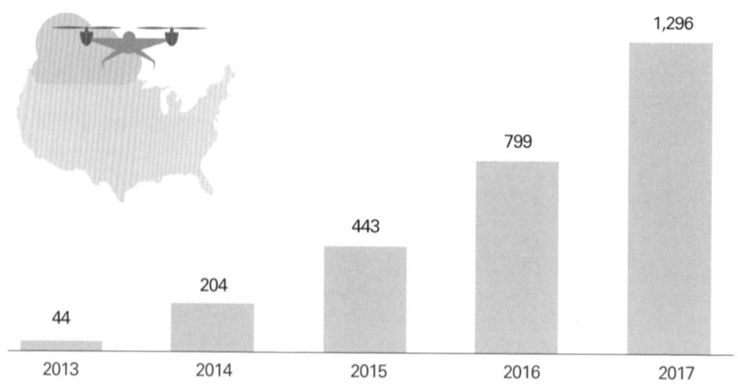

독일 스타티스타.

몇 회사가 전 세계에 이름을 알리고 있다. 다만 2010년대 후반 들어, 중국제조사인 DJI가 급성장해 상용 드론의 전 세계 점유율 대부분을 차지하기에 이르렀다. 그래서 실리콘밸리의 드론 관련 기업들은 성장이 주춤한 상태다. 개중에는 제어용 소프트웨어 개발로 사업 방향을 전환하는 기업도 나오고 있다. 이 기업들은 계속해서 미국 내에서 자금을 조달하고 있지만, 지금은 그 당시의 기세는 잃어버린 상태라고 해도 좋을 것이다. 그렇지만 그림 5-1을 살펴보면 알 수 있듯이 미국 내 소비자용 드론의 총매출액은 해마다 증가하고 있다. 독일의 스타티스타가 2017년 5월에 내놓은 〈드론: 미국에서의 기술 성장 시장Drones: A Tech Growth Market in the United States〉이라는 기사에 따르면,

미국의 시판 드론 시장은 2017년 연간 12억 9,600만 달러 규모에 달한다고 했다. 실제로 최근에는 미국 베스트바이와 같은 대형 가전 양판점에서도 일상적으로 드론이 팔리고 있으며 이것이 장난감이냐 서비스냐는 둘째 치더라도 일반에 보급되기 시작한 느낌이 있다.

투자업계에서는 철 지난 분야로 보이지만, 산업용 로봇과 마찬가지로 드론의 실용화 역시 이제부터가 본격적인 승부처로 볼 수 있다. 그러므로 계속해서 주시할 필요가 있는 분야다.

로봇대국으로 가는 길, '중국제조 2025'

2018년 10월 국제로봇연맹(이하 IFR)이 발표한 〈2018 세계 로봇 발표: 산업용 로봇 및 서비스 로봇WR 2018 Presentation Industrial and Service Robot〉 보고서에 따르면, 2017년은 산업용 로봇의 판매 대수에서 중국이 전 세계의 약 1/3을 차지했다고 한다. 무엇이 방아쇠가 된 것일까? 앞서 차세대 모빌리티 분야를 해설해준 장신의 다나카 도시카즈 씨에게 이 엄청난 숫자의 배경에 있는 움직임을 물어보았다.

산업용 로봇의 판매는 5년 만에 6배

앞서 설명한 IFR의 보고서가 산업용 로봇 판매 대수 세계 상위 5개국으로 꼽은 국가는 중국, 일본, 한국, 미국, 독일순이다. 순위만 놓고 보면 일본이 뒤떨어져 있지 않다고 느껴질 수 있지만, 중국의 판매 대수 증가는 그림 5-2를 보면 알 수 있듯이 경이적이라고 할 만한 수준이다. 이 보고서에 있는 다른 조사 결과를 보더라도 2013년에서 2017년까지 5년 동안 판매 대수가 약 6배로 증가했는데, 주로 자동차와 ICT 관련 분야에서 수요가 폭발적으로 늘어나고 있다.

2018년 7월 중국 로봇산업연맹은 향후에 관해서도 '2018년 산업용 로봇의 주문량은 18만 대 규모가 될 것'이라고 발표했다. 2017

그림 5-2 전 세계 산업용 로봇 판매 상위 5개국의 판매 대수 추이(2015년~2017년)

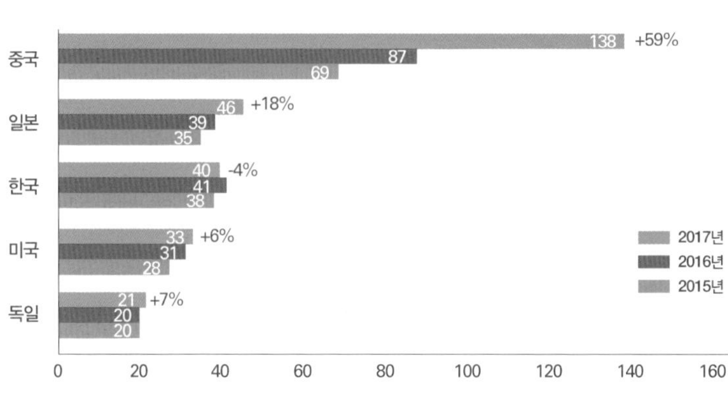

출처: IFR.

년 추정치가 대략 16만 대 정도였으니 예상을 웃도는 성장을 하고 있다.

중국제조 2025의 개요

단기간에 이만큼 판매 대수가 증가한 배경에는 인공지능 분야와 마찬가지로 국책이 있다. 바로 중국 정부가 2015년 5월에 발표한 '중국제조 2025'다. 중국 정부는 2014년을 로봇 발전 원년으로 선포하고 제조업에서의 산업용 로봇 보급을 국가적으로 지원하기 시작했다. 그리고 2015년에 총 3단계를 거쳐 중국 내 제조업을 세계 1위로 만들겠다는 계획 '중국제조 2025'를 내놓았다. 1단계는 2025년까지 영국과 프랑스, 한국을 뛰어넘는 세계 수준의 제조강국 진입이 목표다. 그리고 2단계인 2035년까지는 일본과 독일을 제치고 중국의 제조업을 세계의 2위권까지 끌어올리고, 마지막 3단계인 2049년까지 미국을 제치고 명실공히 제조업에서 세계 1위에 올라서겠다는 계획이다.

사실 이 계획은 중국의 중요한 전환점에 맞추어 설계되어 있다. 먼저 2021년 중국은 공산당 출범 100주년을 맞이한다. 그 성과물로 2025년까지 중국 내 제조업을 세계 수준으로 만드는 것이 당면 목표다. 그리고 2049년은 중화인민공화국 건국 100주년이 되는 해다. 이때까지 중국의 제조업을 세계 1위로 끌어올리려고 하는 것이다.

로봇산업 발전 5개년 계획이 로봇 도입을 뒷받침

이 같은 계획을 수행하기 위한 구체적인 정책으로, 2016년에 로봇산업 발전 5개년 계획이 발표되었다. 이로 인해 로봇에 의한 자동화가 주목받게 되었으며 중국 내 판매가 폭발적으로 늘어났다. 이 5개년 계획에는 2020년까지 '로봇 밀도 150대 이상', '그중 중국산 로봇으로 10만 대 이상'과 같은 수치화된 목표도 함께 포함되었다. 로봇 밀도란 생산가능 인구 1만 명당 로봇 대수를 뜻한다. IFR의 조사에 의하면 중국은 2016년 68대에 불과하던 것이 2018년 100대 이상으로 급증했다. 참고로 다른 나라의 경우 한국이 631대로 선두였고 싱가포르 488대, 일본은 303대 순이었다. 이들 나라의 로봇 밀도가 두드러지는 이유는 인구 대비 자동차를 비롯한 제조업의 비중이 높고 자국 내 경쟁력 있는 글로벌 제조사가 있기 때문일 것이다. 현재 중국의 로봇 밀도는 연간 15~20대 수준의 증가 속도여서 2020년까지 로봇 밀도를 150대 이상으로 높이는 것은 상당히 목표를 높게 잡은 셈이다. 하지만 목표에 근접하는 수준까지는 증가할 것으로 보인다.

앞으로 중국에서도 한 자녀 정책에 따른 저출산 문제가 발생할 것으로 보인다. 이 때문에 생산가능인구가 줄어들고 있어 인건비는 해마다 높아지고 있다. 중국도 이런 사정 때문에 로봇에 의한 자동화를 미룰 수 없게 되었다. 이 5개년 계획에 들어가 있는 '중국산 로봇으로 10만 대 이상 실현'이라는 또 한 가지 수치를 달성하기 위해 이미 많은 제조사가 새로운 움직임을 보이고 있다. 2018년 7월에 상하이에서 개최된 중국 국제로봇전에서는 중국 제조사들의 협동로봇이 눈길을 끌었다. 또 로봇 암과 생산관리 시스템을 일체화시킨 듯한 기기들의 전시도 많아졌다. 정보화시대에 대응하는 소프트웨어의 통합 능력을 어필하는 기업이 늘었다는 인상이었다. 이는 틀림없이 '로봇산업 발전 5개년 계획'의 영향일 것이다.

드론 기업의 자금 조달액에서는 상위 5위 중 3사가 중국

로보틱스 분야의 동향을 살펴보는 데 있어, 요즘 빠뜨릴 수 없는 분야가 바로 드론이다. 실리콘밸리에서는 관련 기업에 대한 투자에 주춤하는 느낌이지만, 중국에서는 아직도 드론과 관련된 스타트업

중국에서 약진하는 드론 제조사

DJI의 웹사이트에서.

의 움직임이 활발하다. 오히려 기업에 따라서는 커다란 상승 곡선을 그리고 있다. 사실 드론 산업을 전문적으로 조사하는 독일의 드론 인더스트리 인사이트의 조사에 따르면, 2014년에서 2016년까지 관련 스타트업의 투자액 순위에서 상위 5개 업체 중 3곳이 중국 기업이다. 선전에서 탄생한 드론 제조사 DJI와 앞서 차세대 모빌리티 분야에서 주목할 만한 스타트업 중 하나로 거론했던 이항, 그리고 인텔이 투자해 관심을 모은 상하이의 드론 제조업체 유닉이 그 주인공들이다.

그중에서도 2016년까지 총 투자액이 1억 500만 달러로 세계 1위가 된 DJI는 '2016년 기준으로 전 세계 상용 드론 시장의 약 70%의 점유율을 확보했다'고 골드만삭스가 발표했다. DJI가 세계적으로 지배적인 지위를 차지하게 된 이유에 관해서는 이후 해설에서 자세히 설명하기로 한다.

Silicon Valley

IT 기업이 즐비한 실리콘밸리에서 로보틱스 관련 기업에 대한 주목도가 단번에 높아진 시기는 2013년 무렵이다. 그 배경에는 앤디 루빈의 로봇 사랑이 있었다.

Google

로봇 개발에 대한 투자 열풍을 만들어 낸 구글

대기업에 의한 로봇 관련 기업의 투자·인수의 역사를 파헤쳐보면 2013년을 시작으로 구글이 관련 스타트업을 잇달아 인수했던 것이 현재의 열풍으로 이어졌다는 걸 알 수 있다.

앤디루빈

안드로이드 OS를 만든 앤디 루빈이 기여

이와 같은 흐름을 만든 인물은 안드로이드 OS를 만든 전 구글 부사장 앤디 루빈으로 알려져 있다. 그는 현재 플레이그라운드 글로벌이라는 투자 회사를 설립해서 관련 기업을 지원하고 있다.

Amazon Robotics

물류에 속도 혁명을 일으키는 아마존 로보틱스

아마존은 2012년 미국 키바 시스템을 인수해 로봇을 활용한 물류 시스템의 자동화를 진행한다. 이 사건을 계기로 관련 기업이 폭발적으로 증가하는 데 방아쇠 역할을 했다.

Softbank

샤프트와 보스턴 다이나믹스를 인수한 소프트뱅크의 노림수

2013년과 2014년에 구글이 인수했던 유명 로봇기업을 넘겨받는 형태로 자사 그룹에 편입시킨 소프트뱅크. 인공지능×로봇 시대의 도래를 예견한 움직임으로 보인다.

China

중국제조 2025를 착착 진행하는 가운데 중국 제조사와 BAT의 움직임도 활발해지고 있다. 특히 드론 활용을 위한 움직임은 세계적으로 앞서가고 있다.

제조사 5곳

산업용 로봇 빅4를 추격하는 5대 중국 제조사

2018년 중국 내 산업용 로봇의 70~80%를 빅4라고 불리는 해외 기업이 공급하고 있다. 이를 따라잡기 위해 중국 내 제조업체들이 치열한 경쟁을 벌이고 있다.

Tencent

인공지능×로봇 분야에 대한 투자를 진행하는 텐센트

중국 3대 IT기업 중 하나인 텐센트는 2018년에 로보틱스X라는 로봇 연구소를 설립했다. 그 밖에 관련 스타트업에도 적극적으로 투자하고 있다.

16조 원

알리바바는 물류 개혁에 16조 원 이상을 투자

마찬가지로 3대 IT 기업인 알리바바는 물류 자회사인 차이나오의 창고 내 작업 자동화와 배송용 드론을 실전 배치하기 위해 거액을 투자하고 있다.

자사 드론이 시장 점유율 1위가 된 DJI의 성장 전략

2006년 창업해 10년 만에 전 세계 상용 드론 시장의 약 70%를 점유해 세계 1위 기업이 된 DJI. 그 배경에는 적극적인 기업 제휴가 있었다.

대기업에 의한 인수·출자가 로봇의 미래를 바꾸다

다른 산업과 마찬가지로 기술이 보급되는 과정에서 대기업의 역할은 간과할 수 없다. 대기업이 유망한 스타트업을 인수하거나 투자함으로써 새로운 기술의 실용화에 박차를 가하기 때문이다. 여기서는 로보틱스 분야의 발전에 실리콘밸리 주변 대기업이 어떻게 관련되어 왔는지를 살펴본다.

구글, 투자의 전환점을 만들다

최근의 실리콘밸리에서 이루어지는 로봇 관련 기업의 인수·투자에 관해 설명하는데 구글을 빼놓고는 이야기할 수 없다. 구글은 2013년 로보틱스 스타트업 몇 곳을 잇달아 인수해 주목을 끌었다. 이듬해인 2014년에는 자율보행 로봇의 개발로 유명한 보스턴의 다이나믹스도 인수했다.

도쿄대학에서 시작한 로보틱스 기업 샤프트가 인수된 것도 이 시기다. 당시 '구글이 왜 로봇 분야에 진출하지?' 하고 의구심을 가진 사람들이 많았다. 지금이야 구글이 개발에 주력하는 인공지능 분야가 로봇의 진화를 촉진시킨다는 것을 모두 알게 되었지만, 당시에는 실리콘밸리에서도 충격적으로 받아들였다.

구글의 로보틱스 투자 이후, 퀄컴과 인텔 등 반도체 제조사와 사

자율보행 로봇 개발로 알려진 보스턴 다이나믹스

보스턴 다이나믹스의 웹 갤러리에서

물인터넷을 미래 사업의 중추로 육성하려던 GE, 스위스의 글로벌 로봇 자동화 업체 ABB 등 미국 안팎에 대형 제조업체들이 로보틱스 스타트업 인수전에 뛰어들었다. 그러나 구글은 2017년 보스턴 다이나믹스와 샤프트를 소프트뱅크에 매각하면서 로보틱스 분야에서 손을 떼려는 인상마저 보였다. 여기에는 스마트폰 OS의 세계 표준 안드로이드의 아버지, 앤디 루빈의 거취가 영향을 미친 것으로 보인다.

플레이그라운드 글로벌을 설립한 앤디 루빈

플레이그라운드 글로벌의 웹사이트에서

앤디 루빈이 로봇 산업을 발전시켰다?

앤디 루빈은 2013년 12월 구글 로봇 부문 책임자로 취임했다가 2014년 구글을 퇴사한다. 이듬해 구글은 지주회사 알파벳을 설립한다. 이런 경영 개혁 과정에서 구글의 로봇 개발에 대한 자세가 바뀐 것이 분명하다. 개인적인 추측이지만 구글은 그 시기에 앤디 루빈이 타사로 자리를 옮기면 곤란해지니까 로봇 사업 쪽으로 사업을 확장했던 것이 아닌가 생각한다. 앤디 루빈은 로봇을 너무나 좋아했으며 안드로이드의 차기 프로젝트와도 매우 궁합이 잘 맞았던 인물이다. 그래서 구글의 로보틱스로의 이동은 앤디 루빈을 잡아두기 위한 것이면서도 일시적인 것으로 볼 수도 있다.

다만 이때부터 로봇 개발에 서광이 비쳤던 것은 부인할 수 없는 사실이다. 구글의 투자는 로봇 산업 발전에 커다란 영향을 주었다. 앞서 설명했듯이 2014년부터 산업용 로봇 개발을 중심으로 총 투자액이 상당히 증가했기 때문이다.

그리고 앤디 루빈 자신도 구글 퇴사 후 설립한 벤처캐피털 겸 인큐베이터 기업 플레이그라운드 글로벌을 통해 로봇을 포함한 하드웨어 계열 스타트업에 많은 투자를 하고 있다. 지금도 그의 지원으로 미국의 카네기멜론대학교 등 다양한 대학과의 협업이 이뤄지고 있으며 로봇의 진화에 엄청난 기여를 하고 있다. 조금 과장해서 말하자면, 실리콘밸리 로보틱스 산업의 발전은 구글과 앤디 루빈이 만들어냈다고 해도 과언이 아니다.

물류×로봇 활용으로 앞서나가는 아마존

이제 소개할 곳은 전자상거래 서비스와 물류에 속도혁명을 일으킨 아마존이다. 아마존은 2012년 창고에서 물건을 나르는 자율형 로봇을 개발하던 미국 키바시스템을 7억 7,500만 달러에 인수해 물류 시스템에 투입했다. 키바시스템을 인수한 아마존은 로봇을 활용한 물류 시스템 자동화를 이어서 추진한다. 아마존이 방대한 양의 주문을 당일 배송과 시간 지정 배송으로 처리할 수 있게 된 배경에는 키바시스템의 기술력이 크게 이바지했다. 아마존의 사례를 구글과 비교해보면 매우 대조적이다. 그리고 주목할 만한 점도 있다. 로봇을 활용해 거대한 물류망을 떠받치는 시스템을 진화시킨 아마존. 실용화와는 거리가 멀어도 독창적인 기술력을 보유한 로봇 기업을 인수한 구글. 로봇 산업의 발전에 어느 기업이 더 이바지했는지는 아직 알 수 없다. 다만 아마존은 미국식의 유틸리티 중심의 로봇 활용으로 물류 시스템에 혁신을 일으켰고, 아마존의 시스템을 따라잡기 위해 전 세계 전자상거래 업체들이 연구개발을 진행하고 있다. 그런 의미에서 아마존의 대응은 산업을 진화시키고 관련 기술을 개발하는 스타트업 확대의 방아쇠가 되었다고 할 수 있다.

착착 기술로 뻗어 나가는 소프트뱅크

지금까지 실리콘밸리를 중심으로 한 미국 기업의 움직임을 다루었는데, 일본의 소프트뱅크가 분투하고 있는 점도 소개해둔다. 2017년에 구글로부터 넘겨받는 형태로 보스턴 다이나믹스와 샤프트를 그룹 산하에 두었다는 내용은 이미 언급했다. 소프트뱅크가 인수·출자한 다른 기업의 라인업과 나란히 놓고 보면 이번 인수의 의도가 선명하게 떠오른다.

예를 들면 2016년에는 대형 반도체 설계 업체인 영국의 암 홀딩스를 약 33조 원에 인수했고 2017년에는 손정의 회장이 설립한 소프트뱅크 비전 펀드를 통해 AI 칩 개발로 알려진 미국의 엔비디아의 주식을 대량으로 보유했다. 이런 일련의 움직임들로부터 AI가 본격 보급될 때 각종 하드웨어 개발 업계에서 커다란 영향력을 갖는 것, 특히 로보틱스 분야에서 주도권을 쥐려는 생각을 읽어낼 수 있다. 보스턴 다이나믹스는 조만간 자율보행 로봇의 시판을 시작한다고 발표했는데, 여기서도 소프트뱅크의 공적이 나타나고 있다.

그 밖에도 제2장 차세대 모빌리티를 다룰 때 MaaS 분야에서 도요타 자동차와 협업한다는 내용을 소개했다. 로보틱스와 관련된 테크놀로지 분야에 앞으로도 적극적으로 투자해 나갈 것으로 생각된다. 실리콘밸리에서도 소프트뱅크 그룹과 비전 펀드의 존재감이 해마다 커지고 있어, 소프트뱅크가 기술로 뻗어 나가는 행보에 앞으로도 주목할 필요가 있다.

로봇 산업에까지 미친 알리바바와 텐센트의 영향력

마켓 트렌드 해설에서 중국에서는 '중국제조 2025'라는 국가 전략 아래서 로봇 활용이 진행되고 있다고 설명했다. 국가의 지원에 힘 입어 산업이 급속도로 발전해가는 양상은 인공지능이나 전기자동차와 마찬가지 상황이다. 그리고 이 산업들에도 BAT의 영향력이 매우 크다. 로봇 산업에서도 마찬가지인지 중국 내 주요 업체들의 동향을 살펴본다.

산업용 로봇의 빅4 대 중국 제조사

지금까지 중국은 해외 산업 기기 제조사로부터 많은 산업용 로봇을 구입해왔지만, 이제는 정부 주도로 중국 제조사가 늘어나고 있는 상황이다. 그래서 먼저 현재 시점에서의 산업 기기 제조사 사이의 역학 관계를 정리해둔다. 미국의 블룸버그가 2018년 5월에 보도한 내용에 따르면 중국 내에 판매되고 있는 산업용 로봇의 점유율은 대략 해외 제조사 제품이 70~80%, 중국 제조사 제품이 20~30% 선이라고 한다. 중국에서 이른바 '빅4'라 불리는 주요 해외 제조사는 일본의 화낙, 스위스의 ABB, 독일의 쿠카, 일본의 야스카 전기다.

이 빅4의 뒤를 잇는 곳이 일본의 엡손과 가와사키 중공업, OTC 다이헨, 덴마크의 유니버셜 로봇 등이다. 그런데 빅4 중 하나인 쿠카는 2016년 중국의 대형 가전업체 메이디그룹에 인수되어 업계의 경쟁 환경이 바뀌고 있다. 또 중국에서도 중견 제조사는 물론이고 신흥 제조사들이 등장해 실력을 키우고 있다.

선양 시아순, 광저우 슈콩, 안후이 아이푸터, 난징 아이스툰, 아우보 로보틱스 등이 대표적인 기업들이다. 중국 제조사의 산업용 로봇 판매 대수는 2018년 기준으로 대기업도 연간 1,000대에서 3,000대 규모다. 반면에 빅4는 연간 판매 규모가 1~2만 대 수준이니 아직은 격차가 크다고 할 수 있다. 그렇지만 대형 투자를 확보한 중국 제조사도 많아 앞으로의 성장이 더 기대된다.

인공지능×로봇 분야를 개척하는 텐센트

로봇 투자라는 관점에서 간과할 수 없는 기업 중 하나가 BAT의 일각인 텐센트다. 텐센트는 AI×로봇이라는 관점에서 여러 방면으로 자금을 투입해 중국 내외에서 영향력을 강화하려 하고 있다.

대표적인 움직임으로는 2018년 3월에 설립된 로봇 연구소 로보틱스X가 있다. BAT 3사가 인공지능 연구개발에 본격적으로 나서고 있다는 내용은 제1장 인공지능 부분에서 설명한 바 있다. 텐센트는 그 일환으로 2017년에 텐센트 인공지능 연구소라는 연구 기관을 설립했다. 이 연구소의 슬로건은 'Make AI Everywhere', 즉 모든 사물에 인공지능을 탑재하는 것이다. 이 슬로건 아래 설립된 곳이 로보틱스X다. 따라서 당장 산업용이나 의료용 로봇 분야에 진출하는 것

텐센트가 2017년에 설립한 텐센트 인공지능 연구소

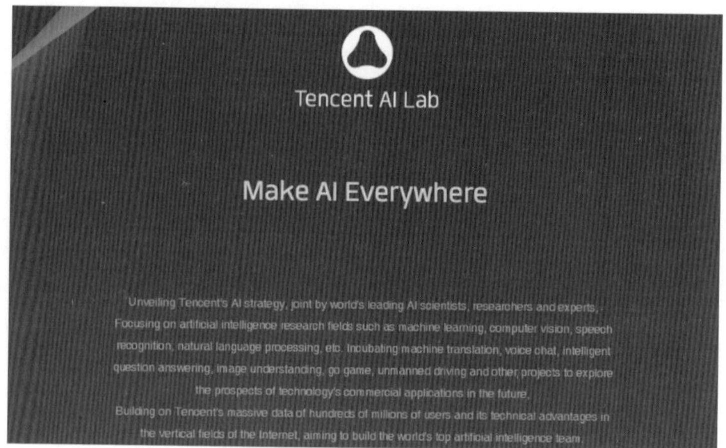

텐센트 인공지능 연구소의 웹사이트에서

이 아니라, 먼저 인공지능×로봇 분야에서 승부를 겨룰 수 있을 법한 분야를 모색해갈 것으로 보인다.

실제로 텐센트의 최근 투자처를 살펴보면, 유비테크 로보틱스와 윈지 테크놀로지 같은 중국의 대인 로봇 제조사나 미국 원더워크샵 같은 교육 로봇 개발회사가 눈에 띈다. IT 기업인 텐센트로서는 소비자와 가까운 로봇 개발 쪽이 인공지능×로봇 분야에서 노하우를 쌓기 쉬울 것이다. 중국에서는 교육용과 프로그래밍용 로봇이 많이 사용되기 때문에 합당한 전략이라고 할 수 있다.

미국 기업에 적극적으로 투자하는 벤처캐피털도 등장

참고로 텐센트가 미국의 원더워크샵에 투자하고 있는 것처럼 중국에서는 미국의 로보틱스 스타트업에 투자하는 흐름이 강해지고 있다. 상징적인 사례는 리카이푸가 설립한 벤처캐피털 시노베이션 벤처스다.

리카이푸는 미국에서 애플과 마이크로소프트, 구글 등을 두루 거친 경영자로 예전에는 구글 차이나의 대표도 지냈던 인물이다. 실리콘밸리 로봇 산업 발전의 핵심 인물로 유명세를 치르던 앤디 루빈과도 각별한 사이이다. 그런 경력의 소유주 리카이푸가 이끄는 시노베이션 벤처스는 로보틱스 분야에서 미국의 스타트업에 많이 투자하고 있으며 중국 내에서는 AI 관련 스타트업에 투자하고 있다. 이런 자금의 운용 방식은 매우 흥미롭다고 생각한다.

알리바바는 10조 원 이상을 투자해 물류 개혁을 추진한다

계속해서 소개할 곳은 BAT의 하나인 알리바바의 움직임이다. 전자상거래 기업인 알리바바는 아마존처럼 로봇을 물류 거점의 혁신에 활용하고자 적극적인 투자를 벌이고 있다.

중국의 각 전자상거래 업체는 최근 몇 년 동안 상품의 배송시간을 대폭 단축하고 있는데, 알리바바의 창업주인 마윈은 그룹 내 물류 자회사를 통해 전 세계에 배송하는 시간을 72시간 이내로 단축하겠다고 발표하고 이를 위해 1,000억 위안(약 16조 원)이 넘는 자금

10조 원 규모의 물류 개혁을 역설하는 알리바바 창업주 마윈

알리바바의 웹 갤러리에서

을 마련했다.

알리바바는 거액의 용도로 배송용 드론에 투자하겠다는 계획을 이미 내놓았다. 배송용 드론 연구개발은 중국 전자상거래 업계 2위인 JD도 추진하고 있어 언젠가는 무인 드론이 상품 배송에서 일익을 담당하게 될지도 모른다.

또 알리바바 그룹의 물류 시스템을 담당하는 차이나오는 창고에서의 화물 입고부터 창고 내 이동, 포장, 라벨링, 출고까지 모든 업무에 로봇에 의한 자동화를 추진하고 있다. 현시점에 창고 업무의 약 70%를 로봇이 담당하고 있다고 한다. 창고 내의 모습을 동영상

으로 보았을 때 이제 아마존의 물류 거점과 같은 수준으로 자동화가 이루어져 있다는 인상을 받았다.

여기까지 물류 시스템이 정비된다면 남은 것은 커다란 트럭으로 운반하고 마지막에는 드론으로도 배송하는, 앞서 설명한 미래상이 꿈만은 아닐 것이다. 국토가 광활한 중국이 지방 도시까지 어떻게 배송할지에 관한 문제가 있지만, 과제가 크면 클수록 테크놀로지의 진화도 빨라진다는 것은 이미 정설이다. 알리바바는 이 분야의 선도 기업이 되어 갈지도 모른다.

상용 드론 세계 1위가 된 DJI의 성장 전략

다음은 드론 산업에서 세계의 선도 기업이 된 DJI의 동향을 소개한다.

2006년에 탄생한 스타트업이 상용 드론의 점유율 세계 1위를 자랑하기까지 성장한 배경에는 2014년부터 건수가 급격하게 증가한 타 기업과의 제휴 전략이 있다. 특히 2015년 연말~2016년에는 미국 포드 자동차 같은 대형 자동차 제조사부터 센싱 기업, 지도 제작 회사에 이르기까지 폭넓은 업종의 기업과 제휴했다. 2018년에는 마이크로소프트와 제휴를 맺기도 했다. 일본 기업 중에는 엡손과 제휴하고 있는데, 엡손이 만든 AR 스마트 글래스를 통해 드론의 하늘 촬영 동영상을 실시간으로 확인할 수 있는 식이다.

이 사례에서처럼 DJI가 뛰어난 점은 다양한 기업과 제휴하며 드

이미 일본 시장에 진출한 DJI

DJI의 웹사이트에서

론의 용도와 즐기는 방법을 넓혔다는 데 있다고 할 수 있다. 또 DJI는 거점이 선전에 있어 경쟁사인 미국 3D 로보틱스 등에 비해 부품을 저렴하게 조달할 수 있다는 비용 면에서의 이점도 크게 작용했을 것이다.

업계 관계자 사이에서는 이르면 2019년에 IPO(주식 공개)하는 것이 아니냐는 말이 나오고 있어 한층 더 성장이 전망된다. 다만 IPO 이후에는 지금까지와 다른 전략이 필요해질 것이다. 이제까지의 강점이었던 소비자용 드론 판매만으로는 분기마다 실적이 널뛰기할 위험이 있어 주주로부터 불안하다는 의견이 나오기도 한다. 산업용 드론 시장을 개척해 갈 것인가, 아니면 새로운 비즈니스 모델을 구축할 것인가? 몇 가지 예상되는 방향성은 있다. 예컨대 드론을 한 번 팔고 끝내는 것이 아니라 구독 모델을 구축해 가는 방법도 생각해볼 수 있다. 또 건축 기계 제조사인 고마쓰가 채용한 스마트 컨스트럭션처럼 시공 전 측량부터 설계, 시공 후 검사 결과에 이르기까지 상세하게 데이터를 구해서 적절한 시점에 드론을 종량 과금 형태로 대여하는 식의 모델도 적절할 것 같다. 어느 쪽이 됐든 앞으로의 성장에는 실리콘밸리 편 게스트 해설을 맡아준 오타니 씨가 말한 RaaS 같은 모델 구축이 요구된다고 생각한다.

로보틱스 분야의
주목 스타트업

로보틱스 분야는 군사용을 제외하면 크게 산업용 로봇, 소비자용 로봇, 의료용 로봇 3가지로 분류할 수 있다. 각각의 분야에서 하드웨어 개발뿐만 아니라 소프트웨어 개발도 활기를 띠고 있다는 점이 특징이다. 3가지 분야에서 주목받는 스타트업을 꼽아보았다.

Silicon Valley		China
보사노바 로보틱스 캔버스 테크놀로지 세일드론	산업용 로봇	크룬드
탑플라이트 테크놀로지 사비오크	소비자용 로봇	두봇 매지션 유비테크 테크놀로지 로키드
인터치헬스 롬 로보틱스	의료용 로봇	

보사노바 로보틱스

2005년에 설립된 샌프란시스코의 로봇 제조사로 소매점용 상품 관리 로봇 개발을 진행하고 있다. 재고 데이터의 수집과 분석을 자동화함으로써 대규모인 소매 체인점의 운영을 효율화하는 것을 미션으로 내걸고 있으며 미국에서는 월마트 매장 50곳에서 테스트를 진행한 것으로 유명하다.
지금까지 유치한 투자금액이 약 6,000만 달러에 달하며 유사 기업인 페치 로보틱스에는 소프트뱅크가 280억 원을 출자하는 등 가게와 창고의 재고 관리 로봇 개발은 전체적으로 활기를 띠는 양상을 보여주고 있다.

▲ 월마트에서 테스트 진행 중인 상품 관리 로봇
▼ 로봇 옆에 있는 막대기 모양의 스캐너로 상품 선반을 확인
(이미지는 모두 보사노바 로보틱스의 웹 갤러리에서)

캔버스 테크놀로지

2015년에 설립된 로봇 제조사로 로봇 비전(로봇을 위한 시각 기능)만을 사용해 5단계, 즉 완전 자동으로 운전하는 자율주행형 로봇을 개발하고 있다. GPS가 닿지 않는 창고 혹은 공장 안쪽이나 어질러진 환경에서도 자율주행이 가능해 건물 내에서 화물을 나를 때 등에 편리한 로봇이다.

구글과 도요타, 퀄컴, 키바 시스템(현 아마존 로보틱스) 등의 출신자가 모여 개발을 진행하고 있으며 이곳에 출자하는 기업은 앤디 루빈의 플레이그라운드 글로벌 외에 미국 야후의 창업주인 제리 양 씨가 공동 창업한 벤처캐피털인 AME 클라우드 벤처 등이 참여해 면면이 화려하다.

인간과의 협동이 가능한 자율주행형 로봇 캔버스 카트(캔버스 테크놀로지의 웹 갤러리에서)

세일드론

무인 수상정 선단을 통해 수집한 고해상도 해양 데이터를 제공하는 업체 세일드론은 2013년에 해양 드론을 샌프란시스코에서 하와이까지 항해시키는 실증 실험에 성공했다. 현재는 미국 해양대기청과 제휴하고 있는데, 세일드론의 해양 드론은 해양·대기 측정 장치로서 기대를 받고 있다.

2018년 5월에는 지구 상태를 실시간으로 모니터링하는 해양 드론 선단을 개발하기 위해 6,000만 달러를 자금 조달받는 등 원대한 구상을 하고 있다는 점에서 선정했다.

탑플라이트 테크놀로지

휘발유·전기 병용 하이브리드 드론을 개발하는 스타트업으로 필자가 공동 창업한 트랜스링크 캐피털 외에 미국의 ff 벤처캐피털과 스크럼벤처스, 개인 투자자로는 이토 조이치 매사추세츠 공과대학 미디어 연구소장 등이 출자하고 있다.

하이브리드이므로 전기구동 드론보다 적재 중량과 장시간 비행에 뛰어나 2018년 시점에는 10킬로그램의 화물을 싣고 5시간 정도 비행할 수 있다. 말하자면 드론과 헬리콥터의 중간 같은 역할을 할 수 있어 물자의 장거리 배송에도 응용할 수 있다고 보고 있다.

또 장시간 비행의 특징을 활용해 우주 공간에서의 조사 비행에 드론을 응용하는 애자일 에어로스페이스 2.0이라는 프로젝트를 추진하는 등 해운과 농업 분야에서 데이터 수집과 과제 해결에도 나서고 있다.

사비오크

2013년 창업한 스타트업으로 자율주행용 배송 로봇을 개발하고 있다. 사비오크의 배송 로봇 릴레이는 사업장 및 상업 시설에서 사무용품이나 음식물을 운반하는 것은 물론, 엘리베이터에 탑승해 객실 문 앞까지 이동하는 것도 가능해 호텔이나 고층 빌딩의 룸서비스 용도로 주목을 받고 있다. 일본에서는 시나가와 프린스 호텔이 릴레이를 도입했다.

사비오크의 CEO는 로봇 운영체제 ROS를 개발한 윌로개라지 출신이며 사비오크의 로봇은 스타워즈에 나오는 R2D2처럼 움직이면서 사람이나 장애물을 피해 이동한다. 이는 앞서 설명했던 유틸리티를 추구하는 한 가지 형태라는 의미에서도 개인적으로 주목하고 있다.

이미 호텔의 로봇 종업원으로 가동되는 사비오크 로봇(사비오크의 웹 갤러리에서)

인터치헬스

2002년에 창업한 조금 오래된 회사인데 최근에는 환자와 의사가 다른 장소에 있어도 실시간으로 커뮤니케이션을 취할 수 있는 원격 진료용 로봇을 개발·제공하고 있다. 카메라·마이크·디스플레이·스피커를 갖춘 로봇인 텔레프레전스 로봇을 룸바의 개발로 알려진 미국 아이로봇과 공동 개발하고 있으며 2018년 2,100만 달러의 추가 펀딩에 성공했다.

롬 로보틱스

공기압을 이용한 엑추에이터(전기 신호를 물리적인 운동으로 변환하는 기계)로 관절 기능에 장애가 있는 사람의 거동을 돕는 엑소스켈레톤(외골격)을 개발하는 회사다. 기존에 의료용으로 사용되던 기술을 일반 소비자용으로 전개하려고 하며 첫 제품은 스키 타는 사람을 대상으로 한 제품을 발매할 예정이라고 한다. 특징은 금속으로 만들어진 엑추에이터가 아닌 부드러운 소재를 사용해 인간의 움직임을 유연하게 돕고 있다는 점이다. 이를 소프트 로보틱스라고 하는데 로봇 산업에서도 주목받기 시작했다.

롬 로보틱스의 웹사이트.

크룬드

대형 가전 제조사 하이얼 그룹 산하의 로봇 회사로 2015년 6월에 설립되었다. 'AI는 사랑을 위해 태어났다AI Born for Love'를 슬로건으로 내걸고 있으며 2015년 8월에 발표한 가정용 지능 로봇 와오로 유명해졌다. 그 밖에 B2B용 보안 로봇과 소방용 로봇 등을 개발하고 있다.

2018년 6월 상하이에서 열린 CES 아시아에서는 하이얼이 엄청나게 큰 부스를 마련해 스마트홈과 스마트하우스의 모델을 선보인 바 있다. 그중에 로봇은 없었지만, 앞으로는 크룬드의 로봇이 커넥티드 디바이스 중 하나로 들어올지도 모른다.

은행 창구에서 접객 업무를 지원하는 크룬드 로봇(크룬드의 웹사이트에서).

China

두봇 매지션

이 제품은 2015년에 설립된 선전 웨장 테크놀로지라는 회사가 개발한 STEM(과학, 기술, 공학, 수학의 머리글자를 딴 조어 – 옮긴이) 교육용 로봇 암이다. 구글 개발자 콘퍼런스인 구글 아이오 2017에서 언급되면서 주목받았으며 2018년 6월에는 1,500만 달러의 펀딩에 성공했다. 두봇 매지션은 가정용 와이파이로 작동하는 로봇 암으로 3D 프린터와 레이저 커터, 레이저 프린터 등의 기능을 일반 가정에서도 사용할 수 있게끔 만든 것이다. 일반 가정에서 사용하기에는 아직 안전 면에서 과제가 있는데 사용성과 안전성을 어떻게 양립시킬 것인지 앞으로의 행보를 주목할 만하다.

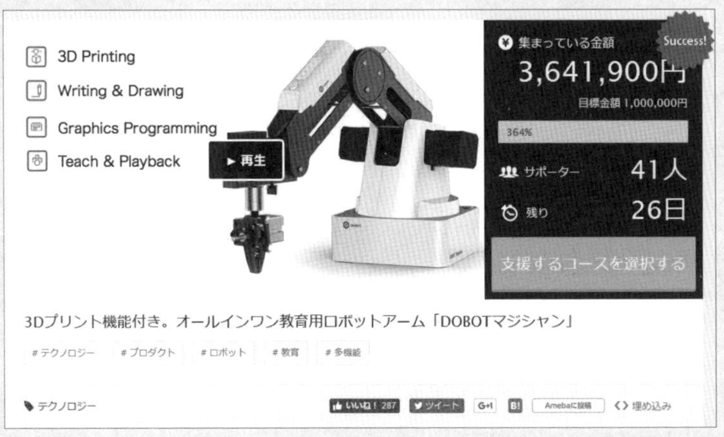

일본에서는 2017년 크라우드 펀딩 업체 마쿠아케를 통해 자금을 조달해 화제가 되었다(마쿠아케의 보도 자료에서).

유비테크

텐센트가 투자하고 있는 기업 중 하나로 유비테크는 2018년 5월에 시리즈 C 라운드(비즈니스 모델과 성장성을 인정받아 M&A나 IPO을 앞둔 단계 - 옮긴이)에서 8억 2,000만 달러를 조달해 AI 로보틱스 기업에 의한 단일 라운드 조달액에서 최고액을 기록했다.
2012년에 설립된 유비테크는 휴머노이드 로봇인 알파원 프로의 개발·판매부터 시작했고 그 뒤로 업무용 로봇인 크루저와 아동 대상 STEM 학습용 로봇인 지무 로봇 등을 개발한다. 이 제품들은 일본을 비롯해 세계 40개국 이상에서 판매되고 있으며 최근에는 아마존의 AI 비서 알렉사에 의해 동작하는 로봇인 링스도 발표했다. 링스는 스마트홈 디바이스로 활용할 수도 있어 기대를 모으고 있다.

아마존 알렉사가 탑재된 가전용 로봇 링스
(유비테크의 웹사이트에서).

로키드

2014년 12월에 설립된 로키드는 로봇+키드의 조어에서 만들어졌으며 AI가 탑재된 가정용 서비스 로봇을 주력 제품으로 하고 있다. 현재는 심부름형 가정용 로봇인 로키드 에일리언과 가정용 지능 오락 비서인 로키드 페블 등 여러 종류의 제품을 판매하고 있다. 에일리언은 음성 인식을 탑재해 각종 가전을 컨트롤하면서 뉴스, 날씨, 일정, 백과사전, 음악 등의 클라우드 서비스와 연동해 정보를 제공하는 로봇이다. 한편 페블은 이른바 스마트 스피커로서 음악 재생이나 가전 제어 등을 할 수 있는 것 외에 택시 호출과 택배 등 온라인 서비스도 이용할 수 있다. 2018년 1월에 1억 달러를 자금 조달해 화제가 되었다.

'심부름 로봇'이라 불리는 로키드 에일리언(로키드의 웹사이트에서).

경험을 파는 시대에
제조사가 이루어야 할 4가지 변화

마지막으로 일찍이 로봇 산업에서 강점을 보여온 일본 기업들이 앞으로 도전함에 있어 요구되는 변화를 마음가짐, 소프트웨어, 시장, 비즈니스 모델 등 네 가지 측면에서 오타니 씨가 설명해준다.

시바타 오타니 씨, 순서대로 해설을 부탁합니다.

오타니 첫째로 마음가짐부터 시작하겠습니다. 우리 트랜스링크 캐피털이 실리콘밸리와 아시아 4개 도시(도쿄, 서울, 베이징, 타이베이)를 거점으로 사업 개발을 지원해온 가운데 항상 느끼던 것 중의 하나가, 일본의 제조업 회사는 NIH(Not Invented Here, 여기서 개발한 것이 아니다)라는 발상이 너무 강하다는 것입니다. 요컨대 자전주의라고 해야 할까, 타국이나 타사에서 만들어진 기술은 채용할 수 없다고 생각하는 구석이 있습니다. 게다가 고도 성장기의 영향 탓인지 '좋은 제품만 만들면 잘 팔릴 것이다'라는 사고방식도 매우 뿌리 깊지요. 요즘 같은 시대의 제품 생산 방식에서는 이런 마음가짐이 바뀌지 않는다면 국제 경쟁력이 점점 떨어지고 맙니다.

예컨대 전기자동차 개발에서는 미국 테슬라가 일본의 자동차 제조사를 앞서가고 있습니다. 그렇다고 테슬라의 제품이 100% 완벽하고 대단하냐고 묻는다면, 꼭 그런 것만은 아니라고 답할 수밖에 없습니다. 실제로 예전의 테슬라 차에는 보디에 약간의 틈이 있었는지 '비 오는 날에는 물이 새니 타면 안 된다'와 같은 조롱도 들렸습니다. 그 밖에 다양한 문제를 안고 있으면서도 테슬라가 전 세계 전기자동차 시장을 개척할 수 있었던 이유는 시장의 동향을 빈틈없이 살펴보면서 갖고 싶다는 생각이 들게끔 하는 제품을 계속해서 발빠르게 만들어내고 제공해왔기 때문입니다.

예전에 저는 독일 메르세데스 벤츠의 직원이 '테슬라는 경험을 팔고 있다'라고 말하는 것을 듣고 정말로 그렇다고 느꼈습니다. 이런 발상의 전환이 필요한 시기에 접어들고 있다는 의미에서도 마음가짐을 바꿔야 할 것입니다.

그리고 둘째는 소프트웨어 개발의 변화입니다. 제조사 입장에서 하드웨어를 개발하는 것만으로 일이 끝나던 시대는 이제 지나간 이야기가 되었습니다. 로봇도 마찬가지인데, 클라우드 서비스의 처리 능력을 잘 활용해 하드웨어와 어떻게 연계시킬지를 반드시 고민해야 합니다. 그렇게 되면 당연한 말이지만 소프트웨어 쪽 기술에 정통한 사람이 필요합니다. 일본의 제조사도 최근에는 소프트웨어 엔지니어를 적극적으로 채용하고 있는 모양인데, 인력을 무작정 많이 끌어와서 임베디드 소프트웨어를 개발하면 되느냐 하면, 꼭 그렇지도 않습니다.

지금 필요한 사람은 예를 들면 파이선(프로그래밍 언어 중 하나로 기계 학습을 위해 데이터를 처리하는 라이브러리가 풍부하게 갖추어져 있다고 평가받는다)

으로 코드를 작성하면서 실시간으로 데이터를 분석하거나 수많은 AI 기능을 구현할 수 있는 인재입니다. 이런 인재를 대량으로 채용하려면 일본인만 채용해서는 때를 맞출 수 없어요. 더 글로벌한 관점에서 인재를 발굴하며 소프트웨어 개발을 추진해갈 필요가 있다고 생각합니다.

이어서 셋째는 시장을 보는 관점입니다. 지금은 역시 중국을 간과해서는 안 됩니다. 중국 기업은 예상 사용자 수가 일본에 비하면 0이 두 개 더 붙을 정도로 차이가 납니다. 그렇게 되면 만드는 방식이나 마케팅 방식도 전혀 달라질 것입니다. 일본 기업은 이런 시장에 어떻게 들어갈 것인지 진지하게 고민해야 할 시기가 되었다고 할 수 있겠습니다.

마지막으로 넷째는 앞부분에서 RaaS라는 키워드를 꼽았듯이 비즈니스 모델을 변화시켜야 한다는 점입니다. 서비스화가 진행되면 하드웨어를 만드는 사람보다 서비스를 제공하는 사람 쪽이 소비자와 더 가까워집니다. 극단적으로 말하면 구글이 개발하는 자율주행차에 타는 사람은 자동차가 어떤 제조사 제품인지 따위에 신경도 쓰지 않게 될 겁니다. 여차했을 때 자신들이 전면에 나설지, 아니면 철저히 후방을 지원할지와 같은 전략도 포함해 기존 제조사는 설 위치를 확실히 정할 필요가 있습니다.

요시카와 사업의 출발선부터 재검토할 필요가 있겠군요. 경영에서는 선택과 집중이 중요하다고 하는데, RaaS가 대두해왔을 때 '집중'해야 할 사항을 '지금 없는 것'으로 구성하겠다면 기존의 강점은 어느 정도 버려야만 합니다. 일본 제조사의 경우 그 '버려야 할 것'은 자신들의 힘으로 쌓아 올린 테크놀로지가 될지도 모릅니다. 그렇더라도 변화에 적응하기 위해서는 필요한 일입니다.

오타니 동감입니다. 물론 자사가 강점으로 삼고 있는 테크놀로지에 관해서는 자기 힘으로 계속해서 만들어야겠지만, 그뿐만 아니라 타사에 의지한다는 선택도 더욱 중요해집니다. 먼저 이 점을 명확하게 해두는 것이 매우 중요하다고 생각합니다.

예를 들면 2016년 샤프가 대만의 글로벌 전자기기 제조사인 폭스콘 그룹에 인수되었는데, 만약 샤프가 경영 상태가 더 좋은 상태에서 자신들의 강점을 인식한 뒤 폭스콘과 협력하는 형태로 인수되었다면 지금보다 더 좋은 관계를 구축할 수 있지 않았을까 생각합니다. 폭스콘은 샤프의 제품 개발력에 매력을 느꼈다고 공언했고 샤프 입장에서는 폭스콘이 가진 자금력과 글로벌 시장에 대한 전개력을 수중에 넣을 수 있습니다. 이처럼 국경을 뛰어넘는 제휴가 앞으로 더욱 늘어나야 한다고 생각합니다.

로봇 산업에서도 자사가 보유한 로봇 기술을 찾고 있는 누군가와 협력해 새로운 것을 시작할 수 있습니다. 협력할 상대는 구글이 될 수도, 폭스콘이 될 수도 있습니다. '끓는 냄비 속 개구리'가 되기 전에 외부 시장을 바라보는 눈이 꼭 필요해질 것입니다.

06

농업·식테크

Ag·FoodTech

장래의 인구 증가에 대비해 식량 생산력 향상에 나서다
식물성 인공육 생산에 거물 경영자가 출자

Silicon Valley

쓰치카와 뎃페이
이토추 인터내셔널
ICT&금융사업본부
실리콘밸리 지사 차장

게이오대학교 상학부를 졸업하고 미국 통신기기 제조사 등을 거쳐 2004년 이토추 상사에 입사했다. 2007년부터 2009년까지 미국 이토추 테크놀로지에서 근무했다. 이후 줄곧 벤처캐피털 투자 및 스타트업 전략 투자 등의 업무를 담당했다. 잠시 이토추 상사 주식회사 본사에서 근무하다가 다시 이토추 테크노솔루션즈, 이토추 테크놀로지 벤처스 등에 파견되었다.

테크놀로지에 의한 기존 산업의 변혁은 이제 식품 제조, 나아가 농업 분야에까지 미치고 있다. 여기서는 애그테크(AgTech, Agriculture(농업)와 Technology(기술)를 조합한 조어)와 푸드테크(FoodTech, Food(음식)와 Technology(기술)의 조어)라 불리는 신산업의 동향을 소개한다.

식품 위조가 빈발해 안전하고 고품질 식품이 인기몰이 식×테크놀로지 영역 특화형 벤처캐피털도 등장

China

오다 쓰요시
알래스카 라이프 테크놀로지 유한회사 CEO

UCLA 국제관계·비즈니스 경제학부 졸업 후 메릴린치 일본 증권 주식회사에 입사했다. 투자은행 부문에서 경영전략, 신용평가 자문역, 자금조달 및 M&A 업무를 담당하다가 2011년에 델차이나로 자리를 옮겨 신흥국 경영 전략과 사업 전개 업무를 담당한다. 2013년에는 농업의 데이터화·효율화·현지화를 목표로 하는 애그테크 스타트업 알래스카 라이프 테크놀로지를 창업한다. 또 엔젤투자자로서 빈데즈(미얀마), 레벨 스키즈(미국), 트라도브(미국) 등 기업의 주식·ICO 자금 조달에도 관여하고 있다.

Silicon Valley

실리콘밸리와 농업·식품 제조는 언뜻 관계가 없다고 생각할 수 있는데, 인간 생활의 근간을 이루는 분야인 만큼 진출 기업이 증가하고 있다. 여기에는 세계적인 과제가 배경에 있다.

자금 조달

4,370억 원

전 세계 농업 테크, 2017년 총 조달액은 약 4,370억 원

CB인사이트 조사에 의하면, 농업 테크에 대한 투자액은 해마다 증가하고 있으며 2017년은 사상 최고액을 기록. 투자 건수도 2017년 한 해에만 62건에 달했다.

성장 요인

98억 명 식량

2050년까지 98억 명을 떠받칠 식량 생산력 필요

〈2017 세계 인구 전망 개정판〉에 따르면 전 세계 인구는 2050년에 98억 명까지 증가할 것으로 예측된다. 이에 따른 식량 생산력의 향상이 요구된다.

성장 요인

AI·로봇×농업

AI·로봇×농업 실현에 대기업이 움직이다

기존 형태의 농업에 혁신을 일으키기 위해 주로 농업 기기 제조사와 화학 제조사가 AI·로봇 분야에 강점을 지닌 스타트업을 인수하는 움직임이 빨라지고 있다.

주목 분야

빌 게이츠

빌 게이츠 등 저명인사가 청정육 개발에 출자

인구 문제와 더불어 비건(완전 채식주의자) 등 식생활에서 신념·기호를 표현하는 사람이 늘어나는 가운데 식물성 인공육 개발이 각광을 받고 있다.

China

중국에서도 농업·식테크 분야에 진출하는 기업이 증가하고 있는데 이유는 실리콘밸리와 다르다. 반복되는 식품 위조 문제로 인해 사람들의 의식이 달라지고 있다.

자금 조달

4개 업체

2017년 1억 달러 이상 확보한 농업·식테크 기업은 4개 업체

미국 애그펀더 조사에 의하면, 2017년 미국 이외의 농업·식테크 기업에서 1억 달러 이상의 자금 조달 안건은 11건. 그중 최다인 4개 업체가 중국 기업이었다.

성장 요인

식품 안전

식품 안전 문제로 채소용 세제가 대성공

예전부터 중국에서는 식품 가공과 유통 과정에 불상사가 빈발했다. 그런 까닭에 좋은 품질의 신선 식품을 제공하는 각종 서비스가 인기를 끌고 있다.

성장 요인

식×테크

식×테크놀로지 영역 특화형 벤처캐피털도 등장

식료품의 품질 향상, 혹은 식품을 포함한 생활 스타일을 개선하는 사업을 론칭한 스타트업을 전문적으로 지원하는 벤처캐피털과 액셀러레이터가 증가하고 있다.

주목 분야

신선식품 전자상거래, 배달

신선식품 전자상거래와 배달 서비스가 약진

위에서 언급한 배경 때문에 식품 배달·판매망과 관련된 기업에 투자가 집중되고 있다. 중국의 3대 IT 기업인 BAT도 적극적으로 투자하고 있다.

식량 부족과 가치관의 변화, 세계적인 문제 해결에 도전하는 테크놀로지 기업

농업·식테크는 미국에서 애그테크(AgTech, 농업×테크놀로지)와 푸드테크(FoodTech, 식×테크놀로지)라 불리며 산업으로서도 성장세를 보이고 있다. 성장의 배경에 기술 혁신이 존재한다는 점은 틀림없는데, 세계적인 과제를 해결하기 위해 농農과 식食에 관련된 테크놀로지 기업에 많은 투자가 이루어진 배경도 있다. 이토추 인터내셔널 실리콘밸리 지사에서 벤처캐피털 투자 및 스타트업 전략 투자를 하고 있는 쓰치카와 뎃페이 씨에게 농업·식테크 분야의 최신 동향을 물었다.

2017년 농업 테크에 대한 투자는 사상 최고액으로

먼저 애그테크 분야에 대한 투자 상황을 숫자로 확인해보자. CB인사이트가 2018년에 내놓은 보고서 〈애그테크와 커넥티드 농장AgTech And The Connected Farm〉에 따르면 애그테크 관련 기업에 대한 글로벌 투자액은 해마다 증가 추세에 있으며, 2017년에는 연간 4억 3,700만 달러에 달했다고 한다. CB인사이트에 따르면 이는 사상 최고액이고, 순조롭게 증가하는 추세라고 한다. 원래 애그테크란 테크놀로지를 구사해 농업에서 다음 3가지를 지원하는 것이라고 CB인사이트는 정의한다.

전 세계 애그테크 기업에 대한 투자액 추이(2012년~2017년)

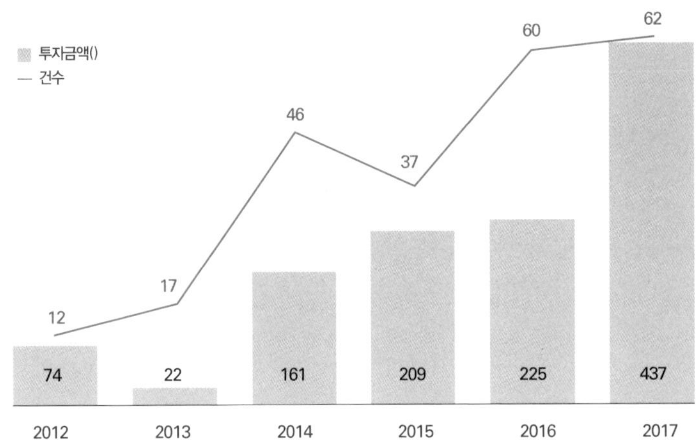

출처: CB 인사이트.

- 입력값 이해Understand Inputs
- 효율성 향상Boost Efficiency
- 운영 관리Manage Operations

입력값 이해는 수확량과 과거 기후 변화의 관계성을 숫자로 파악하기 위해 각종 데이터를 정확하게 파악하는 것을 의미한다. 효율성 향상은 센서와 위성 이미지 등으로부터 얻은 데이터를 분석해 생산 효율을 올리는 것이다. 마지막 운영 관리는 소프트웨어의 힘으로 운영을 잘해나가자는 뜻이다. 통신과 IT 기술의 혁신은 농업뿐만 아니라 다양한 생산 현장에서 가시화, 효율화, 자동화를 추진해왔다. 애그테크도 이런 3가지 맥락에서 진화해왔다고 할 수 있다.

애그테크 진화의 역사

역사적인 부분을 자세히 되돌아보면 사실 2006년부터 2008년 무렵의 움직임이 애그테크 산업에 커다란 영향을 남겼다고 볼 수 있다. 먼저 2007년 정도를 경계로 원유 자원 가격이 급등하면서 에탄올 등 바이오 연료가 석유 연료의 대체재로 주목받게 되었다. 따라서 옥수수와 콩처럼 원료가 되는 식물의 가격이 단번에 급등했다. 이와 때를 같이하듯이 2008년에는 버락 오바마가 대선 중에 경기 부양책의 일환으로 대체 에너지에 대한 투자를 공약으로 내놓았고 그것이 그린 뉴딜정책으로 이어진다. 이 같은 흐름 속에서 자원 문제와 식량 생산이 지금까지 이상으로 밀접하게 엮이게 되었다.

게다가 이 무렵 기술의 진화에 크게 영향을 준 사건이 이어진다. 2006년 전자상거래 기업 아마존이 아마존 웹 서비스AWS라는 클라우드 컴퓨팅 서비스를 개시하면서 클라우드 환경에서 방대한 데이터를 관리·분석하기 위한 초석이 마련되었다. 이듬해에는 아이폰이 탄생했고 같은 시기에 통신 규격도 3G로 업그레이드된다. 이렇게 통신과 기술 면의 토대가 정비됨으로써 광활한 농지에 각종 센서류를 설치해 실시간으로 데이터를 수집하는 가시화도 비교적 저렴한 비용으로 할 수 있게 되었다.

또 스마트폰이 보급되어 가는 흐름 속에서 SNS 같은 네트워킹 서비스가 단번에 확산되고 정보의 비대칭성을 해결한다는 관점에서 웹과 네트워크 기술이 크게 진화한다. 이것이 농업 현장에도 도입된 것이다.

전 세계 98억 명의 미래에 필요한 식량 생산력의 향상

다만 테크놀로지의 진화는 애그테크가 활성화하기 위한 필요조건이었을 뿐 필요충분조건을 충족한 것은 다른 요인이었다. 그중 하나는 세계적인 인구 증가에 따라 식량 생산력 향상이 결국 피할 수 없는 문제도 대두되었다.

2017년 6월에 UN이 발표한 〈2017 세계 인구 전망 개정판〉에 따르면, 조사 시점에 76억 명이었던 세계 인구가 2030년에 86억 명, 2050년에는 98억 명까지 증가할 것으로 예측했다. UN의 예측대로라면 세계의 식량 생산력을 지금보다 더 향상되어야만 한다. 그런데 최근 기후 변화가 심화되면서 식량 생산에서 계속 역풍이 불고 있다. 태풍이 지금까지와는 다른 경로로 이동하고 게릴라성 호우도 자주 내리는 등 기상 재해가 증가하고 있다. 미국에서도 허리케인이 지금까지와는 비교할 수 없을 정도로 큰 피해를 입혔으며 실리콘밸리가 있는 캘리포니아 주에서는 건조한 날씨 때문에 대규모 산불이 자주 발생한다.

세계의 인구 추이

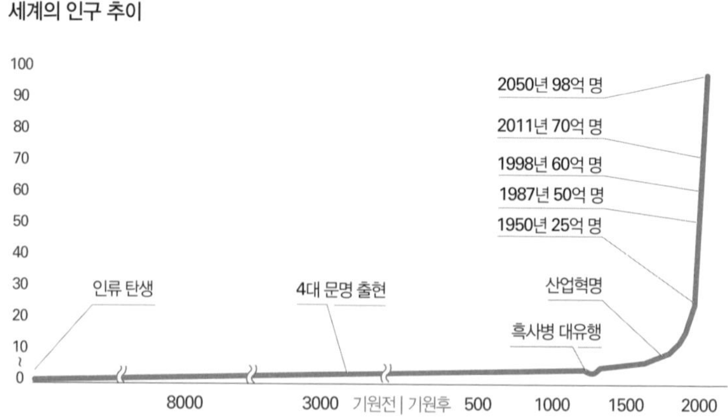

최근 인구 증가에 박차가 가해지면서 2050년에는 98억 명에 이를 것으로 예측된다(출처: UN 인구기금 도쿄 사무소).

농업을 경영하는 사람들에게 있어 이런 상황 속에서도 제대로 농작물을 길러내 비즈니스로서 수익을 낼 수 있는지는 사활이 걸린 문제다. 그래서 사물인터넷과 인공지능, 로보틱스 같은 첨단 기술을 동원해 새로운 농업을 시도하려는 사람들이 늘어나고 있다.

대기업에 의한 스타트업 인수의 의도

그중에서도 AI·로봇×농업에 대한 기대가 큰데, 오랫동안 농업 비즈니스를 해온 대기업이 실리콘밸리에서 탄생한 농기계·농업 관리·애널리틱스 관련 스타트업을 인수하는 움직임이 활발해지고 있다. 구체적인 사례는 뒤에서 설명할 텐데, 특히 애그테크 업계에서는 다음 5가지 활용 사례를 상정한 인수와 출자가 증가하고 있다.

- 위성 이미지 분석Analyzing Satellite Images
- 드론 등을 사용한 모니터링In-Field Monitoring
- 농작물과 토양의 건강 상태 평가Assessing Crop / Soil Health
- 생산량 등의 예측 분석Predictive Analytics
- 농업용 로봇Agricultural Robots

예를 들면 이토추 상사는 2017년 위성 이미지를 분석하는 미국 오비탈 인사이트라는 회사에 투자하고 있다. 큰 카테고리로 나누면 원격 센싱 분야인데, 위 정리에 따르면 위성 이미지 분석과 드론 등을 사용한 모니터링, 농작물과 토양의 건강 상태 평가의 3가지를 같은 분야로 보고 있다. 특히 최근에는 인공위성이든 드론이든 비행 비용과 하드웨어 제조 비용 모두 극적으로 내려가 있다. 이에 따라 우주와 하늘, 지상이라는 여러 층에서 각각 서로 보완하면서 정보를 얻는 것이 현실적으로 가능해졌다. 이것이 농업에서의 데이터 활용과 AI 활용을 촉진하고 있다.

AI와 로보틱스가 모든 산업에 미치는 영향이 대체로 커지고 있다는 점은 틀림없다. 애그테크에 관해서도 단순히 식량 생산 자체를 변혁하는 것뿐만 아니라 그 앞에 있는 유통에 이르기까지 개혁하는 것을 내다보고 움직이는 기업이 늘어날 것이다.

젊은 층의 가치관 변화를 배경으로 인공육 제조사가 대두

다음으로 푸드테크를 둘러싼 상황을 소개한다. 푸드테크 분야도 애그테크와 마찬가지로 장래의 식량 부족을 회피하는 수단으로서 각광을 받고 있는데, 또 한 가지 간과할 수 없는 것은 젊은 세대의 식생활에 대한 가치관이 바뀌고 있다는 점이다.

생활 스타일이 다양해짐에 따라 고기를 먹지 않는 채식주의자가 늘어나고 있다. 환경에 대한 배려나 종교에 입각한 사고방식, 혹은 유행도 영향을 준다. 다만 이유야 어찌 됐든 최근 10년 정도 사이에 식생활에 대한 의식이 크게 달라진 것은 틀림없다. 이를 실리콘밸리의 회사가 주목하면서 푸드테크 관련 스타트업이 늘어나고 있다.

그중에서도 최근 실리콘밸리에서는 대체 단백질과 청정육을 제조·판매하는 기업이 크게 주목받고 있다. 단백질을 대체하는 식재료인데, 대체 단백질 가운데서도 동물이 들어가지 않은 고기라 불리는 종류에는 크게 식물성 단백질과 배양육이 있다. 식물성 단백질은 식물로 만든 것이고 배양육은 연구실에서 만든 것이다. 총칭해서 인공육이라 부르기도 한다.

식물성 단백질 제조는 예전부터 비즈니스로 존재했다. 다만 청정육이라는 이름처럼 보급시키는 방식이 실로 실리콘밸리답다. 예를 들면 최근 10대와 젊은 층은 SNS와 동영상 미디어를 통해 엄청난 양의 정보를 얻고 있다. 유튜브에서 동물을 산업적으로 사육해

식물성 인공육을 개발하는 모습

이미지는 비욘드 미트의 웹 갤러리에서

식육을 대량 생산하는 영상에 충격을 받는 사람도 있을 것이다. 그래서 '저런 방식으로 길러진 동물을 계속 먹다니 잔인하다!'라고 선언하면서 '기술을 활용해 윤리적으로도 깨끗한 고기를 제조하니 먹어 봐', '그런 삶도 멋지지 않아?'라고 권하고 있다. 식량 부족 문제도 있다 보니 꼭 이것이 대체 단백질과 청정육의 보급을 촉진한다고 볼 수는 없지만, 실리콘밸리적인 방식이 새로운 단백질원에 대한 주목도를 높이고 있음은 틀림없는 사실이다.

빌 게이츠 등 저명인사가 출자하기도

현재로서는 생산 비용이 매우 비싸다. 비용이 100그램당 1,000원 이하까지 떨어진다면 비즈니스로서도 보급기에 들어갈 수 있다. 이를 위해서는 연구개발 자금이 꼭 필요한데, 대체 단백질과 청정육 연구에 할리우드의 유명 배우와 IT 업계의 저명 경영자도 주목하고 있으며 개인적으로 출자하는 사례도 늘고 있다.

한 가지 사례를 꼽자면 청정육을 제조·판매하는 스타트업인 미국 멤피스 미트에는 유명한 빌 게이츠와 영국 버진 그룹 창업주인 리처드 브랜슨이 다른 투자자들과 총액 1,700만 달러를 출자하고 있다. 마찬가지로 청정육을 제조·판매하는 회사로 2009년 설립된 미국 비욘드 미트도 빌 게이츠 외에 배우인 레오나르도 디카프리오 등의 출자를 받은 것으로 주목을 끌었다. 저명인들은 역시 식량 문제와 같은 세계적인 과제 해결에 발 벗고 나선다는 대의에 자금을 투자하고 있을 것이다.

이처럼 알기 쉬운 화젯거리가 뒤에서 힘을 실어주면서 최근에는 실리콘밸리의 청정육 기업이 대형 음식점 체인과 제휴해 미국과 전 세계에 자사 상품을 확산하기 시작했다. 상세한 내용은 이어지는 주요 참여자 코너에서 소개한다.

식량 문제를 안고 있는 중국 테크놀로지가 구원하다

실리콘밸리에서 애그테크와 푸드테크가 활기를 띠고 있는 배경에 미래의 식량 부족 문제와 식생활에 대한 가치관의 변화가 있다고 설명했다. 중국에서도 비슷한 배경으로 이 분야에 대한 관심이 증가하고 있는데, 여기에 '식품의 안전성'이라는 이슈가 더해져 커다란 화제가 되고 있다. 베이징을 거점으로 애그테크 기업인 알래스카 라이프 테크놀로지를 경영하는 오다 쓰요시 씨에게 최신 트렌드를 물었다.

1,000억 원 이상의 펀딩에 성공한 중국 기업이 속출

애그테크·푸드테크 시장 전문 조사 업체 미국 애그펀더는 〈애그테크·푸드테크 투자 보고서 2017Agrifood Tech Investing Report 2017〉에 따르면 2017년 미국 이외의 애그테크·푸드테크 관련 스타트업의 투자 유치 순위 20 중 1억 달러 이상의 대형 안건은 11건이었다. 그 중 중국 기업은 4개사가 들어가 있다.

특히 1위를 차지한 중국의 음식 배달 기업 어러머는 2017년 한 해에만 약 10억 달러나 되는 자금을 유치했다. 2위인 식품 전자상거래 기업 미스프레시 이커머스는 5억 달러, 5위에 위치한 신선식품 전자상거래 기업 이궈닷컴은 3억 달러다. 이 숫자들로부터 애그테

2017년 미국 이외 농업·식테크 기업의 자금 조달 안건 상위 20위

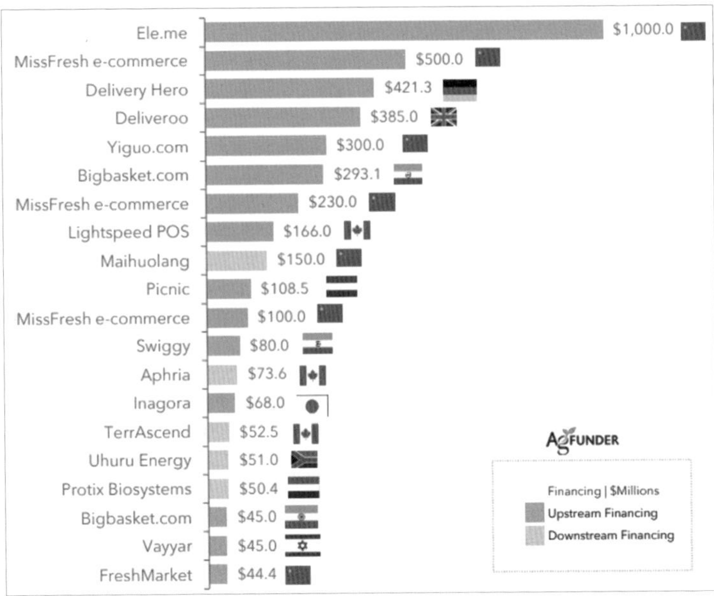

그래프 오른쪽에 있는 국기가 어느 나라의 기업인지를 나타내는데, 한눈에도 중국 국기가 많은 것을 알 수 있다. 게다가 중국 기업은 상위권에 위치해 있다.

출처: 미국 애그펀더.

크·푸드테크 분야에서 중국 기업의 존재감을 읽어낼 수 있다.

식품의 안전 문제가 탄생시킨 채소용 세제

애그테크·푸드테크 분야가 급성장한 배경에는 인구가 많은 중국 시장의 규모 때문이기도 하지만 중국이 떠안고 있는 식품·농업

중국 전자상거래 사이트에서 판매되는 채소용 세제

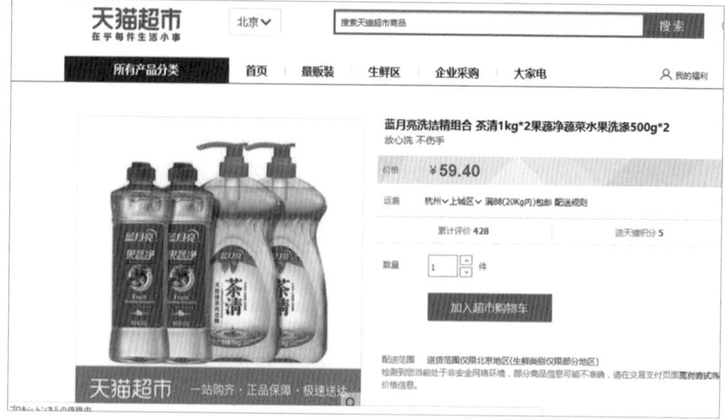

이미지는 티몰에서 검색한 결과를 캡처

관련 문제가 큰 역할을 했다.

예를 들면 농지와 지하수의 오염 문제가 있다. 중국에서는 농지의 1/5이 위험 수준으로 오염되어 있으며 농가에서 사용하는 지하수의 80%가 안전 기준에 미달한다는 사실을 정부도 인정하고 있다. 식품가공과 저장의 안전성에 관해서도 2008년의 '이물질 분유 파동'이나 2014년의 '맥도날드·KFC에 유통기한 지난 고기 납품 문제'로 대표되는 불상사가 자주 터지고 있다. 그래서 중국 소비자들은 되도록 품질 좋고 안전한 식품을 구입하고 싶은 욕구가 높다.

이를 상징하는 흥미로운 사례로 지금 중국에서는 채소용 세제가 대성공을 거두었다. 이 제품은 채소의 생산과 유통 과정에서 사용되는 화학 약품과 잔류 농약을 씻어내기 위한 특수 세제인데, 주위에도 구입하는 사람이 매우 많아졌다.

최근에는 베이징의 슈퍼마켓에서도 유기농 채소가 늘고 있지만, 해외 선진국산에 비하면 아직 질이 낮은 데다 과거의 식품 안전 문제에 의한 신뢰 부족이 해소되지 않았다는 인상이 남아 있다. 그래서 이런 세제가 대성공을 거둔 것이다.

식테크 특화 벤처캐피털도 등장

싱크탱크인 미국 퓨리서치 센터가 실시한 조사에서도 중국을 포함한 서태평양 지역에서는 일반 소비자의 식품 안전에 대한 문제의식이 매우 높아져 있다는 결과가 나와 있다. 식품 안전이 '매우 큰 문제다'라고 응답한 사람의 비율은 2008년도에 불과 12%였던 반면, 2013년에는 38%까지 늘어났다. 해당 지역에서는 해마다 1억 3,000만 명이 식품 안전 문제로 병에 걸린다는 조사 결과도 나와 있다. 일부는 일을 할 수 없을 정도로 심각한 경우도 있다고 한다. 중국 정부도 이런 문제가 표면화하고 있다는 점을 우려해 대기오염 문제와 함께 해결을 위한 정책을 내놓고 있다.

그 결과는 서서히 나타나기 시작했다. 내가 베이징에 온 것이 2011년인데 지금은 하늘이 꽤 맑아졌다. 그리고 아직 가격이 비싸기는 하지만 앞서 설명했듯이 예전보다는 유기농 채소를 구입하기가 쉬워졌다. 이와 보조를 맞추듯이 품질 좋고 안전한 식료품을 추구하는 소비자의 경향도 강해지면서 애그테크·푸드테크 기업에 대한 주목도가 높아지고 있다.

투자 업계도 이런 움직임을 민감하게 살피고 있으며 식품의 안전성과 폐기물의 감소, 농업의 지속 가능성 등에 관해 다양한 접근법으로 문제 해결에 나선 창업가를 지원하는 움직임이 활발해지고 있다. 최근에는 식×테크놀로지 영역에 특화된 벤처캐피털도 등장했으며 그중에서도 특히 빗츠 앤 바이츠 등이 인지도를 높이고 있다. 빗츠 앤 바이츠의 대응에 관해서는 뒤쪽의 주요 참여자 해설에서 자세히 설명한다.

꾸준히 성장하는 신선 식품 전자상거래와 음식 배달 시장

지금까지 설명한 동향을 감안하여 애그테크·푸드테크 분야에서 구체적으로 증가하고 있는 업종을 꼽는다면 신선식품 전자상거래와 음식 배달 분야가 될 것이다. 앞부분에서 소개했던 어러머와 미스프레시 이커머스, 이궈닷컴도 이 업종에 속한다. 서비스 보급 측면에서 보더라도 베이징과 상하이 같은 대도시에서 이 3개 업체를 모른다는 사람은 거의 없다. 어디까지나 개인 의견이지만 그 정도로 확산되어 있다.

더불어 식품 전자상거래 분야에서는 벤라이 라이프라는 기업이 주목받고 있다. 벤라이 라이프는 다른 식품 전자상거래와 비교했을 때 보다 질 높은 상품을 제공하는데, 어린 자녀가 있는 가정이나 임신 중인 여성에게 호평을 받고 있다. 이렇게 식료품 전자상거래 플랫폼이 세분되었다는 점을 통해 보더라도 이미 시장이 성숙했음을 알 수 있다.

또 어러머는 2018년에 알리바바가 인수했고 미스프레시 이커머스와 이궈닷컴에는 바이두와 텐센트, 중국 내 전자상거래 2위인 JD가 출자하고 있다. 여기서도 다른 산업과 마찬가지로 중국의 3대 IT 기업 BAT가 큰 영향력을 발휘하고 있다.

Silicon Valley

ICT는 옛 방식을 고집하던 농업·식료품 분야에도 혁신을 일으키고 있다. 대표적인 사례가 빅데이터를 이용한 기후 예측과 로봇 활용이다.

Monsanto

화학 제조사 몬산토가 스타트업 인수의 전환점을 만들다

몬산토가 2013년 미국의 기후예측 스타트업 클라이밋 코퍼레이션을 인수하면서부터 실리콘밸리에 관련 기업의 인수 열풍이 일어났다.

Blue River Technology

농업 AI 로봇으로 주목받는 블루리버 테크놀로지

블루리버 테크놀로지가 개발하는 AI 로봇은 식량 생산력을 높이고 자동화와 작업 효율의 향상을 촉진하는 제품으로 각광을 받고 있다.

로봇 셰프

요리 로봇 셰프가 음식점에도 보급

패밀리 레스토랑에 있는 드링크바처럼 버튼 한 번으로 샐러드를 요리해 제공하는 미국 차우보틱스와 같은 스타트업이 증가하고 있다.

Impossible Food vs Beyond Meat

인공육 업체 임파서블 푸드 대 비욘드 미트

임파서블 푸드와 비욘드 푸드가 제공하는 인공육 버거가 화제가 되는 등 청정육 관련 비즈니스가 활기를 띠고 있다.

China

특히 도시에서 질 높은 식료품에 대한 수요가 높아지는 가운데, 소비자의 요구에 부응하기 위해 식품의 생산과 유통을 개선하려는 다양한 노력이 이루어지고 있다.

Ele.me

2018년 약 10조 원에 인수된 음식 배달 업체 어러머

2017년 미국 이외의 농업·식테크 기업 중 1,000억 원 이상의 펀딩에 성공한 기업 순위에서 1위를 차지한 어러머. 약 10조 원이라는 인수액이 그 기세를 말해준다.

Alibaba

식용 돼지 건강 관리 시스템을 개발 중인 알리바바

전자상거래 기업 알리바바가 식용 돼지 생산업자 및 사료 제조사와 제휴해 이러한 대응을 시작한 배경에는 중국인들이 식품 안전에 관심이 많기 때문이다.

Bits x Bites

중국 최초의 농업·식테크 특화형 벤처캐피털 빗츠 앤 바이츠

빗츠 앤 바이츠 같은 특화형 벤처캐피털이 등장함으로써 유사 스타트업 지원 기업과 플랫폼도 활기를 보이고 있다.

스마트냉장고

중국 내 IT·제조사 연합으로 스마트 냉장고가 진화

3대 IT 기업인 BAT나 중국 내 전자상거래 2위인 JD는 대형 가전 업체 메이디그룹, 하이얼과 제휴해 스마트 냉장고의 개발과 보급에 힘을 쏟고 있다.

AI, 로봇, 바이오 관련 스타트업의 약진

다른 산업과 마찬가지로 애그테크와 푸드테크 분야에서도 기존 대기업들은 생존을 위해, 스타트업은 한층 더 비약하기 위해 서로 제휴하면서 에코시스템 전체를 활성화하고 있다. 여기서는 최근 실리콘밸리에서 특히 주목해야 할 기업의 움직임을 소개한다.

몬산토가 만들어낸 스타트업 인수 러시

애그테크에서의 대기업과 스타트업의 제휴에서 최근에 처음으로 커다란 파장을 만들어낸 곳은 대형 화학회사 몬산토다(2018년 6월에 독일의 종합 화학 기업 바이엘에 인수됨). 유명한 제초제 라운드업 등을 탄생시킨 몬산토는 2013년 빅데이터를 이용한 기후 예측 스타트업 클라이밋 코퍼레이션을 약 11억 달러에 인수했다. 이것이 계기가 되어 벤처캐피털들 사이에서는 '애그테크 관련 스타트업에서도 투자 회수를 실현할 수 있구나'라는 분위기가 조성된 것 같다.

사실 몬산토의 클라이밋 코퍼레이션 인수 이후 스위스의 농약·종자 제조사인 신젠타와 미국의 농기계 제조사 디어 앤 컴퍼니, 화학 제조사 듀퐁 같은 글로벌 농업 기업들이 잇달아 실리콘밸리의 스타트업을 인수했다. 예를 들면 2017년 듀퐁이 농원 관리용 소프트웨어를 개발하는 미국 그래눌러를 인수했을 때는 3억 달러를 투자했다. 또 2018년에는 그래놀러가 미국의 위성 스타트업 플래닛과 제휴한다. 플래닛의 인공위성에서 보내는 농원의 감시 이미지를 사용해 분석 기능을 강화하는 식이다. 디지털 농업을 형상화하는 과정이란 이런 에코시스템으로부터 만들어진다는 것을 보여주는 사례다.

밭의 잡초 제거를 AI 로봇이

대기업에 의한 애그테크 관련 스타트업 인수에서 또 한 가지 커다란 주목을 모았던 것이, 2017년에 디어 앤 컴퍼니가 미국 블루리버 테크놀로지를 인수한 건이다. 이유는 3억 500만 달러라는 어마어마한 인수액 때문이기도 했지만 블루리버 테크놀로지가 최근 애그테크에서 가장 주목받는 분야라 할 수 있는 AI·로봇×농업을 구현한 기업이었기 때문이다.

2011년 설립된 스타트업 블루리버 테크놀로지는 밭의 잡초를 제거하는 로봇을 개발하고 있다. AI로 이미지를 인식해 잡초와 채소를 순식간에 구별하고 잡초에만 농약을 치는 구조인데, 개발 경위가 매우 독특하다. 창업 초기 블루리버 테크놀로지는 양상추밭에서 불량품을 솎아내기를 하기 위한 로봇을 개발하고 있었다. 그때 어느 것이 양상추고 잡초인지를 판별하는 기능도 필요하다는 이유에서 본격적으로 AI 연구개발에 나서게 되었고, 결과적으로 잡초 제거 쪽이 수요도 많다는 이유로 사업 방향을 전환했다고 한다.

블루리버 테크놀로지의 잡초 제거 로봇

블루리버 테크놀로지의 웹사이트에서

지금 미국은 이민 정책 변경으로 일손 부족이 우려되고 있다. 그래서 AI 로봇이 농업을 지원하는 흐름은 확실히 커질 것으로 보인다. 게다가 2016년 설립된 미국 팜와이즈라는 스타트업은 유기농 지향이 확산됨에 따라 농약을 치지 않고 잡초만을 인식해 자르는 로봇을 개발하고 있다. 이런 진화가 앞으로 더욱 가속될 것으로 보인다.

로봇 셰프는 요식업의 구세주?

로봇 활용은 농업뿐만 아니라 요식업에도 확산되고 있다. 그중에서도 주목되고 있는 곳은 '로봇 셰프'라 불리는 자동 조리 기계를 개발하는 푸드테크 기업이다.

예를 들면 2014년 설립된 미국 차우보틱스는 샐러드 제조 기계 샐리를 개발해서 현재 약 1,700만 달러의 펀딩에 성공했다. 차우보틱스가 개발한 기계는 말하자면 '자동 샐러드 바'인데, 터치패널로 원하는 드레싱과 먹고 싶은 채소를 주문하면 채소를 잘라 조리해준다. 이런 간편함과 참신함이 호평을 받으면서 이미 캘리포니아에 본거지를 둔 이탈리안 레스토랑 맘마미아와 샌프란시스코의 공유 오피스 갈바니즈, 텍사스의 식료품 슈퍼 H-E-B글로서리의 사내 카페테리아 등에 도입되었다.

또 한 가지 놀랄 만한 로봇 셰프의 사례를 꼽자면, 2016년 창업해 라멘 자판기를 개발하고 있는 미국의 요카이 익스프레스를 들 수 있다. 대만 출신 CEO가 설립한 요카이 익스프레스는 정통 라멘을 냉동 보관했다가 자판기로 데워 손님에게 제공하고 있다. 2018년 9월에 테슬라의 공장에 이 라멘 자판기가 도입되어 화제가 되었다.

일본에는 맛있는 라멘을 제공하는 가게가 많은 만큼 자판기로 라멘을 뽑아 먹는 것이 마뜩잖은 사람이 있을지 모른다. '컵라면 자판기와 다른 게 뭐지?'라고 느끼는 사람도 있을 것이다. 그러나 예컨대 미국의 시골에 있는 공장이나 병원, 공항 등에는 애초에 야간에 음식을 파는 가게 자체가 없다는 문제가 있다. 그래서 이렇게 로

실리콘밸리에서 탄생한 로봇 셰프

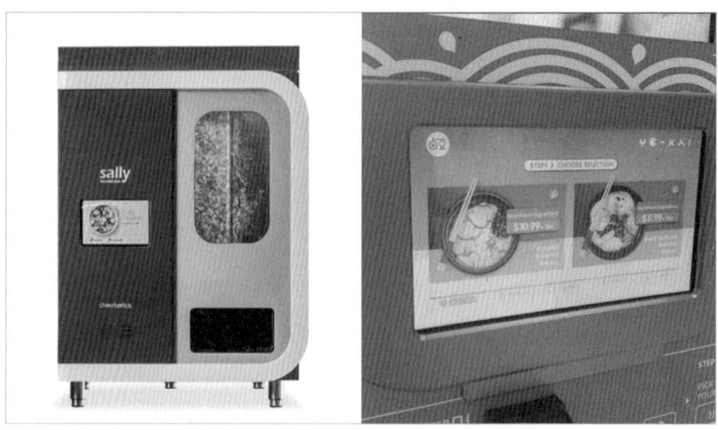

◀ 차우보틱스의 샐러드 제조 기계 샐리 / ▶ 요카이 익스프레스의 라멘 자판기 주문 화면(각사의 웹페이지에서).

봇 셰프가 24시간 체제로 요리를 대접하는 것이 과제 해결로 이어진다.

더불어 미국에서는 일본의 음식점 체인과 달리 모든 매장에 직원 교육이 세심하게 이루어지지 못하고 있는 데다 업무의 질도 매장마다 제각각이다 보니 똑같은 요리를 똑같은 질로 만들기가 어렵다는 문제도 있다. 이런 배경 때문에 차우보틱스나 요카이 익스프레스 뿐만 아니라 로봇 셰프를 개발하는 스타트업에 많은 투자가 모이는 것이다.

일본 기업은 운영을 자동화하는 일을 특히 잘하기 때문에 부디

이 분야에서 해외에 진출하는 스타트업이 나와주기를 바라는 마음이다.

미국 전역에 확산되는 인공육 버거

마켓 트렌드 해설에서 실리콘밸리에서는 지금 대체 단백질과 청정육(≒인공육)을 제조·판매하는 스타트업이 각광을 받고 있다고 설명했다. 몇 곳인가 되는 관련 기업 중에 현재 가장 기세를 올리고 있는 곳은 인공육 제조사인 미국 임파서블 푸드와 빌 게이츠도 출자하고 있는 미국 비욘드 미트다. 이 두 업체는 자체적으로 개발한 식물성 인공육을 사용해 몇 가지 상품을 내놓음으로써 미국 내에서 서서히 인지도를 올리고 있기 때문이다.

특히 임파서블 푸드의 임파서블 버거는 유명 햄버거 체인 및 레스토랑과 적극적으로 제휴하면서 판로를 넓히고 있다. 현재 미국 3,600개 매장, 전 세계 3,700개 매장 이상의 음식 체인점에서 판매되고 있다고 한다. 햄버거 가게에서 파는 만큼 기본적으로 고기를 좋아하는 사람들도 먹는 셈이다. 즉 채식주의자와 비건이 아닌 사람에게도 어필할 수 있다는 뜻이다. 관련 기업과 잘 제휴해 시장에 파고 들었다는 점에서 마케팅의 능숙함이 느껴진다.

임파서블 푸드는 2011년에 스탠퍼드대학 생화학과 교수이자 전 소아과 의사 패트릭 O. 브라운 박사에 의해 설립되었으며 2018년 시점의 총 투자 금액은 5억 600만 달러에 달한다. 이 조달액 대부분

인공육을 사용한 임파서블 버거

임파서블 푸드의 웹사이트에서

이 연구개발에 쓰인다고 하는데, 실리콘밸리식으로 상품을 계속 개발·개량하기 위한 인재 채용에도 거액의 비용을 할애하고 있다.

앞으로는 해외 진출을 어떻게 추진해나갈 것인지도 주목된다. 미국에서도 캘리포니아는 비교적 친환경과 웰빙 의식이 강하다는 말이 나오듯이 약간은 특수한 시장이다. 게다가 소비자의 요구사항이 다를테니 네이밍과 사용자 경험을 포함한 마케팅에 전략적인 접근이 필요할 것이다. 또 한 가지는 전 세계를 시장으로 상정하고 대량생산을 할 때 품질은 물론 일반 소비자가 원하는 비용에 맞을 것인가, 맞지 않을 것인가 하는 문제도 있다. 지금은 아직 특수한 시장이라 다소 높은 가격도 기꺼이 지불해주는 소비자를 대상으로 아슬

아슬하게 가격이 설정되어 있는 것이 사실이다. 앞으로의 진화를 지켜보고 싶은 대목이다.

실리콘밸리의 기업이 강한 이유

임파서블 푸드의 전략에 관해서 조금 보충하자면 실리콘밸리의 기업은 생산-유통-소비라는 공급망 안에서 자신에게 딱 맞는 브랜드를 구축하는 데 매우 능숙하다. 스마트폰 업계의 사례를 보더라도 부품 가공과 중간 도매를 하는 기업은 전 세계에 많지만, 세계적으로 알려진 브랜드는 애플 등 한정된 제조사뿐이다.

임파서블 버거와 비욘드 버거도 이와 비슷한 전략을 취하려 하고 있어, 앞으로 이 상품들을 제공하는 외식 산업 자체가 바뀔 가능성이 있다. '건강을 고려한다면 맥도날드 같은 패스트푸드가 기준이 된 상황은 바람직하지 않다', '미국에서는 의료비를 부담하기 힘들다'라는 것을 적극적으로 홍보하는 방식도 예상된다. 그렇기에 더더욱 실리콘밸리의 기업은 브랜드력을 축으로 외식산업을 바꾸겠다고 역설함으로써 더욱 많은 주목과 투자를 모으고 있는 것이 아닌가 생각한다.

기업과 투자 측 모두 안전·고품질·편리를 추구하다

식품 안전에 대한 국민의 문제의식에 따라 중국의 애그테크와 푸드테크 관련 기업의 대응은 '더욱 안전하게', '더욱 고품질'을 제공하는 방향으로 진화하고 있다. 여기에 '더욱 편리하게'를 넣는 것이 중국다운 발상이다. 이 3가지를 축으로 움직이는 각 기업들의 대응을 소개한다.

어러머 10조 원 인수로 살펴보는 알리바바의 전략

먼저 다룰 내용은 마켓 트렌드 해설에서 언급한 2017년 미국 이외의 농업·식테크 기업 중 1,000억 원 이상의 자금 조달에 성공한 기업 순위 1위의 음식 배달 업체 어러머다. 어러머는 이듬해인 2018년 4월 중국 전자상거래 대기업인 알리바바에 인수되었다. 인수액은 한국 돈으로 약 10조 원 수준으로 차원이 다른 금액이다. 더구나 어러머는 알리바바에 인수되기 전인 2017년에 바이두의 배달 서비스 바이두 와이마이를 인수했다. 따라서 현재 음식 배달 업계는 텐센트가 출자하는 메이투안 와이마이와 어러머의 2강이 대결하는 상황이다.

중국 도시들에서는 어러머 또는 메이투안 와이마이 유니폼을 입고 오토바이로 달리는 배달원을 곳곳에서 볼 수 있다. 경쟁이 치열

알리바바가 약 10조 원에 인수한 어러머

어러머의 웹사이트에서

해지다 보니 최근에는 배달료를 거의 무료로 하는 것이 당연시되고 있다. 6~8위안 정도의 배달료가 매번 발생하기 때문에 진입장벽이 높은 편이다.

사용자 입장에서보면 음식 배달 요금은 제3장에서 언급했던 알리페이와 위챗페이로 지불할 수 있으니 매우 편리하다. 돈을 찾으러 편의점이나 은행에 갈 필요도 없거니와 먹을 것을 사러 집이나 사무실을 나설 필요도 없다. 더구나 고급 레스토랑과 백화점에서만 파는 메뉴도 배달해준다. 적어도 자율주행기술이 본격적으로 보급되기까지는 인기가 계속 이어질 것이다.

한편 음식 배달 앱을 운영하기 위한 전략에는 가까운 장래에 변화가 필요할 것으로 보인다. 어러머에 팔린 바이두 와이마이는 2016년 자금 조달 당시 기업 가치가 2조 5,000억 원 정도였는데, 인수 시에는 8,000억~1조 원 정도로 가격이 내려갔다는 이야기가 있었다. 이는 배달 서비스의 높은 영업 비용과 설비 투자 때문에 서비스 하나의 가치만 가지고서는 경쟁하기가 어려워지고 있다는 현실 때문이다. 앞으로는 배달을 통해 얻는 사용자 데이터나 구축한 판매망을 활용하면서 경쟁해 나가는 전략이 필요해질 것으로 예상된다.

이 판매망에 관해 어러머는 2018년 여름 시점에 중국 2,000개 도시에서 운영을 실시하고 있으며, 130만 매장의 레스토랑과 2억 6,000만 명의 사용자가 등록했다고 한다. 여기서 다양한 데이터를 모으고 나서 장래에는 알리바바 그룹의 다른 서비스와 연계시키는 식의 전략을 취하게 될지도 모른다.

식육의 품질 개선에도 나선 알리바바

이렇게 식품 유통 공정을 장악한 알리바바는 한 걸음 더 나아가 식량 생산에도 진출하려 하고 있다. 알리바바는 식용 돼지를 생산하는 데컨그룹, 사료 제조사 더취그룹과 제휴해 돼지의 마릿수와 건강 상태를 관리하는 시스템을 만들고 있다고 전해진다. 식육의 품질 향상에도 관여함으로써 자신들이 제대로 관리할 수 있는 식품을 판매하겠다는 생각이다.

지금까지 양돈장에서는 RFID를 탑재한 비접촉형 태그를 사용

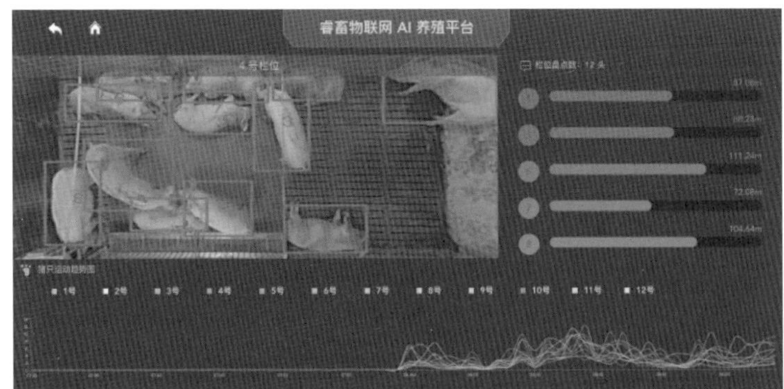

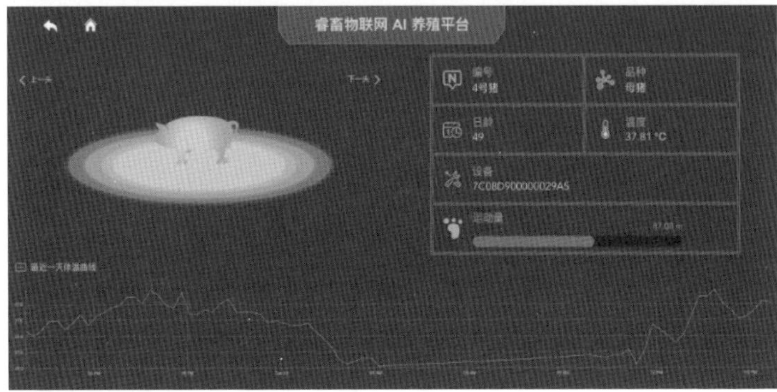

출생부터 출하까지 모든 이력이 데이터로 축적되고 관리된다.

해 마릿수를 관리하는게 고작이었는데, 농장에 설치한 카메라로 돼지의 등에 기재된 번호를 읽어 들여 마릿수를 쉽게 확인할 수 있게끔 했다고 한다. 이로써 비용 절감이 가능해진 것 외에, 적외선 센서와 음성인식 기술을 조합시켜 체온과 울음소리를 통해 각 개체의 건강 상태까지 분석할 수 있다.

관련된 산업이라면 전방위적으로 대처하는 알리바바다운 사업 방식이다.

푸드테크에 특화한 벤처캐피털, 빗츠 앤 바이츠

다음으로 소개할 곳은 마켓 트렌드 해설에서 푸드테크 영역 특화형 벤처캐피털이라고 언급했던 빗츠 앤 바이츠다. 빗츠 앤 바이츠는 중국에서 최초로 애그테크·푸드테크에 특화한 벤처캐피털 겸 액셀러레이터이며, 2016년 창업 초기에는 해외의 뛰어난 애그테크·푸드테크 기업을 중국으로 들여와 현지화하는 사업을 전문으로 했다.

그러나 그 뒤로는 중국 내에서 탄생한 관련 기업의 액셀러레이터로서도 이름을 드날리고 있다. 구체적으로는 빗츠 앤 바이츠의 투자처가 보유한 판매망을 이용해 지원 기업의 성장을 촉진하면서, 탄생한 지 얼마 안 된 푸드테크 스타트업과의 아이디에이션(Ideation, 제품·서비스의 개발 콘셉트를 기획·설계하는 것) 등도 하고 있다. 예를 들면 중국에서는 건강보조제 같은 약품을 가까이하지 않으며 메인요리로 샐러드를 먹는 습관도 없다. 그래서 채소를 주스로 만들어 하루에 필요한 영양소를 섭취할 수 있는 제품을 개발하는 스타트업이 등장했는데, 빗츠 앤 바이츠는 이 제품의 기획 단계부터 관여해 더 좋은 식료품을 제조할 수 있도록 지원하고 있다. 빗츠 앤 바이츠의 투자 책임자 조셉 주가 웹 미디어 테크노드와 인터뷰한 기사를 읽어보면

식×테크놀로지 특화형 벤처캐피털인 빗츠 앤 바이츠

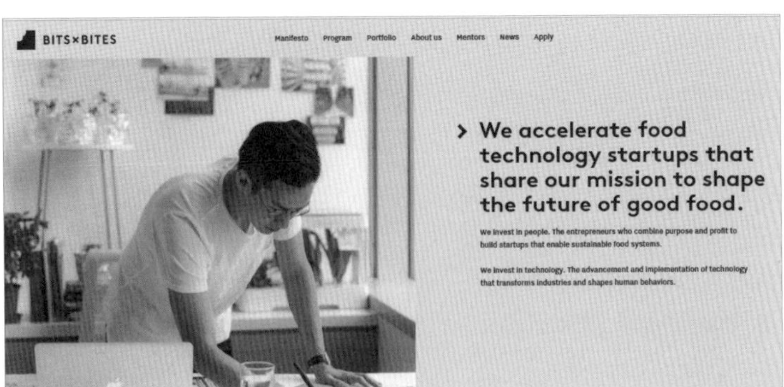

빗츠 앤 바이츠의 웹사이트에서

방향을 짐작할 수 있다.

"식품에서 가장 중요한 것은 맛있게 완성하는 것입니다."

"새로운 아이디어를 가지고 접근해오는 사람이 있으면 제일 먼저 '음식은 맛있습니까?', '간을 좀 봐도 되겠습니까?'라고 질문합니다. 그런 다음에 생산, 조달, 안전성에 관한 이야기를 나눕니다."

이 발언으로 보더라도 개발 과정에서 타협하지 않고 맛과 안전을 양립시키고자 하는 생각을 읽어낼 수 있다.

빗츠 앤 바이츠의 이런 대응은 중국의 벤처캐피털 업계와 스타트업 지원 업계에 조금씩 변화를 일으키고 있다. 실제로 빗츠 앤 바이츠 출신들이 모여 상하이에 설립한 인큐베이터 이스트와 같은 기업이 생겨나고 있으며 식생활을 포함한 생활 스타일 개선을 목적으로 창업·상품 개발하는 사람들을 지원하기 위해 차세대 연구개발 연구소를 열었다. 본인들 스스로 키친테크라 부르는 분야에 초점을 맞춰 일반 가정과 레스토랑의 주방에 혁신을 가져다주는 아이디어를 육성하고 있다.

게다가 또 한 곳, 뉴질랜드의 유업 회사 폰테라 출신 멤버가 설립한 인큐베이터 해처리는 밀레니얼 세대인 젊은 층과 1인 가구를 대상으로 새로운 음식 콘셉트를 제안하는 스타트업을 지원하는 플랫폼을 운영하고 있다.

스마트 냉장고 개발에 IT 대기업이 관여하는 이유

계속해서 푸드테크 분야에서 일어나고 있는 또 한 가지 두드러지는 변화를 소개한다. 바로 IT 기업과 대형 가전 제조사와의 제휴도 진행되고 있다는 점이다.

BAT와 JD, 검색엔진 중국 내 2위 기업 써우구 등은 대형 가전 업체인 메이디그룹, 하이얼과 제휴해 스마트 냉장고를 개발하고 있다. 냉장고 자체는 가격이 매우 저렴해 2017년에는 하이얼이 냉장고를 무료로 제공하는 캠페인을 검토하기도 했다. 이는 가전 제조사의 비즈니스 모델이 달라지기 시작했음을 시사한다. 예를 들면 가정 내의 IoT 허브로서 스마트 냉장고를 설치해 가정의 데이터를 얻는다. 또는 냉장고에서 직접 전자상거래 플랫폼에 주문할 수 있게 하여 신선 식품을 배송한다. 하드웨어를 판매하는 장사에서, 서비스를 제공하는 비즈니스 모델로 중심축을 옮기려 하는 것이다.

마음 같아서는 이런 스마트 홈 구상을 파나소닉과 샤프 같은 일본의 가전 제조사가 앞서 나가주면 좋겠는데, 그 전에 중국의 IT·제조사 연합이 먼저 보급시킬 기세다. 중국의 테크놀로지 기업은 어쨌든 제휴를 맺는 속도가 매우 빠르고 경영의 의사 결정과 전략 실행에도 속도감이 있다. 일단 본격적으로 움직이기 시작했다면 단번에 일이 진척된다.

농업·식테크 분야의

주목 스타트업

농업·식테크 분야를 분류하면 농업테크는 크게 농업계 소프트웨어(IT 서비스와 빅데이터 분석 등)와 농업계 하드웨어(농기계, 로봇, 드론 등)의 2가지로 나뉘며, 여기에 식테크를 추가해 3분야가 있다. 우리가 주목하는 기업을 소개한다.

Silicon Valley		China
플렌티 파머스 비즈니스 네트워크	농업계 소프트웨어	메이차이
애그로봇 어번던트 로보틱스	농업계 하드웨어	알래스카 라이프
라바 어스파이어 푸드 그룹 어필 사이언스 카페 엑스 블루 에이프런	식테크	벅솔루틀리 321 쿠킹

플렌티

빅데이터와 기계학습을 구사해 효율적으로 수경 재배를 하는 실내 농업으로 알려진 실리콘밸리의 스타트업으로 2017년에 손정의 사장의 소프트뱅크 비전 펀드와 아마존 창업주인 제프 베조스 등 여러 투자자로부터 2억 달러 펀딩에 성공해 화제가 되었다.
플렌티의 실내 농업은 센서와 LED를 사용하며 데이터 분석에 기반한 최적의 농법을 채용했다. 농약이나 유전자 조작 작물을 쓰지 않고 물 사용량도 최대한 절감했다. 과거 실내 농업은 비용이 높아서 수지가 맞지 않는다며 인기가 한풀 꺾인 시기도 있었지만, 최근 몇 년 사이에 비용이 내려가면서 다시 각광을 받게 되었다. 플렌티의 경우 기존 농법과 비교하면 350배의 효율로 생산하고 있다고 하니, 앞으로의 실내 농업을 견인해갈 것으로 보인다.

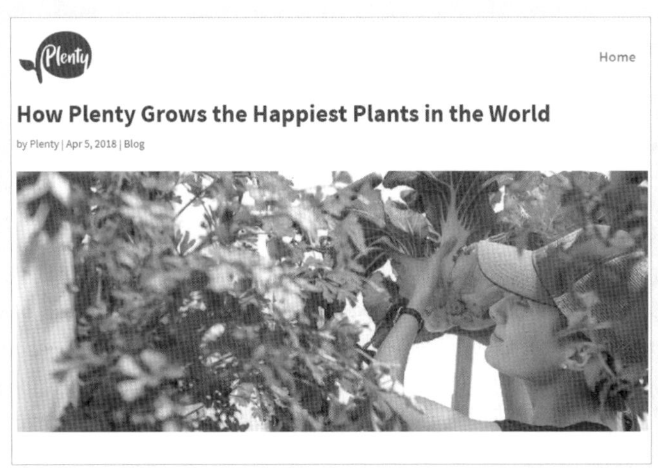

플렌티의 웹사이트

파머스 비즈니스 네트워크

회사 이름처럼 농가 간 네트워크를 구축함으로써 데이터 경영을 촉진하는 실리콘밸리의 스타트업으로 2015년에는 구글 벤처스 등 여러 벤처캐피털로부터 총액 2,800만 달러의 펀딩에 성공했다. 가맹 농가를 위해 각종 농업 데이터를 수집하고 데이터베이스화해 분석하는 서비스를 제공하고 있다. 나아가 종자와 비료 등의 매입원이 되어 구매까지 지원하고 있다.

공동 창업주 중 한 명은 곡물 상사로 알려진 미국 카길의 기업형 벤처캐피털CVC, Corporate Venture Capital 출신으로 리먼 쇼크가 일어난 2008년에 실리콘밸리의 벤처캐피털로 전향, 2014년에 이 회사를 설립했다. 그의 이런 경력을 보면 농업에 대한 세간의 관심이 높아지기 시작한 시기에 벤처캐피털 업계에 들어와 기술을 익히고, 그 뒤로도 아주 좋은 타이밍에 창업한 것처럼 느껴진다. 농업 비즈니스에 대해 분명한 문제의식을 지닌 인물이 적절한 단계를 밟아가며 사업을 잘 키워가고 있다는 인상이다.

애그로봇, 어번던트 로보틱스

이 두 업체는 수확용 자동 로봇을 개발하고 있는데 애그로봇은 딸기 따기 로봇, 어번던트 로보틱스는 사과 따기 로봇 연구를 진행하고 있다. 두 회사 모두 사람이 직접 손으로 따야 했던 과일을 로봇으로 수확하고 있으며 이미지 처리 기술을 통해 잘 익은 과일인지 덜 익은 과일인지를 자동으로 가려내는 것도 지향하고 있다.

과일 따기 로봇의 보급은 농장 경영의 인건비를 낮춘다는 의미에서 매우 중요하다고 할 수 있는데 아직 엔지니어가 부족하다는 과제도 있다. 최근에는 산업용 로봇뿐만 아니라 자율주행과 의료용 등을 포함해 다양한 용도의 로봇 개발이 진행되고 있어 엔지니어 획득 경쟁이 매우 치열하다. 그런 가운데 뛰어난 인재를 어떻게 확보해나갈 것인지가 진화의 속도를 좌우할 것으로 보인다.

라바

유제품이 들어가지 않은 요구르트를 제조·판매하고 있는 스타트업으로 2018년 미국의 고급 슈퍼마켓 체인인 홀푸드 등 500개 매장에서 판매되기 시작해 화제를 모았다.
일본에서도 후지세이유라는 식품 소재 가공 회사가 동물성 원료를 전혀 사용하지 않은 두유 크림을 개발해 치즈 대체품으로 발매하고 있다. 이런 대체 식품은 식생활에 대한 의식이 다양해짐에 따라 앞으로 계속 시자이 늘어갈 것이다.

라바가 만든 요구르트(라바의 웹사이트에서).

어스파이어 푸드 그룹

2012년 미국 텍사스 주에서 설립된 스타트업으로 대체 단백질인 귀뚜라미를 원료로 하는 식품을 제조하고 있다. 이 회사에는 최대 컴퓨터 네트워크 기기 기업인 미국 시스코 시스템즈 회장을 역임한 존 챔버스가 투자하고 있어 IT 업계의 거물이 출자한 푸드테크 기업으로 주목을 받았다. 2018년에는 동업의 단백질바 제조사인 엑소를 인수해 한층 더 성장이 전망된다.

어필 사이언스

캘리포니아 주 샌타바버라에서 청과물의 식용 코팅제를 개발하는 스타트업이다. 식물성 식용 액상 코팅제를 외피에 직접 분사해 건조·산화·부패 속도를 늦추고 (청과물의 종류에 따라 다르겠지만) 상온에서 먹을 수 있는 기간을 보통의 몇 배나 늘릴 수 있다.

일반적으로 유통-소비 단계에서 못 쓰고 버리는 청과물의 양은 엄청나다. 이를 해소할 수 있다면 비용 절감은 물론 식량 문제를 해결하는 데도 일조할 수 있다. 이 때문에 빌 게이츠도 출자하고 있다.

식용 코팅제를 분사한 아보카도 등을 판매하고 있다(이미지는 어필 사이언스의 웹 갤러리에서).

카페 엑스

로봇 셰프 제조사 중 하나로 독일의 유명한 주방용품 제조사인 WMF가 만든 에스프레소 머신 2대와 로봇 암 1대를 사용해 자동으로 커피를 제공하는 매장을 운영하고 있다. 공동 창업자가 중국계라서 그런지 처음에는 중국·홍콩의 최신 기술 허브인 사이언스파크 안에 오픈했다가 2017년 샌프란시스코 쇼핑센터인 메트리온에도 오픈했다. 현재는 샌프란시스코 시내에 3개의 매장을 운영 중이다.

이용자는 미리 스마트폰 전용 앱으로 마시고 싶은 커피를 주문하면 로봇이 커피를 만들어 제공한다(물론 장치 앞에 비치된 태블릿 화면을 통해 직접 주문할 수도 있다). 단순한 자동 커피숍이라는 측면뿐만이 아니라 주문 방식과 상품의 수령 방식을 바꿀지도 모른다는 점에서도 앞으로가 주목된다.

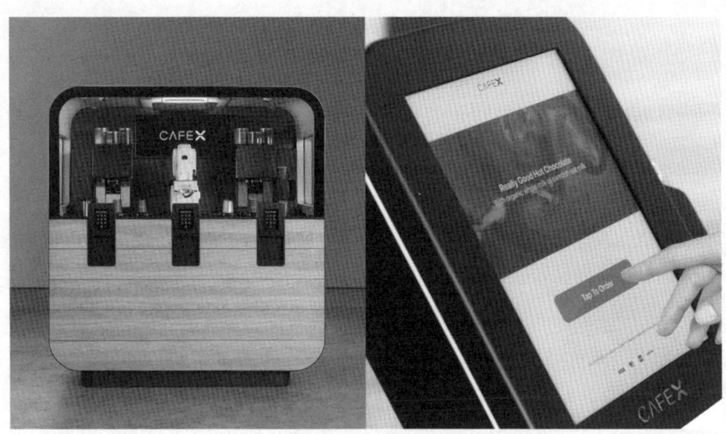

◀ 샌프란시스코의 원 부시 플라자에 있는 매장 / ▶ 매장에 있는 주문 시스템(이미지는 모두 카페 엑스의 웹 갤러리에서).

블루 에이프런

2012년에 창업한 밀키트 서비스의 선구적인 존재로 2017년 미국 주식시장에 IPO해서 대표적인 푸드테크 관련 기업으로 성장했다. 서비스 내용은 가족 구성에 관해 2명, 4명 등 인원수를 고르고 1주일 동안 몇 번 요리할지를 선택하면 해당 분량의 밀키트(요리용 식자재가 한꺼번에 가공·포장되어 있는 키트)가 배달되는 것이다. 1회 식사 비용은 1인당 10달러 정도의 가격대를 형성하고 있다.

블루 에이프런의 밀키트(이미지는 블루 에이프런의 웹 갤러리에서).

미국에서는 맞벌이 가정에서 가사도우미를 고용하지 않은 경우, 매일같이 냉동식품을 데워서 먹는 것이 보편화하여 있을 정도로 요리의 우선순위가 낮은 가정이 많다고 알려져 있다. 그래서 밀키트 서비스가 인기를 끌고 있다. 앞으로 유기농 채소를 재배하는 농장, 혹은 유명 와이너리와 계약하는 식으로 진화한다면 단순한 음식 배달과는 결이 다른 비즈니스로 성장할지 모른다.

자원 절약이라는 관점에서도 요리에 필요한 분량의 식자재가 어느 정도 가공된 상태로 배달되는 방식은 매우 효율적이다. 다양한 진화형을 생각할 수 있는 서비스 영역이다.

China

메이차이

2014년에 베이징에서 설립된 메이차이는 중국 내의 농가와 중소 규모의 음식점을 연결해주는 중국 최대급의 B2B형 푸드 온라인 마켓플레이스다. 현재 중국 약 50개 도시에서 운영되고 있으며 2018년에는 유니콘 진입을 달성하는 등 착실히 성장하고 있다. 서비스의 특징은 음식점이 메이차이 스마트폰 앱에서 조달하고 싶은 식자재를 찾아 온라인으로 주문하면 18시간 이내에 주문한 상품이 지정된 장소로 배달된다는 점이다. 중간업자를 거치지 않음으로써 음식점은 시장 가격과 비교해 식자재의 조달 비용을 평균 약 36% 절약할 수 있다.
참고로 일반 소비자를 대상으로 한 유사 서비스로 냉동식품을 6시간 이내에 보내는 기업도 등장하고 있어, 이 분야는 음식점 대상과 소비자 대상 모두 계속해서 주목받을 것이다.

메이차이의 웹사이트.

알래스카 라이프 테크놀로지

2013년에 설립된 회사로 농업의 데이터화, 효율화, 현지화를 목표로 하는 스타트업이다. 독특한 것은 해운 등에 사용되는 컨테이너를 활용해 실내 농업을 전개하고 있다는 점이다. 현재는 베이징을 거점으로 컨테이너형 식물 공장을 운영하고 있으며 어디서나 농작물을 기를 수 있는 컨테이너·실내 시스템을 제공함으로써 실내 농업의 보급을 지향하고 있다.
앞으로는 중국에서 배양한 노하우를 활용하면서 신흥국으로 전개해 나갈 생각이라고 하며 최근에는 아랍에미리트연합과 남아프리카공화국에 진출하기 시작했다.

컨테이너형 식물 공장과 실내 농업의 모습(이미지는 알래스카 라이프의 웹사이트에서).

벅솔루틀리

상하이에 있는 스타트업으로 누에로 과자를 만들고 귀뚜라미로 파스타를 만드는 독특한 기업이다. 겉보기에 곤충이라는 것을 알 수 없게 함으로써 거부감을 낮추고 맛도 좋게 완성하고 있다. 이로써 지속 가능한 단백질을 제공하는 것을 목표로 하고 있다.
파스타의 경우 세계 최초로 귀뚜라미 가루를 20% 사용했다. 단백질뿐만 아니라 칼슘, 철분, 비타민 B12, 여기에 오메가 지방산까지 풍부하게 함유된 새로운 영양원이라고 마케팅함으로써 주목을 받고 있다.

321 쿠킹

중국에서 성장하고 있는 밀키트 회사로 20~40대 바쁜 소비자를 타깃으로 삼고 있다. 동종 기업인 블루 에이프런을 참고로 하면서도 유명 셰프와의 협업을 통한 메뉴 개발과 맛, 편리함, 신선함이라는 가치 실현을 목표로 한다. 그러면서도 단시간에 조리 가능한 요리 키트를 판매하고 있다.
밀키트 서비스는 조리의 간편함·속도, 품질 중시, 라멘 전문과 같은 특화형, 비건 대상 등의 지향 특화형 등 크게 4가지로 분류된다. 그중에서 321 쿠킹은 레스토랑 버금가는 양질의 요리를 가정에서 만들 수 있다고 하는 품질 중시의 접근법을 취하고 있다. 그래서 거래처 상대 저녁 식사나 야근으로 인한 외식이 많은 소비자, 또 식자재·조미료에 깐깐한 소비자를 사로잡고 있다.

알래스카 라이프의 대응을 통해 배우는 애그테크의 가능성

이번 장의 마지막은 중국 편 게스트 해설을 맡아 준 오다 쓰요시 씨가 CEO로 있는 알래스카 라이프 테크놀로지(이하 알래스카)의 대응을 통해 애그테크 기업이 성장하는 데 필요한 전략과 마켓 특성에 관해 물어보았다.

시바타 알래스카는 컨테이너형 식물 공장이라는 독특한 실내 농업을 진행하고 있는데, 왜 컨테이너 활용에 주목한 겁니까?

오다 사실 해운용 컨테이너는 전 세계에서 1,200만 대 정도가 미사용 상태로 방치되어 있습니다. 중국 항구에도 방대한 수의 컨테이너가 쌓여 있어 저렴하게 구입할 수 있고 때에 따라서는 무료로 얻을 수도 있습니다. 먼저 이것을 효과적으로 활용할 수 없을까 고민해 보았습니다. 컨테이너는 쉽게 움직일 수 있다는 장점이 있고 사업 콘셉트를 컨테이너형 식물 공장이라고 잡으면 누구나 쉽게 알 수 있으니 하나의 기준으로 삼을 수 있지 않을까 생각했습니다.

채소의 수경 재배가 가능한 우리 컨테이너는 어디든 둘 수 있고 클라우드에 접속해 시설 내의 온도, 습도, 조명 등을 제어할 수 있게 되어 있습니다. 재배할 때 필요한 환경 모니터링 기기와 운영 관리 데이터화 도구까지 모든 상품을 자체 개발하고 있는 것도 특징입니다.

최근에는 컨테이너 이외에 지하 주차장 같은 지하 시설에 식물 공장을 만드는 일도 시작했습니다. 여기에는 베이징 같은 일부 도시들만 지닌 문제가 있는데, 디디추싱 같은 승차 공유 서비스가 보급됨으로써 자동차가 없는 사람, 있어도 타지 않는 사람이 늘고 있기 때문입니다. 그래서 베이징 같은 규모의 대도시에서도 노는 주차장이 생기기 시작했지요. 그렇게 되면 당연히 '기존의 인프라를 어떻게 효과적으로 활용해야 하는가?'라는 논의가 나오는데 우리는 그것을 식물 공장으로 바꾼 것입니다.

이와 똑같은 문제가 호텔 같은 곳에서도 나타나고 있습니다. 호텔은 제공하는 식자재의 질에도 신경을 쓰고 있습니다. 그래서 알래스카가 노는 공간을 효과적으로 활용하면서 고품질의 채소를 제공한다면 새로운 부가가치도 제공할 수 있게 됩니다. 그런 맥락에서 베이징 메리어트 호텔 노스이스트와 더 웨스틴 베이징 차오양 같은 고급 호텔도 우리의 고객입니다.

<u>시바타</u> 흥미롭네요.

<u>오다</u> 다만 알래스카가 유명해진 덕분인지, 어느 정도 인지도를 쌓기 위해 과거에는 가짜 알래스카 채소가 유통되거나 알래스카를 사칭해 관련 상품을 판매하려는 기업도 등장했지요. 그것도 중국답다고 할까요.

<u>시바타</u> 대응은 어떻게 했습니까?

<u>오다</u> 우리 회사는 앞서 설명한 대로 식물 공장 운영과 공급망 관

리에 사용하는 기기와 시스템을 자체 개발해왔으니, 거기서 얻은 모니터링 데이터를 고객에게 정확히 전달해 가짜 상품을 바로 구별할 수 있게끔 했습니다. 3개월에 한 번, 때에 따라서는 1개월에 한 번 알래스카 채소의 안전성에 관한 상세한 보고서를 제출함으로써 고객이 '이런 수준의 정보 공개가 가능한 곳은 알래스카밖에 없다'라고 이해할 수 있게 했습니다.

시바타 정보 공개도 일종의 가치가 될 수 있다는 말이군요. 대단합니다. 앞으로는 어떻게 전개될 것으로 생각하고 있습니까?

오다 세계적으로 식품 안전성 문제, 혹은 농작물 생산력에 문제를 안고 있는 지역이 많으니 중국에서 배양한 노하우를 활용하면서 신흥국으로 전개해나가려고 합니다. 최근에는 중동과 아프리카, 구체적으로는 아랍에미리트연합과 남아프리카공화국에 진출하기 시작했습니다.

두바이 정부와 아랍에미리트연합 총리실에서 알래스카에 관심을 가진 이유는, 채소의 안전성을 확보하기 위해서라기보다 농업의 지속가능성을 확보하고 신선한 농산물로 국민의 건강을 개선하기 위해서입니다. 중동의 경우 채소의 현지 생산이 가장 가치가 높습니다.

반면 남아프리카공화국의 경우는 자원 문제가 있습니다. 예를 들면 케이프타운은 지금 물이 부족합니다. 그래서 현지 생산이 되면서도 물이 거의 필요 없는 상태의 농업을 어떤 식으로 실현하느냐가 큰 과제입니다. 그래서 우리가 가지고 있는 노하우를 활용해

2019년 초에 현지의 대기업 파트너사와 함께 프로젝트를 시작하게 된 것이지요.

요시카와 알래스카와 마찬가지로 실내 농업을 전개하는 미국 플렌티에는 손정의 회장의 소프트뱅크 비전 펀드와 아마존의 제프 베조스 같은 투자자가 2억 달러를 투자하고 있습니다. 국가와 대기업이 애그테크 분야에 주목함으로써 커다란 금액이 움직이고 있네요.

오다 확실히 알래스카를 창업했던 5년 전과 비교하더라도 협찬이나 파트너십 체결 제안이 중국 내외에서 많이 들어오고 있습니다. 구체적으로 이야기가 진행되는 것도 매우 빨라졌습니다.

요시카와 부디 일본의 대기업과 스타트업도 이렇게 산업 지도가 바뀌기 시작한 타이밍에 애그테크·푸드테크에 새롭게 진입하는 곳이 등장했으면 하는 바람입니다.

각 분야에서 일어난 소프트웨어 혁명의 양상을 살펴본 소감이 어땠는가? 여기서부터는 요시카와와 시바타가 독자 여러분과 마찬가지로 많은 게스트 해설을 통해 배운 내용을 토대로 일본 기업이 놓인 현재 상황과 취해야 할 변화의 행보를 정리하고자 한다.

일본 기업은 어째서 소프트웨어 경제권에서 뒤처졌나

가장 먼저 다룰 내용은 세계의 산업 지도를 바꾸고 있는 ICT 경제권에 어째서 대부분의 일본 기업들이 뒤처지고 말았는가 하는 점이다. 이 책의 기획·편집에 협력한 닛케이 BP의 편집자에게서 이런 말을 들은 적이 있다.

“일본의 출판 업계에서는 바로 최근까지도 ‘중국을 배우자’라는 취지의 서적은 팔리지 않는다는 말이 있습니다."

실리콘밸리의 테크놀로지 동향과 경영 기법에 관한 서적은 많이 베스트셀러가 되는 데 비해, 중국의 테크놀로지 동향을 다루는 책은 많지 않다는 말이었다. 경제대국으로서의 자존심인지, 아니면 역사적인 배경이 있어서인지 자세한 이유는 알 수 없다. 다만 앞으로 5~10년의 산업계를 생각했을 때 중국의 소프트웨어 산업을 경시하는 태도는 그야말로 위험 요인이 아닐 수 없다.

흔히 일본 기업은 부지런히 배운다는 말을 듣는데 확실히 그런 측면은 있다. 그러나 최근 중국 기업들은 일본보다 훨씬 더 많이 배우고 있다. 일본에서 중국 제품은 미국·유럽의 카피캣이 많다며 야유받는데, 중국 기업은 복제를 통해 미국·유럽의 선진 기업을 재빨리 습득하면서 실리콘밸리 기업과 막상막하이거나 그 이상의 개발력을 갖추게 되었다.

그러는 사이 많은 일본 기업은 무엇을 하고 있었을까? 실리콘밸리식을 극구 찬양하고 칭찬할지언정 '실리콘밸리는 IT의 성지이니 비 IT 산업을 하는 일본과는 관계없다'고 여기는 사람이 많지 않았나? 한편 중국에 대해서도 '세계의 공장'이 된 지 오래인데도 제품의 품질과 브랜드 파워에서 아직 일본을 포함한 선진국 수준에 미치지 못한다며 내려다보고 있던 것은 아닐까? 거친 표현일 수 있지만, 우리는 이런 해이한 생각이 ICT 경제권에서 뒤처지게 된 원인이라고 보고 있다.

사실 실리콘밸리의 기업과 제휴하고 싶다며 협상하러 오는 일본 기업 대부분은 검토해보겠다고만 하지 행동하지 않는다며 쓴소리를 듣고 있다. 실리콘밸리 기업 같으면 검토해보겠다는 느긋한 소리를 할 시간에 바로 실행하고 시행착오를 겪는 방식이 기본이다. 게다가 해외 시장 담당자가 실리콘밸리를 비롯한 미국이나 유럽 기업밖에 보지 않고 중국의 동향에는 무심한 듯 느껴질 때도 많다. 일본 기업이 이것저것 재는 사이에 실리콘밸리 기업과 중국 기업 모두 '성장 없는 미래는 죽음뿐'이라며 맹렬한 속도로 시장 확대에 힘써 왔다.

일본의 경우 인구 감소로 인해 경제 경쟁력이 떨어지고 있다는 또 다른 문제도 있다. 그런 가운데 어떻게 성장 전략을 그려나가야 할지 막막하게 느껴질 수도 있을 것이다. 이 책의 게스트 해설을 맡아준 전문가들도 제각기 설명했듯이 전 세계의 기업들은 '소프트웨어 전환'을 서두르기 위해 실리콘밸리와 중국의 테크놀로지 기업과 어떤 형태로든 제휴를 맺기 위해 필사적이다. 먼저 이런 의식 개혁부터 시작해야 한다.

일본 기업의 미래를 바꿀 수 있는 세 가지 제언

그렇다면 구체적으로 어떤 움직임으로 변화를 이끌어낼 것인가? 우리는 논의를 통해 세 가지로 정리했다.

첫 번째 제언은 현재 비 IT 산업 대기업에서 요직에 있는 경영진은 부디 의사 결정 일부를 젊은 직원에게 위임하는 경영 판단을 내려주기 바란다. 젊은 세대 쪽이 상대적으로 소프트웨어가 지닌 영향력을 잘 이해하고 있을 뿐만 아니라, 단순히 봐도 생명력이 높기 때문이다. 높은 생명력을 지닌 젊은 직원에게 100가지 경영 과제 중 20~30가지 정도를 일임해 혁신을 일으키는 씨앗을 기르게 하는 것이다. 물론 더러 실수도 하겠지만 젊은 직원들은 리스크 내성이 있어 무리가 통하니 언젠가는 큰 혁신을 이룩할지도 모른다.

스타트업 업계에서도 성공하려면 가능한 한 많은 '타석'에 서는 것, 즉 많은 경영 경험을 쌓는 것이 중요하다는 말이 있다. 젊은 직원이 타석에 설 기회를 많이 얻기 위한 체계를 만들려면 경영진의 의사 결정이 없으면 안 된다. 따라서 경영진은 부디 이런 체계 조성부터 시작해주기를 바란다.

두 번째 제언은 젊은 직원뿐만 아니라 해외 인재의 채용과 등용에도 적극적으로 나서야 한다는 점이다. 프로스포츠 세계에 비유하면 이 제언의 의미를 잘 알 수 있다. 프로야구나 프로축구 팀에서는 약점을 보강할 목적으로 용병 외국인을 고용한다. 팀의 플레이 스타일 자체를 진화시키기 위해 세계 최고봉의 경험을 지닌 외국인 선수를 불러들이는 경우가 있다. 이와 마찬가지로 현재 일본 기업은 확장세를 보이는 ICT 경제권의 동향을 파악한 다음 어떤 정규직이 필요할지를 재검토해야만 하는 시기에 접어들고 있다. 최신 기술에 대한 이해도가 있으면서 실리콘밸리나 중국에서 현장 경험도 있는 해외 인재를 늘린다면 그만큼 업무 제휴나 시장 개척의 실마리가 늘어나는 셈이다.

마지막 셋째는 젊은 세대에 대한 부탁이다. 이 책을 읽고 조금이라도 자극을 받은 독자가 있다면 부디 본인들이 역사를 새로 써 내려간다는 생각으로 개인 역량을 갈고 닦기 바란다. 일찍이 일본이 세계에 자랑할 만한 기술 입국이 될 수 있었던 이유는 소니나 혼다, 도요타 같은 기업을 글로벌 기업으로 키워낸 도전자들이 있었기 때문이다. 젊은 세대들은 이런 선배들이 쌓아 놓은 역사에 편승하려고만 하지 말고, 자신들의 손으로 소프트웨어 경제권에서 살아남을 수 있는 사업을 만들어내기 바란다.

이런 조건들이 선행된다면 실리콘밸리나 중국의 기업과 승부를 펼치는 것이 아니라, 함께 살아가는 길이 선택지로 주어질 수도 있을 것이다. 국제통화기금이 발표한 2018년 GDP 순위를 살펴보면 1위는 미국으로 20조 5,100억 달러(약 2경 510조 원), 2위는 중국으로 13조 4,600억 달러(약 1경 3,460조 원), 3위는 일본으로 5조 700달러(약 5,070조 원)다. 관점을 달리해서 보면 일본 오른쪽에는 오랫동안 GDP 세계 1위인 나라(미국)가 있고, 왼쪽에는 2위로 약진한 나라(중국)가 있는 셈이다. 이 책의 제목 '지정학'을 감안한다면 이 두 인접국과 잘 타협하면서 살아가는 것이 동남아시아나 아프리카 신흥국과 어울리는 것보다는 땅의 이로움을 얻기에 조금 더 유리하다고 할 수 있다.

가령 이 선택을 강요받을 경우 누구와 어떻게 손잡고 살아갈 것인지를 고민해야 한다. 그런 의미에서도 먼저 각국·각사의 동향과 나아가는 방향성을 파악하는 것이 중요한 첫걸음이다.

일본의 기업과 젊은이를 향한 제언이지만 한국의 기업과 젊은이에게도 같은 심정이다. 또한 전하고자 하는 메시지까지 똑같다는 점을 밝혀둔다.

테크놀로지 지정학

초판 1쇄 2019년 9월 30일

지은이 시바타 나오키, 요시카와 요시나리
옮긴이 류두진
책임편집 박병규
마케팅 김선미 김형진
디자인 표지 정혜미 본문 김보현

펴낸곳 매경출판㈜ **펴낸이** 전호림
등록 2003년 4월 24일(No. 2-3759)
주소 (04557) 서울시 중구 충무로 2 (필동1가) 매일경제 별관 2층
홈페이지 www.mkbook.co.kr
전화 02)2000-2612(기획편집) 02)2000-2645(마케팅) 02)2000-2606(구입 문의)
팩스 02)2000-2609 **이메일** publish@mk.co.kr
인쇄 · 제본 ㈜M-print 031)8071-0961
ISBN 979-11-6484-031-1(03320)

책값은 뒤표지에 있습니다.
파본은 구입하신 서점에서 교환해 드립니다.

이 도서의 국립중앙도서관 출판예정도서목록(CIP)은 서지정보유통지원시스템 홈페이지(http://seoji.nl.go.kr)와 국가자료공동목록시스템(http://www.nl.go.kr/kolisnet)에서 이용하실 수 있습니다.
(CIP제어번호: CIP2019036929)